Edna Cardozo Dias
Abogada
Asesora legal y profesora universitaria
Doctora en Derecho

La tutela legal de los animales

Belo Horizonte - Minas Gerais
2020

Editor
Edna Cardozo Dias

Arte-final
Aderivaldo Sousa Santos

Revisão
Maria Celia Aun

Cardozo, Edna

La tutela legal de los animales / Edna Cardozo Dias:

Belo Horizonte / Minas Gerais - 2020   3. cdition.

346 p.

1. I.Título.

Solicitudes para este trabajo
Compras en el sitio de Internet:
amazon.com.br y amazon.com:
e-mail: ednacardozo@gmail.com

2020
Impreso en Brasil

$\mathcal{D}$edico este libro

Para la madre común de todos los seres, la Tierra, que
contiene la esencia de todo lo que vive, que nos alimenta de
todas alegrías, con la esperanza de que este trabajo pueda
marcar el comienzo de una nueva era, marcada por un firme
propósito de restaurar la dignidad de los animales y el
compromiso delser humano con una ética de la vida

Gracias

Al profesor Arthur Diniz, asesor de mi tesis doctoral, defendido en la Universidad Federal de Minas Gerais - UFMG, que fue la primera tesis sobre derecho animal en Brasil en febrero 2000.

Resumen

Prologo

"La protección legal de los animales", es la reimpresión de la primera tesis doctoral en Brasil sobre los derechos de los animales, publicada en 2000 y ahora actualizada. Esta tesis fue defendida en la Universidad Federal de Minas Gerais en febrero de 2000 por la abogada Edna Cardozo Dias, y fue asesorada por el profesor Arthur Diniz.

Con un análisis de los caminos de la historia de la filosofía sobre la cuestión animal, el libro recoge fragmentos de especismo y evoca palabras de filósofos que vieron a los seres no humanos de una manera amorosa y cariñosa, así como de aquellos pensadores occidentales responsables de la relación exploratoria de los humanos con los humanos. los animales.

También analiza la opinión sobre los animales en diferentes religiones, realiza un estudio sobre la legislación animal a nivel internacional, comunitario y nacional.

La autora Edna Cardozo Dias es abogada y doctora en Derecho por la Universidad Federal de Minas Gerais. Su carrera estuvo dedicada al derecho público y la enseñanza. Fue abogada del municipio de Ouro Preto, trabajó en la Cámara de Diputados, la Secretaría de Ciencia y Tecnología y Medio Ambiente (MG) y fue Coordinadora de Defensa Animal en la ciudad de Belo Horizonte. Enseñó cursos de graduacións e posgrado y maestría en derecho, es autora de varios libros legales y no legales.

Hablando de la autora, no podemos dejar de mencionar su papel en el tercer sector como presidente fundadora de la Liga para la Prevención de la Crueldad contra los Animales (fundada en 1983) y su papel en el Consejo Nacional del Medio Ambiente (CONAMA), como representante de las ONG, así como su participación en la formación de legislación protectora para animales en Brasil. En su carrera, ocupó el cargo de presidente del Animal Abolitionist Institute, de 2017 a 2018.

El libro en discusión está dividido en nueve capítulos: Filosofía y los animales; protección de la vida silvestre en la Comunidad Económica Europea y los Estados Unidos; la teoría del nacimiento de los derechos de los animales; ley de la fauna silvestre en Brasil y naturaleza legal de los animales; crueldad contra los animales; comercio de animales y animales en peligro de extinción; animales y MERCOSUR; El estado ecológico y la conclusión.

La autora comienza mostrando que la relación entre humanos y animales siempre se ha regido por la noción de dominio. Acostumbrado a la idea de la legitimidad de la explotación de los animales y la naturaleza, el hombre a menudo ha actuado con arbitrariedad, astucia e irresponsabilidad. Sus estudios comienzan con una aproximación al naturalismo cosmológico. Y nos muestra que el pensamiento griego antiguo creía que el hombre era parte del universo, pero sin ninguna autonomía. Poco después habla de los presocráticos que concibieron la unidad de la vida.

Edna señala la crisis ética y moral del siglo V a. C. como el hito que inició la separación entre hombres y animales. Fue entonces cuando los sofistas transfirieron el conocimiento del cosmos al hombre. Continúa analizando el pensamiento de Sócrates, Aristóteles y su contribución al antropocentrismo.

Sin embargo, admite que fue con el cristianismo que el antropocentrismo creó fuerza con palabras y teólogos como San Thomaz de Aquino. También cita como responsable del antropocentrismo Francis Bacon y Descartes, entre otros.

Luego continúa analizando la línea de pensamiento que comienza con Montaigne, Rousseau y Goethe, quienes abogan por un pensamiento no manipulador de la naturaleza.

Para ella, después de Hobbes y Locke, la naturaleza no humana estaba fuera del contrato social o subyugada.

En el segundo capítulo, aborda el tema de la protección de la vida silvestre en la COMUNIDAD ECONÓMICA EUROPEA y los Estados Unidos. Comentarios sobre las directivas de la CEE. Enfatiza la influencia decisiva que han tenido las decisiones de los tribunales de los Estados Unidos sobre la ley de animales, decisiones que han reconocido a los animales y la naturaleza como sujetos de derechos. Destaca la decisión del juez Douglas en el Sierra Club v. Morton (Hacia los Objetos de Derechos Legales, 445. S. Cal. I. Ver. 450 - 1972), en el que hubo una solicitud de anulación de una decisión del Servicio Forestal de los Estados Unidos, que lanzó al Mineral King Valley, un área casi salvaje para el construcción de una estación de esquí:

El juez Douglas en su voto argumentó que los objetos inanimados a veces son partes en litigios. Y así como el barco tiene personalidad jurídica y la corporación ordinaria es una persona con fines legales, la naturaleza puede estar sujeta a derechos:

En el capítulo 3, analiza el nacimiento de una teoría de los derechos de los animales. Según ella, la teoría de los derechos de los animales se fortaleció desde la década de 2000, impulsada por el cambio de paradigma provocado por la revolución científica y la crisis moral. Considera que tales eventos fueron decisivos para la aparición del derecho animal en el campo de las ciencias jurídicas. Luego presente las diversas teorías que han surgido en esta rama del derecho, y cómo pueden fundamentar y dirigir el derecho animal a un nivel superior, que acoja y proteja efectivamente a los animales, garantizándoles sus derechos. Cita en particular a Henry Salt, Humphy Primatt, Jeremy Bentham, Peter Singer, Tom Regan, Heron Gordillo, Steven Wise, Gary Francione, entre otros.

En el Capítulo 4, hace un estudio exhaustivo de toda la legislación brasileña, tanto de fauna doméstica como salvaje, así como las medidas judiciales apropiadas para su protección, citando abundante jurisprudencia. Uno de los puntos más importantes fue la inclusión de la protección de la fauna en general en la Constitución de la República de Brasil, haciendo que los animales poseedores de derechos fundamentales, el derecho a la protección de su hábitat y el derecho a no ser sometido a crueldad.

Aún en el Capítulo 4, hace un análisis importante de la naturaleza legal de los animales. Prepara un estudio comparativo del estado legal del animal en el Código Civil brasileño con el estado del animal en el código civil de los países europeos, que reconoce que los animales no son cosas y que son seres sintientes. El capítulo termina con la propuesta de enmendar la legislación brasileña para crear un título apropiado en el que los animales sean retirados de la condición de bienes para ser reconocidos como seres vivos.

En el Capítulo 5, el más largo de ellos, nos enseña lo que los códigos morales y las religiones a lo largo de los siglos dicen sobre los animales, y las reglas morales en ellos dictadas a los hombres. Luego da un recuento exhaustivo de las prácticas que involucran crueldad en la relación de los hombres con los animales en los tiempos modernos. Describe prácticas consideradas culturales en Brasil, como las peleas de gallos, rodeos, "vaquejadas", carreras de perros, tauromaquia, citando la jurisprudencia y las sentencias del Tribunal Federal Superior, el tribunal más alto de Brasil. Al mismo tiempo, nos cuenta la historia del tercer sector, que recorrió un largo camino con la legislatura hasta que el maltrato de animales se tipificó como un delito.

En el Capítulo 6, analiza el comercio de animales en el derecho comunitario y el derecho nacional. Y un trabajo tan minucioso no podría dejar de abordar el problema del mercado de la carne en el planeta y la lenta evolución de los usos y las costumbres hacia la abolición de los animales. Al abordar los experimentos con animales y la legislación aplicable en Brasil hoy y a principios del siglo XX, incluye la historia de la movilización de la sociedad civil para modernizar la legislación sobre el tema y el movimiento abolicionista para terminar con el experimento con animales

El Capítulo 7 hace un estudio sobre el tratamiento de los animales y el medio ambiente en el MERCOSUR.

Y cierra tu pensamiento en los capítulos 8 y 9

Muestra que hoy la filosofía y la ciencia ya admiten la unidad del cosmos. Y que en esta unidad no hay jerarquía, gracias a los descubrimientos de los físicos modernos. Considera que el papel de Heisenberg es vital, ya que al estudiar el mundo material nos ha mostrado la unidad esencial de todas las cosas y eventos. Heisenberg demostró que el mundo está involucrado en una gran unidad, ningún elemento está aislado, ni en el presente ni en la historia.

Traza una línea entre las conclusiones a las que llegaron los físicos modernos del reino exterior, con las conclusiones alcanzadas por los místicos del reino interior.

Y comprende que esta nueva forma en que los físicos nos muestran que vemos el universo es la esencia de Tao, fundada por Lao - Tzu; y Zen, que nos enseña a no aferrarnos al pensamiento de los opuestos, opuestos. Y que esta es también la cosmovisión de los pre-Sócrates, que le dieron un alma al cosmos. El logos, el principio, es el alma del mundo.

La diferencia entre la cosmovisión presocrática y la de las sociedades orientales es que sacralizan la naturaleza mientras que los griegos cuestionaron su naturaleza para descubrir su secreto.

Esta teoría renació bajo el nombre de Gaia, la tierra viva, a través del biólogo inglés James Lovelock, para quien la tierra es un ser vivo, capaz de regularse a sí misma y a su propio clima.

Concluye diciendo que estamos volviendo a la visión holística del legendario griego que habitó el logos.

Pero para reconocer los derechos de los animales tenemos que repensar muchas cosas y cambiar nuestras relaciones con el medio ambiente. Los animales son seres que, como el hombre, están profundamente absorbidos por la aventura de vivir. Edna entiende que aquellos que no tienen compasión por los animales no tienen derecho a hablar de tortura humana. Para las manos de los justos, todo lo que vive es sagrado.

El movimiento contra el especismo exigirá un mayor altruismo que cualquier otro, feminismo, racismo, ya que los animales no pueden exigir su liberación. Como seres más conscientes, tenemos el deber no solo de respetar todas las formas de vida, sino de tomar medidas para evitar el sufrimiento de otros seres.

Los humanos son los únicos seres que están en condiciones de ayudar y guiar a los menos desarrollados, dando un ejemplo de cooperación y ayuda. Son los únicos seres capaces de transformarse a sí mismos y al mundo.

Un día el hombre descubrirá un poder mayor que el poder atómico: el del amor. El verdadero amor, el único, capaz de transformar el mundo. En este día, el hombre se dará cuenta de que tiene un deber cósmico, y solo entonces podrá decir que es el rey de toda la creación, el hijo de Dios en la tierra.

Heron Santana Gordilho

Presentación La
"Tutela legal de los animales"

Es la reedición de la primera tesis de doctorado sobre el derecho de los animales en Brasil, publicada en 2000, ahora atualizada. Esta tesis fue defendida junto a la Universidad Federal de Minas Gerais en febrero de 2000 por la abogada Edna Cardozo Dias, quien tuvo como orientador el Prof. Arthur Diniz. Este libro contribuyó para que la teoria sobre derechos de los animales tuviera fuerza en Brasil, y para que se debatiera el reconocimiento del derecho de los animales en el campo de las ciencias jurídicas. En su segunda edición se presenta las diversas teorias que han surgido en este campo, y como ellas pueden fundamentar y direccionar el Derecho Animal para un nível más alto, que proteja efectivamente a los animales, asegurando sus derechos. Además, habla de la necesidad de cambiar la naturaleza jurídica de los animales en el Código Civil brasileño, y hace un estudio comparativo de este con los de otros países que ya han cambiado sus leyes para finalmente reconocer que és necesário establecer una categoría distinta para las relaciones jurídicas que involucran animales y personas, y que se promulguen leyes especiales que protejan su dignidad e integridad, distinguiéndolos de las demás cosas. El libro habla del Derecho Animal en sus aspectos filosóficos, legales y éticos. Discursa sobre las diversas formas de crueldad en Brasil y analiza la legislación brasileña, comunitária y de otros países. Une la cuestión académica con la jurídica y el mundo de los hechos. Lleva al lector a pensar sobre la adopción de nuevos paradigmas jurídicos y sobre la evolución de una teoria de los derechos de los animales.

Capitulo 1

FILOSOFIA Y ANIMALES

Las relaciones del hombre con el animal y la naturaleza en la civilización occidental se han regido por el dominio. Las actitudes generalizadas de maltrato de animales surgieron, sobre todo, de la creencia bíblica de que Dios le dio dominio al hombre sobre todas las criaturas y de un pensamiento filosófico que se desarrolló sobre una dualidad ontológica –, que ha legitimado todo tipo de explotación de animales. animales Así siguió el romanticismo, el humanismo y el racionalismo, que colocaron al hombre en el centro del universo.

1.1 LOS GRIEGOS

Los pensadores griegos enseñaron que el caos es la principal fuerza creativa e impulsora del universo. Fue del caos que surgió la Sombra, en forma de Erebus, y la Noche. Y fue de la Sombra que salió la Luz en forma de Éter; y de la Luz, el Día. Cuando Erebus se separó de la Noche, Eros emergió: Amor, creador de toda la vida. Eros envolvió la tierra, y dio a luz al cielo, el mar y las montañas. De la descendencia de la tierra surgió Themis – personificación de la ley y el orden universal, inmanente en la naturaleza de todas las cosas. Themis se casó con Zeus, dios del Olimpo, Las relaciones del hombre con el animal y la naturaleza en la civilización occidental se han regido por el dominio. Las actitudes generalizadas de maltrato de animales surgieron, sobre todo, de la creencia bíblica de que Dios le dio dominio al hombre sobre todas las criaturas y de un pensamiento filosófico que se desarrolló sobre una dualidad ontológica, que ha legitimado todo tipo de explotación de animales. animales Así siguió el romanticismo, el humanismo y el racionalismo, que dieron origen a las Tres Horas: Eirene, Paz; Eunomy, la disciplina; y *Dike*, justicia. Esta es la primera visión ontológica del derecho.

En la obra poética del filósofo griego Hesíodo podemos leer la genealogía de los dioses, un bosquejo del pensamiento racional que allanó el camino para las cosmogonías filosóficas. En su *Teogonía,* Hesíodo ya habló de la separación entre una naturaleza racional y una naturaleza irracional en el orden universal protegido por Zeus. Para él, la naturaleza irracional carece de derechos y, por lo tanto, los seres irracionales pueden devorarse mutuamente. Esta es tu ley. Pero a los hombres se les concede el derecho, Dique, al que deben obediencia y, al mismo tiempo, el mayor de los bienes. Por lo tanto, hay un orden para los hombres y otro para los animales irracionales. Mientras que para el reino irracional prevalece la necesidad vital, para el reino humano prevalece la justicia, siendo la ley una de las fuerzas básicas del universo.

Este fue quizás el primer paso que siglos después excluiría a los animales de una protección legal creada solo para hombres.

1.1.1 Los presocrático

El historiador de eco Arthur Soffiati enseña que los primeros helénicos, llamados *pre-socráticos o físicos*, vieron a la naturaleza abrazar todo, incluidos los dioses, relativizando la importancia del ser humano. Para ellos, entre otros, que constituían las escuelas jónicas, itálicas, elemáticas y atómicas, la concepción de la justicia natural se deriva del orden cósmico.

Los primeros pensadores jónicos concibieron un universo estático. Entonces esta visión evoluciona hacia una cosmovisión, el cosmos adquiere un alma cuya esencia se está convirtiendo en la esencia de las cosas. El logos, el principio universal, se considera el alma del mundo.

Heráclito de Éfeso (540-497 a. C.) puede considerarse un símbolo paradigmático del pre-Sócrates. Sostuvo que el ser es uno; el

---

[1]SOFFIATI, Aristides Arthur. *A natureza no pensamento liberal clássico.* Campos dos Goitacazes: Datil, 1992, inédito.

EDNA CARDOZO DIAS ▮ ┣━━━

segundo se está convirtiendo en el principio fundamental. Todo fluye, nada persiste o permanece igual. Afirmó la naturaleza como infinita, que nunca descansa, y define el fuego como el símbolo del movimiento eterno. De la lucha entre los opuestos nace todo volviéndose. La diferencia es parte de la armonía. (Nuestra nota: diferencia incluso entre sexos, razas y especies de animales y vegetales). Heráclito vinculaba el todo y el no todo (la parte). Este es el principio de unidad entre todo el universo.

Fundada por Pitágoras de Samos (580-497 a. C.), la Escuela Itálica presupone una identidad fundamental de la naturaleza divina. El hombre sintió esta profunda similitud entre los diversos existentes en forma de acuerdo con la naturaleza, que, especialmente después del Filolao pitagórico, se describirá como armonía, garantizada por la presencia de lo divino en todo. Naturalmente, dentro de tal concepción, el mal siempre se entiende como falta de armonía.

En esta escuela encontramos, por lo tanto, la concepción de un universo único y armonioso y la presencia de lo divino en todo, y no solo en el ser humano.

En este momento, la reunión del Tribunal de Anfibios (asamblea de grandes iniciados y parlamento supremo y arbitral) en Delphi ya reconoció la importancia del medio ambiente para la vida de la ciudad. Esto es lo que tomamos de su juramento de que prometieron nunca destruir las ciudades del anfiteatro y no desviar, ni durante la paz ni durante la guerra, los manantiales necesarios para sus necesidades.

Esta era la Grecia del pensador de Orfeo, que ya estaba empezando a perecer con la violación de las órdenes de Delfos. Era necesario dividir la educación en dos sectores, uno público y otro secreto. Pitágoras surgió como el maestro de la Grecia laica. En los principios básicos de sus enseñanzas, él ya predicaba que el universo es uno y que, por lo tanto, había interdependencia de todos los seres, justificando las máximas de la ecología actual: la evolución es la ley de la vida; el número es la ley del universo; y la unidad es la ley de Dios.

En su enseñanza hermética, demostró que los números contienen los secretos de todas las cosas y que son armonía universal. Las siete notas musicales corresponden a los siete colores, los siete planetas y las siete formas de vida. Esta melodía debería despertar el alma y hacerla armonioso (Nuestra nota: en paz con todo lo que vive, vibrar al unísono con el aliento de la verdad).

Pitágoras, al predicar el amor de la familia a los jóvenes, comparó a su madre con la naturaleza generosa y benevolente. Dijo que "el Cibeles celestial produce las estrellas; Deméter, los frutos y las flores de la tierra. Así también, mientras la madre alimenta al niño de todas las alegrías. Aquí ves que él vio la tierra como una gran madre. Y para él, esta Naturaleza viva y eterna, esta gran Esposa de Dios, no es solo la naturaleza terrenal, sino también la naturaleza invisible para nuestros ojos de la carne: el Alma del Mundo, la Luz primordial, alternativamente Maya, Isis o Cibeles, que Siendo el primero en vibrar bajo el impulso divino, contiene las esencias de todas las almas, los tipos espirituales de todos los seres. Es entonces Deméter, la tierra viviente y todas las tierras, con los cuerpos que contienen, en las que se encarnan sus almas: entonces es la mujer, la compañera del hombre "[2].

La reciente teoría de GAIA, The *Living Earth,* del bioquímico inglés James Lovelock, sugirió su nombre por Goulding, ya que se parece a la concepción griega de GEA.

Pitágoras creía en la reencarnación y la metempsicosis. Con respecto a los animales, dijo que las especies se transformaron no solo por la selección, sino por la percusión de fuerzas invisibles. Para él, tan pronto como una especie desapareció del globo, era una señal de que una raza superior se estaba encarnando en la descendencia de la antigua especie. Y, según él, así es como surgió el hombre mismo. Y todo esto presupone, por supuesto, un reino anterior de una humanidad celestial. Así, Pitágoras pasó de la cosmogonía física a la cosmogonía espiritual. Se trataba de la evolución de la tierra y la evolución de las almas, una doctrina conocida como *la transmigración de las almas.* El alma humana no era más que una parte del alma del gran mundo. La doctrina de la ascensión del alma indudablemente coloca a los animales en la condición de nuestros hermanos evolutivos:

"El espíritu que trabaja los mundos y condensa la materia cósmica en grandes masas se manifiesta con una intensidad

---

[2]SHURÉ, Edouard. *Os grandes iniciados*. São Paulo: Martin Claret, 1986, p. 68.

diferente y una creciente concentración en los sucesivos reinos de la naturaleza. La fuerza mineral ciega e indistinta, individualizada en la planta, polarizada en la sensibilidad e instinto de los animales, siempre tiende, en su elaboración lenta, a la mónada consciente; y la mónada elemental es visible en el animal más bajo ".[3]

Se dice que Pitágoras es vegetariano, y la comida frugal de él y sus discípulos generalmente consistía en pan, miel y aceitunas.

En la Escuela Atomística encontramos el apogeo de las ciencias naturales presocráticas. Para esta escuela, el elemento básico del universo es el átomo. Con el Demócrito de Abddera (460-370 a. C.), nace la cosmovisión atomista, quizás uno de los primeros representantes del materialismo. Según su teoría, la realidad está compuesta de átomos y vacío, y la combinación de átomos explicaría la formación de todos los fenómenos. El hombre es un microcosmos. Estas son sus enseñanzas:

"Escritos sin clasificar, causas relacionadas con los animales, I, II, III – La buena naturaleza de los animales es la fuerza del cuerpo; la de los hombres, la excelencia del carácter. Y subraya la buena calidad de los animales: podemos ser ridículos cuando nos jactamos de enseñar a los animales. De ellos somos discípulos en las cosas más importantes: la araña en tejer y remendar, la golondrina en la construcción de casas, el pájaro cantor, el cisne y el ruiseñor en el canto, a través de la imitación ".[4]

Al examinar el pre-Sócrates, podemos concluir que en el pensamiento griego antiguo el hombre era parte del universo, pero sin ninguna autonomía. La justicia del estado se confundió con las leyes de la naturaleza, ya que el hombre, inmerso en la totalidad del cosmos, obedeció las leyes físicas o religiosas que lo gobernaban. Esta concepción es un

---

[3]SHURÉ, Edouard. *Op. cit.*, p. 80.
[4]OS PRÉ-SOCRÁTICOS - vida e obra. São Paulo: Abril, 2ª ed., 1978, p. 317.

jusnaturalismo cosmológico.

1.1.2 Los sofistas

Con la crisis ética y moral del siglo V a. C., se desarrolló el sofisma. Sophist es alguien que sabe, uno que tiene una técnica que le permite aprovechar su aplicación. Con los sofistas, las preguntas sobre el orden cósmico dan paso a las preguntas sobre el orden humano. Los sofistas eran profesores ambulantes.

El mundo helénico en los siglos VI y V a. C. prospera con esta interesante concepción de la naturaleza. Aunque no están de acuerdo con algunos de los principios que constituyen y gobiernan el universo, Tales, Anaximander, Anaximenes, Xenophanes, Heraclitus, Pythagoras, Almeon, Parmenides, Zenon, Melissus, Empedocles, Philolaus, Archites, Anaxagoras, Leucippus y Demócrito comparten la opinión de que todo es integral. naturaleza: el ser humano, la sociedad construida por él, el mundo exterior e incluso los dioses.

Finalmente, desde Tales hasta Demócrito, los pre-Sócrates, que fueron a la vez filósofos, científicos, poetas, artistas y místicos, afirmaron el tema esencial de la unidad. La tendencia hacia la globalización y la defensa del planeta retoma esta perspectiva, con una nueva base.

1.1.3 La filosofía socrática

Es de Sócrates (470-399 aC), con la máxima conócete a ti mismo que comienza el antropocentrismo.

Sócrates tiene el mérito de ser el fundador de la ética. Para él, aunque la felicidad es un bien que debe alcanzarse, debe concebirse como el placer que fluye del equilibrio espiritual, del cual la razón libera al hombre de la oscuridad de las pasiones. Lo que quería mostrar es que las leyes morales se originan en la estructura del individuo. También dijo que la razón conduce a la unidad y la universalidad, idénticas a todos los hombres. Existe una

---

[5]COELHO, Luiz Fernando. *Introdução histórica à filosofia do direito*. Rio de Janeiro: Forense, 1977. Pg. 59.

universalidad del hombre.

Lamentablemente, lo que no se ha recordado es que los valores éticos deben concebirse no para el hombre aislado, sino para su universalidad, incluido el entorno que lo rodea. En este sentido, podemos decir que el medio ambiente exige de nosotros una ética de respetar las leyes de la biodiversidad, la integridad de la materia y la programación de la naturaleza. Si, como dijo Sócrates, obedecer las leyes del estado es un requisito de la naturaleza humana misma, también es la naturaleza humana obedecer las leyes de la tierra y el universo.

1.1.4 Platón

Platón (428-348 a. C.) recibió de Sócrates el gran impulso, el principio activo de su vida: la fe en la justicia y la verdad. Le impresionó mucho que Sócrates muriera por la verdad. (Sócrates murió en 399 a. C.).

Platón rechazó por completo la concepción de los atomistas de un universo con una pluralidad indeterminada de mundos creados al azar. Él ideó una teoría que hizo del espíritu divino la causa principal del mundo natural y puso los valores espirituales en el corazón de la creación. Los cielos, en su opinión, proclaman los propósitos racionales de su creador, cuyo trabajo constituyó un cosmos, un todo único, ordenado y hermoso, imbuido de vida e inteligencia. El mundo de Platón es una unidad orgánica cuyas partes son inteligibles en virtud de su estructura matemática. Hay un alma del mundo, que es la causa del movimiento regular, y el cuerpo del mundo consta de los primeros cuatro cuerpos: fuego, aire, agua y tierra. El alma del mundo se inserta en el centro de la esfera y la impregna completamente, dotándola de movimiento, vida y pensamiento.

Platón dio gran importancia a la política, revelada en sus obras *La República* y las Leyes, en la que se ocupó del hombre político y las ciudades ideales. En The *Republic* termina con el mito de Er, cuando habla de la transmigración de las almas:

"Er dijo que vio el alma que una vez fue a Orfeo eligiendo la vida de un cisne, porque por odio por el sexo que le había dado muerte, no quería nacer de una mujer. Había visto al alma de Tamiras elegir la vida de un ruiseñor, un cisne cambia su condición para que el alma del hombre y otros animales cantores hagan lo mismo. El alma del vigésimo nombre a elegir eligió la vida de un león: era la de Ajax, hijo de Telamon, que no deseaba nacer de nuevo en el estado del hombre, ya que no había olvidado el juicio de las armas. El siguiente fue el alma de Agamenón. Tampoco le gustó la humanidad debido a desgracias pasadas, cambió su condición a la de un águila y la de los tontos [...] Tersites vestidos con la forma de un mono. condición humana o la de otros animales, los injustos en especies feroces, los justos en especies domesticadas; De esta forma, se hicieron cruces de todo tipo "[6].

En el diálogo de las Leyes, libro X, Platón también habla del alma, definiéndola como una sustancia en movimiento, y declara que el mundo y las estrellas están animados y que la revolución divina está dirigida por el alma suprema, principio del orden del mundo. Cosmo Él cree en la inmortalidad del alma, sujeta a recompensas o castigos, y su elevación o degradación en la escala de los seres vivos. Es decir, para él todos los seres vivos están dotados de alma.

Platón incluye entre los principales privilegios del hombre comunicarse con los animales. Por lo tanto, al interrogarlos y estudiarlos, conocía exactamente sus facultades, así como sus diferencias, lo que agudizaba su razonamiento, su prudencia era más perfecta y su conducta en la vida era más eficiente. Él preguntaba: "¿Hay alguna locura mayor en el hombre que quiere juzgar a los animales?" Él creía que la forma corporal con la que los animales dotados de la naturaleza cumplía el pronóstico de la época.

---

[6] PLATÃO. *A república*. Fundação Calouste Gulbenkian, 1949. Pg.. 477, 496-498, 620.

EDNA CARDOZO DIAS ▐ ──────

1.1.5. Peripatismo

La filosofía de Aristóteles (384-322 a. C.) se llama *peripatética* debido al hábito ambulatorio que el maestro difundió entre sus discípulos, enseñándoles en hermosas conferencias, caminando por los senderos del Gimnasio de Apolo.

En "La política" Aristoteles argumenta que la doble unión del hombre con la mujer y el amo con el esclavo constituye, ante todo, la familia. Y recuerda lo que dijo Hesíodo, con razón, de modo que la primera familia se formó de la mujer y el buey hizo el arado. De hecho, el buey sirve como esclavo de los pobres.[7] Así, la familia, constituida para satisfacer las necesidades diarias, está formada por el ser humano y el animal domesticado. Para él, muchas familias forman los burgos, y muchos burgos son una ciudad completa. Para Aristóteles, cada ciudad se integra con la naturaleza, ya que fue la naturaleza misma la que formó las primeras sociedades. Y los diferentes seres se integran en la naturaleza cuando alcanzan cada desarrollo que les es peculiar. Para él es evidente que la ciudad es parte de la naturaleza y que el hombre es naturalmente un animal político. Un individuo que ya no es parte de la ciudad está ansioso por pelear y, como las aves rapaces, no puede someterse a ninguna obediencia. La obediencia y la sumisión son para él reglas naturales.[8]

Aristóteles considera que el hombre es un animal más sociable que otros animales que viven en la sociedad, como las abejas. Considera a los animales diferentes por su forma de vida, sus acciones, sus costumbres y sus viviendas. Y vea en el hecho de que el hombre tiene el don de la palabra como una forma de elevación, en comparación con otros animales, que solo tiene la voz para expresar placer y dolor. Los animales se comunican, pero solo los humanos pueden discutir lo que es justo o injusto. Para él, la naturaleza ha dado a los animales los órganos para expresar su voz, pero tenemos conocimiento del bien y del mal, útil e inútil, justo e injusto,

[7]ARISTÓTELES. *A política*. Julian Marias y Maria Araújo. Madrid: Instituto de Estudos Políticos, 1951. XLV e 12.
[8]VERNANT, Jean Pierre. *Los origenes del pensamento grego*. Trad. de Mariano Ayerra. Buenos Aires: Eudeba, 1965. Pg.. 105.

y lo manifestamos a través de la palabra. Es el comercio de la palabra el vínculo de toda sociedad doméstica o civil.

De alguna manera, al reflexionar sobre las palabras de estos filósofos, tenemos que asumir la responsabilidad de los seres que no usan el lenguaje para expresarse y reclamar su liberación, así como el destino del planeta. Sin embargo, Aristóteles ve como natural el dominio del hombre sobre el animal. Del mismo modo, es natural para él dominar al hombre que tiene ideas sobre el que solo tiene la fuerza. Además, postula que el alma dirige el cuerpo. Incluso considera que es un privilegio para el animal vivir bajo el gobierno del hombre, argumentando que la situación del animal dominado es mejor que la de vivir en libertad, lo que él llama *bestia salvaje*.

Por lo tanto, concluimos que el animal es concebido por él en la sociedad como un esclavo, como un producto útil para la alimentación y el uso diario, y como proveedor de materia prima para la ropa y otros objetos. En su concepción, la naturaleza no hace nada sin un propósito, y los animales no pueden tener otro propósito que servir al hombre.

Pero Aristóteles señala que aunque el civilizado es el mejor de todos los animales, el hombre que no conoce ni la justicia ni la ley, el hombre es el peor de todos. Para él, la caza es un arte de conquista, como la guerra es un arte que el hombre usa contra las bestias, y otros hombres, naturalmente destinados a obedecer, se niegan a someterse.

Este pensamiento de Aristóteles influyó en la educación europea hasta los siglos XVII y XVIII. Moliérè, La Fontaine y Boileau tomaron sus conceptos de moral del filósofo. El fenómeno se ha vuelto más sorprendente en la universidad de Alemania. Dos grandes admiradores de Aristóteles son Hegel y Marx. Podemos decir que fue el fundador de la filosofía del derecho.

1.1.6 Epicureísmo

Con el advenimiento del imperio de Alejandro Magno comenzó el derrocamiento del sistema político de la cultura griega entre la ciudad y el estado. El arte administrativo y fiscal de las monarquías emergentes sucede al estado griego. Esto da lugar a una nueva conciencia de la naturaleza. La doctrina de Epicuro (341-270 a. C.) era casi una religión, como la de Pitágoras. La moral, que tiene como objeto la felicidad humana, objetivada por el placer pacífico, es un medio para evitar el dolor y nunca dañar a nadie.

Aquí podemos ver que Epicuro habla de la felicidad humana. Pero en verdad, el hombre que está en paz y tranquilidad no quiere dañar al hombre, ni a ninguna criatura viviente. El hombre, por lo tanto, no logró esta felicidad buscada con estas enseñanzas, careciendo del coraje platónico (actuar con el corazón) y el amor verdadero para no dañar la tierra y sus criaturas.[9]

1.1.7 La filosofía estoica

El estoicismo representa el apogeo del panteísmo en la concepción cosmológica tradicional de una fuerza espiritual que anima el universo. El fundador de esta escuela es Zenón de Citium (344 a. C. - 262 a. C.).

Para los estoicos, el mundo es su tierra natal. El hombre estoico es cosmopolita, ciudadano del universo. Estas ideas abrieron un sentimiento de caridad, despertando lástima por los esclavos y los enemigos. Los estoicos promocionaban la naturaleza de la identidad única de la naturaleza humana y afirmaban que la humanidad es como una comunidad universal.

Encontramos en los estoicos la idea de que la ley natural es común a los hombres y animales. Esta idea de que todos los seres vivos están sujetos a una ley así como a un Dios (logos, ratio o pneuma) es uno de los principios fundamentales del estoicismo. Los seres vivos participan en la proporción universal. Para ellos, la razón universal gobierna todas las cosas y está presente en cada hombre sin distinción. Como parte de la naturaleza cósmica, el hombre es racional, de lo que infiere la existencia de un derecho natural basado en la razón. Pero este derecho no debe confundirse con la ley positiva instituida por el estado. En uno de los fragmentos de Zenón se encuentra la

---

[9]COELHO, Luiz Fernando. *Op. cit.*, p. 95-99.

tesis de que la ley natural es una ley divina, que por lo tanto tiene poder para regular lo justo y lo injusto.[10]

Esta mentalidad luego se extendió entre los romanos, pero estos jurisconsultos no reconocieron los derechos de los animales. Según la interpretación romana, la idea de la ley natural significaba solo que la ley natural es inherente al orden que gobierna a todas las criaturas. Esta idea fue apoyada por el hecho de que los estoicos abogaban por la aplicación de la justicia solo a los seres racionales.

El estoicismo, en cierto modo, es un precursor de la teoría del contrato social.

1.2 LA VISIÓN BÍBLICA – SANTOS Y ANIMALES

De acuerdo con la interpretación generalizada de la Biblia clásica, Dios le ha dado al hombre el dominio sobre todas las criaturas vivientes, al haber creado solo al hombre a su propia imagen y semejanza. En *Génesis,* la creación del mundo está relacionada de la siguiente manera:

> "Y Dios dijo: Que la tierra produzca animales vivos según su especie, animales domésticos y reptiles, y animales salvajes según su especie. Y así se hizo. Y Dios hizo a las bestias según su especie, y las bestias, y todas las cosas rastreras de la tierra según su especie. Y Dios vio que era bueno, y (por último) dijo: Hagamos al hombre a nuestra imagen y semejanza, y atados a los peces del mar, a las aves del cielo, a las bestias, a toda la tierra y a todo. los reptiles que se mueven sobre la tierra ". [11]

La superioridad del ser humano constituía para la sociedad occidental más que una creencia, un dogma de fe. Fue la base sobre la cual se construyó la sociedad y lo que justificó la posición elevada del hombre en el universo.

---

[10]COELHO, Luiz Fernando. *Op. cit.*, p. 106.
[11]BÍBLIA sagrada. Primeiro livro de Moisés. *Gênesis,* 1, 24-26.

Sin embargo, innumerables corrientes eclesiásticas de hoy ya aceptan una nueva interpretación de este pasaje bíblico. Como el hombre es el más consciente de los demás, Dios le ha delegado la responsabilidad de cuidar el planeta y proteger a otras criaturas. Después de Darwin, el hombre se vio obligado a admitir que no es más que el resultado de millones de años de evolución. A pesar de todas sus sutilezas tecnológicas, es un recién llegado aquí en la Tierra. Los individuos y las especies van y vienen a medida que avanza la vida. Las personas desempeñan sus roles, pero no son el objeto principal del proceso. Todos los seres son seres que, como el hombre, están profundamente absorbidos por la aventura de vivir.

El carnivorismo ha encontrado justificación en la visión que tuvo San Pedro cuando tenía hambre y experimentó una sensación de éxtasis. Vio el cielo abierto y un objeto que bajaba como una gran sábana, que contenía todo tipo de cuadrúpedos, reptiles terrestres y pájaros del cielo. Fue entonces cuando escuchó una voz: "Levántate, Peter, mátate y come". Nada de lo que Dios ha limpiado no lo consideras común ". [12]

En otra parte, sin embargo, la Biblia parece recomendar el vegetarianismo:

> "He aquí, te he dado toda hierba que da semilla, que está sobre la faz de la tierra; y todo árbol con fruto de un árbol que produzca semilla será para ti como alimento. Y a todas las bestias de la tierra, y a todas las aves del cielo, y a todos los reptiles de la tierra, donde hay aliento de vida, cada hierba verde será para alimento ". [13]

En los evangelios apócrifos también encontramos muchos pasajes donde Jesús habla en defensa de la naturaleza y los animales, como el Evangelio de la vida perfecta o el

---

[12]BÍBLIA sagrada. *Atos dos Apóstolos*. 10, 9-16.
[13]BÍBLIA sagrada. *Gênesis*. 1, 29-30.

Evangelio arameo, que se encuentra en el Tíbet, y el evangelio esenio de la paz, que se encuentra en la Biblioteca del Vaticano y la Biblioteca Real de los Habsburgo.

Dentro de la nueva teología, el simbolismo de Jesús clavado en la cruz se refiere a la salvación de toda la persona, no solo la salvación de su alma, sino la liberación del ser humano dentro de su comunidad y el universo.

1.2.1 San Tomás de Aquino

Para San Tomás de Aquino (1225-1274), la justicia busca ordenar todo lo que concierne a los demás. Hablar de vicio contrario a la justicia conmutativa da su interpretación bíblica del pecado de matar animales y plantas irracionales.

Dice el apóstol a los romanos (12 2): "Los que resisten el mandato divino de esto retiran su condena".[14] Pero al ordenar la divina providencia, todos los vivos se mantienen: "El que produce heno en la montaña y da come los animales "(146 8). Según Éxodo 22, alguien que mata a la oveja o al otro buey debe ser castigado.

Según la interpretación de San Tomás, el mandamiento "No matarás" no se refiere a los animales. Establece un dualismo ontológico al afirmar en su *Tratado de Justicia* que nadie peca por usar algo de acuerdo con el propósito para el cual fue hecho. Él dice que en el orden de las cosas hay lo más perfecto, y también lo hace la naturaleza, desde lo más imperfecto hasta lo más perfecto. Establece que las plantas viven de los animales: y los animales de los hombres. Evoca a Aristóteles para concluir que si el hombre usa plantas para el bien de los animales y los animales para el bien de los hombres, no comete actos ilícitos.

También evoca a San Agustín en *La ciudad de Dios*, libro 1, cap. 20, para apoyar su visión discriminatoria de las especies: "Por el justo orden del Creador, la vida y la muerte de las plantas y los animales están subordinadas al hombre". [15]

---

[14]TOMÁS DE AQUINO (Santo). *Tratado de justiça*. Portugal, Coleção Resjurídica, p. 104.
[15]*Apud* TOMÁS DE AQUINO (Santo). *Op. cit.*, p. 104.

Este pensamiento dualista llegó a influir en los pensadores y movimientos filosóficos subsiguientes en toda Europa.

1.2.2 San Francisco de Asís

Francisco Bernardone (1182-1226) fue uno de los grandes precursores del pensamiento ecológico moderno. Fue un gran amante de los animales y la naturaleza. Se dice que en la ciudad de Gubbio los habitantes estaban asustados por un lobo. Francis se dirigió al bosque para predicar al lobo y encontró la paloma de la paz. Meditaba en el bosque y hablaba con pájaros y otros animales. También se dice que los pájaros venían diariamente a buscar migajas de la mesa del convento donde vivían los frailes de la Orden de los Mendigos de Asís, fundada por Francisco.[16]

Su amor por los animales lo llevó a construir nidos para las tórtolas, a expulsar a una criatura espeluznante, oa llevar miel a las abejas en invierno. Se unió a los pájaros, que creía que estaban alabando al Señor para cantar las horas canónicas. Se dice que, siendo todos creados por la Palabra, cada criatura es un eco de esa Palabra divina, y puede convertirse para nosotros en el escalón de una escalera que nos permitirá alcanzar la Causa, de criatura a Creador. En el Cántico de las criaturas es evidente que la actitud de San Francisco hacia los animales ilustra una perspectiva cósmica, lejos de cualquier sentimentalismo vulgar o poético. Él llama a los animales hermanos, indicando que su cosmovisión individual ha sido superada por él, que ha entendido la razón de ser de los animales y que los coloca en su lugar exacto en la creación: "Alabado sea el Señor con todas sus criaturas. [...] Alabado sea el Señor, por nuestra hermana la tierra, que nos sostiene y nos gobierna, y produce diversas frutas y coloridas flores y hierbas".[17] Hay seis símbolos fundamentales del *Canto de las Criaturas* – la tierra, el aire, el

---

[16]BOFF, Leonardo e PORTO, Nelson. *São Francisco de Assis, homem do paraíso*. Petrópolis: Vozes, 1986, p. 67.

[17]BOFF, Leonardo. *Op. cit.*, p. 100 e 101.

agua, fuego, la luna y el sol –, más allá de la cosmología occidental, que generalmente ha retenido cuatro elementos alquímicos. Esto hace que Francisco sea un ejemplo digno de ser seguido por toda la humanidad.

1.3 Filósofos liberales y animales

En la cultura occidental, en su aspecto liberal y socialista, la ley natural se reduce a la naturaleza humana. El mundo ha desaparecido. El reino del hombre fue proclamado. Y este movimiento se volvió hegemónico notablemente después de la Revolución Francesa y la Revolución Industrial. La Declaración de Derechos Humanos dice: Todo hombre. No fue sino hasta octubre de 1978, casi doscientos años después, que *la Declaración Universal de los Derechos de los Animales* fue proclamada por la UNESCO, que en su art. 1, registros: *"Todos los animales nacen iguales antes de la vida y tienen los mismos derechos a la existencia"*.

1.3.1. Montaigne y Montesquieu

Montaigne (1533-1592), en su libro de ensayos,[18] dijo que la virtud es algo diferente y más noble que las inclinaciones hacia la bondad que nacen en nosotros, y que entre los vicios había uno que odiaba particularmente: la crueldad. Por instinto o reflexión, consideraba este vicio el peor de todos. Y confesó que tenía la debilidad de no poder ver matar a un pollo sin ser desagradable, ni oír a una liebre gemir en los dientes de los perros; quien nunca pudo ver a un animal inocente perseguido y asesinado sin defensa, del cual no tenemos nada que temer, como la caza de ciervos, que, sin aliento, sin fuerza y sin posibilidad de escapar, se rinde, como quien suplica perdón y, con lágrimas en los ojos, gimiendo, ensangrentada, pide piedad. Comparó la cacería voluptuosa que siente el hombre cuando se casa con su esposa cuando se acerca el placer. Supuso que por

---

[18]MONTAIGNE. *Vida e obra*. Da crueldade. São Paulo: Nova Cultural, 1996, p. 366-369 (Os Pensadores).

EDNA CARDOZO DIAS ▐

eso los poetas representaban a Diana con indiferencia a las llamas del amor y las flechas de Cupido. Si encontraba a un animal atrapado, Montaigne lo devolvía a la libertad. También Pitágoras, que compró peces y pájaros para liberar. "Fue, dijo, con la sangre de los animales que el hierro se tiñó por primera vez".[19] Aquellos que tienen sed de sangre con los animales revelan una naturaleza propensa a la crueldad. Después de que los humanos se acostumbraron a la matanza de animales en Roma, comenzaron a luchar entre los gladiadores. Para Montaigne, parecía que el hombre no podía estar contento de ver a los animales acariciándose a sí mismo, sino más bien excitado por sus feroces luchas. Justificó esta simpatía por los animales en la teología misma, que recomienda la benevolencia. Él creía que el Creador nos puso en la tierra para servirlo y que los animales son como nuestra familia. Predicaba el respeto no solo por los animales, sino también por todo lo que contiene vida y sentimiento, incluidos los árboles y las plantas.

Montaigne dijo que le debemos justicia a los hombres, pero a los animales les debemos su solicitud y benevolencia. Para él, el fracaso que tenemos en la comunicación con los animales puede atribuirse tanto a los humanos como a los animales. Reconoció que los animales nos pueden encontrar tan irracionales como nosotros. Los animales se entienden perfectamente, y no solo los de la misma especie, sino también los de una especie diferente. En cuanto a los animales que no tienen voz, usan movimientos con significados específicos. En su opinión, la mayor parte del trabajo realizado por los animales es superior al de los humanos, que no pueden imitarlos con éxito. En la *Apología* de Raymond Sebond, [20] Montaigne destaca la calidad de los animales y el respeto que los humanos les debemos. Nadie fue más convincente para derrocar al hombre del trono que se construyó para sí mismo que Montaigne en el estudio del comportamiento animal.

Montesquieu (1689-1755) es profundamente ecológico en *El espíritu de las leyes,* en el que dedica varios capítulos a la relación de las leyes con el clima y el suelo. Afirma que el espíritu de las leyes debe estar relacionado con las características del clima y que los

---

[19]MONTAIGNE. *Op. cit.,* p. 368.
[20]MONTAIGNE. *Op. cit.,* Apologia de Raymond Sebond, p. 382-483.

legisladores malos son los que favorecen los vicios del clima. Sostiene que la esclavitud está relacionada con la naturaleza del clima, así como con la esclavitud política y el derecho civil.

Para él, la naturaleza del suelo influye igualmente en las leyes. La excelencia de la tierra de un país en ella naturalmente establece dependencia. Las regiones fértiles son llanuras, donde nada puede ser disputado con los más fuertes; pronto nos sometemos a ella. Y cuando estamos sujetos a él, el espíritu de libertad no puede regresar. Los países no se cultivan por su fertilidad, sino por su libertad ... Y la gente de las islas está más inclinada a la libertad que los pueblos de los continentes.

Montesquieu enseña que las leyes deben estar relacionadas con otros seres. Conceptualiza las leyes, en su sentido más amplio, como las relaciones necesarias que derivan de la naturaleza de las cosas. Y en este sentido todos los seres tienen sus leyes: la Divinidad tiene sus leyes, las inteligencias superiores al hombre tienen sus leyes, los animales tienen sus leyes, el hombre tiene sus leyes.

En resumen, define las leyes como las relaciones que existen entre ellos y los diferentes seres, y como las relaciones de estos diferentes seres entre sí. Establece que los animales tienen leyes naturales porque están unidos por el sentimiento; no tienen leyes positivas, porque no están unidos por el conocimiento.

El hombre usa su inteligencia para violar continuamente las leyes de Dios y las leyes de la naturaleza, derivadas de la constitución de nuestro ser.

A diferencia de Hobbes, Montaigne cree que en la naturaleza los hombres están en paz, que es la primera ley natural, y solo viven en la guerra después del establecimiento de la sociedad. Finalmente, enseña que las leyes deben ser apropiadas para las personas, deben estar relacionadas con la naturaleza y deben estar relacionadas con la naturaleza física del país, la calidad de la tierra y el orden de todas las cosas.

1.3.2 Hobbes y el contrato social

A pesar de pertenecer a la tradición del jus naturalismo, Hobbes es considerado el precursor del positivismo legal. Adopta el derecho natural para fortalecer el poder civil. Los principios naturalistas de Jus para él se evocan para lograr objetivos subjetivistas.

Según la justicia natural tradicional, las leyes naturales deben obedecerse antes que las de naturaleza civil. Para Hobbes, la obediencia a los convenios, así como a la ley civil, es una obligación de todos, que perece la ley natural. Dedicó sus trabajos políticos De cive (1642) y Leviatã (1651) al estudio del derecho natural.

En *De Cive* enseña que

"Las leyes se pueden dividir, en primer lugar, en leyes divinas y humanas. Las leyes divinas son de dos clases, de acuerdo con las dos formas en que Dios puede manifestar su voluntad a los hombres: natural (o moral) y positiva. Natural es lo que Dios ha manifestado a todos los hombres a través de Su palabra eterna, innata, es decir, a través de la razón natural. Lo positivo es lo que Dios ha revelado a través de la palabra de los profetas [...] Todas las leyes humanas son civiles.[21]

Dios propone la ley natural al hombre a través de la razón, y el estado propone la ley positiva. Para él, las leyes naturales son efectivas por naturaleza y dejan de ser efectivas en la sociedad civil.

El estado continuo de inseguridad manifestado por el estado de la naturaleza lleva al hombre a desear cambiarlo, creando el estado civil. Luego, con la excepción del derecho a la vida, el hombre renuncia al estado de naturaleza para instituir la seguridad y sus obligaciones, impuestas por el soberano a través del derecho positivo. Para él, incluso los conceptos de justo e injusto dependen de la ordenanza del soberano.

En la introducción de Leviatán, Hobbes explica que este término, que se llama una cosa pública o un estado, no es más que un hombre artificial, aunque de una estatura muy alta y una fuerza mucho mayor que el hombre natural, para cuya protección y defensa se imaginó.

Podemos decir que el filósofo inglés Thomas Hobbes, de

---

[21]HOBBES, Thomas. *De cive*. Petrópolis: Vozes, 1993, p. 181.

Malmesbury (1588-1679), con su libro Leviathan (1651), fue el fundador de la filosofía del derecho individual moderno, el mito del contrato social y la idea del estado moderno. Es él quien busca una explicación para la constitución de la sociedad civil; La suya es la llamada teoría monista de *la soberanía,* que defiende el absolutismo político. *La teoría del estado absoluto,* propuesta por Hobbes, tiene la intención de cancelar los restos estatales de la naturaleza, por los cuales los hombres viven en una guerra permanente. Para un mal radical, un remedio radical: el estado de naturaleza de Hobbes no tiene leyes; Es una anarquía total.

Hobbes era cristiano, lo que justifica el hecho de que su pensamiento estaba imbuido de dualismo ontológico cristiano, explorando la moral cristiana, el epicureismo y el estoicismo.

En la imagen hobbesiana del estado de naturaleza, cada uno de nosotros es totalmente libre, no conoce más que su propia ley y tiene derecho a todo. Así es como surgen los conflictos. Para él, el estado de la naturaleza es uno de guerra perpetua, de miedo, de miseria, en el que el hombre está constantemente expuesto a la violencia de su prójimo.

Hobbes, influenciado por Descartes, aplica al ser humano los principios mecanicistas del universo. En la introducción de Leviatán, dice que la vida no es más que movimiento y define la organización política como el reino del artificialismo.

De hecho, argumenta que los seres humanos son iguales en el estado de naturaleza y que el dominio absoluto y el dominio de los hombres sobre las mujeres no reflejan de ninguna manera la superioridad innata de algunos individuos sobre otros o de los hombres sobre otros. las hembras, como pretendía Aristóteles. Estas desigualdades fueron instituidas por el contrato social.

Examinar el trabajo de este pensador nos lleva a reconocer su creencia en los instintos innatos y conflictivos de agresión y autoconservación. La estructura política artificial disciplina esta naturaleza salvaje y no la elimina. Él cree que solo un gobierno fuerte puede controlar los instintos antisociales del hombre.

En el pensamiento hobbiniano, *"jus naturale* es la libertad que cada hombre tiene para usar su propio poder, como quiera, para la preservación de su propia naturaleza, es decir, de su vida; y, en consecuencia, hacer lo que su propio juicio y razón le indiquen como medios apropiados para ese fin. Y mientras este derecho de todo hombre a todas las cosas perdure, no puede haber para ningún hombre (por fuerte y sabio) la seguridad de vivir mientras la naturaleza permita que los hombres vivan ". Pero la paz solo puede derivarse de la segunda ley "que un hombre acordará, cuando otros lo harán, y en la medida en que lo considere necesario para la paz y la defensa propia, renunciar a su derecho a todas las cosas. contentarse con otros hombres con la misma libertad que otros hombres se permiten"[22]

Hobbes dijo que los hombres no pueden vivir socialmente como hormigas, porque siempre están involucrados en competencias, y entre otros argumentos, porque las criaturas irracionales, satisfechas, nunca se ofenden con sus semejantes. El acuerdo entre los animales es natural, mientras que para los hombres es artificial.

Hobbes imaginó, como resulta, que el hombre en el estado de naturaleza actúa puramente por instinto de conservación, en constante guerra con sus semejantes.

Hobbes tiene una visión utilitaria del lenguaje humano como indispensable para la formación del estado. También lo considera un regalo de Dios y dice que el lenguaje es el generador de las facultades específicamente humanas que distinguen al hombre del animal. Dando al lenguaje el papel de formador de las relaciones sociales y políticas, afirma que "no habría hombres, ni estado, ni sociedad, ni contrato, ni paz, ya que no hay leones, osos ni lobos".[23]

Por lo tanto, para la formación del estado, se requiere un pacto, para cuyo lenguaje de adhesión se requiere. De esta manera, Hobbes excluyó a los animales del pacto social. Afirmó que era

---

[22]HOBBES, Thomas. *Leviatã ou matéria, forma e poder de um estado eclesiástico e civil*. São Paulo: Abril Cultural, 1998, p. 78 (Os Pensadores).
[23]WOELMAN, Sérgio. *O conceito de liberdade no Leviatã de Hobbes*. 2. Ed., Porto Alegre: Edipucrs, p. 30 (Coleção Filosofia).

imposible hacer pactos con animales, porque no entienden nuestro idioma y, por lo tanto, ni siquiera pueden aceptar ninguna traducción de derechos, ya que no pueden transferir ningún derecho a otros sin la aceptación mutua, no existe un posible pacto social. Esto significa que el estado de la naturaleza y la guerra permanecen entre hombres y animales después del contrato social. Así, un animal irracional tiene derecho a atacar a un ser humano, y viceversa. Este paradigma hobbiniano explica las opiniones utilitarias sobre el pensamiento liberal clásico sobre los animales y la naturaleza.

1.3.3 Locke

La teoría del contrato social de Locke, precursora del liberalismo burgués, se opone a la de Hobbes. Defiende la idea de que, en el estado de naturaleza, los hombres eran benevolentes entre sí: se ayudaban y vivían de acuerdo con la ley natural; la ley natural era como un código establecido por Dios; se organizaron en la sociedad para defenderse de la posibilidad de amenaza a su propiedad y sus vidas. En esta hipótesis, el papel del Estado se limita al Poder Policial, la administración de justicia, la defensa de la libertad y la propiedad de los administrados.

Locke busca demostrar que el estado de la naturaleza no tiene nada que ver con el estado de guerra. Sin embargo, afirma que en el estado de naturaleza, una vez que comienza el estado de guerra, perdura por la falta de leyes positivas y un juez imparcial. Locke asume que un juez en su propio caso no puede ser imparcial y que el castigo tiende a ser una venganza. El mayor inconveniente, por lo tanto, es la falta de un juez para evitar conflictos y la degeneración del estado de naturaleza en un estado de guerra.[24]

"Donde no exista tal recurso (según lo determine la ley), como en el estado de naturaleza, debido a la ausencia de

---

[24]BOBBIO, Norberto. *Locke e o direito natural*. Brasília: Editora da UnB, 1997. Pg. 177, Cap. "O Estado da natureza segundo Locke".

leyes positivas y jueces competentes con la autoridad para juzgar, una vez que el estado de guerra ha comenzado, continúa, y la parte inocente tiene el derecho de destruir a la otra cuando pueda".[25]

El reconocimiento de la existencia de leyes naturales presupone el reconocimiento de su obligación. Hay una fuente de obligaciones diferentes de las leyes positivas, derivadas de la ley natural.

Locke ha hecho del estado de la naturaleza una mezcla de bien y mal, y depende del estado civil mantener el bien, que se expresa en libertad, igualdad y derecho a la propiedad.

En su *Teoría del gobierno,* Locke se esfuerza por demostrar que el derecho a la propiedad es natural, en el sentido específico de que nace y se perfecciona en el estado de naturaleza, es decir, antes de la planificación estatal. En su discurso, el término propiedad significa a veces el poder sobre las cosas, a veces el derecho natural que precede a otros derechos.

La *teoría de la propiedad* de Locke es una refutación indirecta de las teorías de Hobbes y Pufendorf. El estado hobbesiano está instituido para la conservación de la vida, no de la propiedad. Antes del estado nadie tenía nada para sí mismo; Todo era común a todos. Pendor defendió la base contractual de la propiedad, es decir, solo es efectiva para los hombres; la propiedad no se deriva directamente de Dios (tanto que entre los animales no hay derecho a la propiedad, consumen y usan la propiedad con el consentimiento de Dios).

Locke disputa tales teorías con estos comentarios en el *Segundo Tratado sobre Gobierno Civil:*

"Quizás se dirá que él (el hombre en el estado de naturaleza) no tenía derecho a las nueces y manzanas que se apropió de esa manera (es decir, con su trabajo) porque no tenía el consentimiento de todos hombres? Sería tal vez un golpe para

---

[25]LOCKE, John. *Segundo tratado sobre governo civil.* Petrópolis: Vozes, Cap. III, § 20, p. 93.

tomar para ti de esta manera, ¿qué pertenecía a todos en común?

Según la doctrina tradicional, el título de propiedad se justificaba ya sea por ocupación, como posesión de res *nullius*, o por especificación, por la transformación de un objeto por el trabajo individual invertido en él.

Locke cuestionó la teoría de la ocupación al considerar las cosas en el estado natural como res communes, no res *nullius*. Aunque no se refiere a la teoría de la ocupación, Locke sostiene que la justificación de la propiedad debe buscarse en el trabajo.

"Aunque la tierra y todas las criaturas inferiores son comunes a todos los hombres, cada uno es el dueño de su propia persona, a la que tiene derechos exclusivos. Podemos decir que el trabajo de su cuerpo y sus manos es suyo. A todas las cosas tomadas del estado en el que la naturaleza las produjo y las lanzó, él agrega su trabajo, dándoles algo propio, y así se convierten en su propiedad y no son extrañas, como tal vez a primera vista puede parecer que la propiedad del trabajo puede superar a la comunidad de la tierra, porque es precisamente el trabajo el que marca la diferencia en valor en todas las cosas "[27].

Locke coloca al hombre, en su origen, como el señor de todas las criaturas *inferiores*, y puede convertirlas en lo que quiera. En principio, todo le pertenece a todos. Sin embargo, la fuerza laboral pertenece a cada uno individualmente, lo que constituye la primera forma de propiedad privada. Con ella el hombre puede tomar posesión de los frutos de la tierra y las criaturas. Pertenece a quienes cazan o pescan al animal perseguido

---

[26]LOCKE, John. *Segundo tratado sobre governo civil. Op. cit.*, Cap. VII, § 28, p. 98.

[27]LOCKE, John. *Segundo tratado sobre governo civil. Op. cit.*, Cap. V, § 27, p. 98.

Así Locke retiró al animal de la naturaleza, convirtiéndolo en propiedad privada. La naturaleza extrahumana no tiene voluntades ni derechos; constituye recursos disponibles para toda la humanidad. Pertenece a quien tiene el trabajo de conseguirlo. Al ubicar el trabajo como fuente de riqueza y propiedad, Locke anticipa a Adam Smith y Marx.

Entonces, la naturaleza, después de que Hobbes y Locke quedaran fuera del contrato social o subyugados.

1.3.4 Francis Bacon

Francis Bacon (1561-1626), en su *Novum Organum*, defiende la *teoría de la inducción*, cuya idea es que la experimentación escrita es el punto de partida más importante para la ciencia y para la constitución del comité de investigación (núcleo de todo Método baconiano). Una vez que se descubre el objetivo de la ciencia, entre ellos el de dominar la naturaleza, uno no solo debe buscar una cantidad mucho mayor de experimentos, sino preparar una historia natural y experimental. Defendió una actitud experimentalista hacia los animales y la filosofía de dominación y manipulación de la naturaleza. Bacon terminó sus días trabajando como siempre recomendaba: investigando experimentalmente, pero no descubrió nada en el ámbito de los fenómenos naturales. 28

Hoy, el nuevo paradigma científico rechaza el pensamiento baconiano. La visión de la naturaleza es holística, las propiedades de la parte solo pueden entenderse desde la dinámica del todo. Lo que llamamos parte es simplemente un patrón en una red inseparable de relaciones. Toda red de relaciones es dinámica. El nuevo paradigma rechaza la idea de que las descripciones de los fenómenos pueden ser objetivas. Los científicos no tratan con verdades, sino con descripciones limitadas y aproximadas de la realidad.

---

[28]BACON, Francis. *Vida e obra*. São Paulo: Victor Civita, 1979. Novo Organum. Pg.. 38-40 (Os Pensadores).

1.3.5 René Descartes

Descartes (1696-1650), con su máxima *Cogito,* pienso luego existo, por lo tanto, soy un hombre reducido a su mente. Dio lugar a una formulación extrema del dualismo espíritu-materia. En su *discurso del método, él crea la teoría de la máquina animal,* inseparable del vendaje, por lo tanto, yo soy. Al describir la naturaleza de los hombres y los animales, afirma que los animales no tienen razón y no pueden hablar para expresar sus pensamientos. Los movimientos de animales, para él, pueden ser imitados por máquinas. El hecho de que haya animales que demuestren más industria que nosotros no prueba que tengan espíritu. Es la naturaleza la que actúa sobre ellos a través de sus órganos, al igual que un reloj, que está formado por todas las fuentes. El hombre nunca es una máquina, porque tiene un alma. Y la única función del alma es el pensamiento. Los animales y las plantas solo tienen un alma vegetativa. Y no deberíamos llamarlas *almas* porque no son almas racionales.

Descartes abogó por el método experimental, y él mismo practicó la disección de animales vivos. Con Descartes el racionalismo alcanzó su culminación. La razón se ha convertido en el único órgano completo para alcanzar el conocimiento y la verdad objetiva. Esta creencia alejó al hombre de la naturaleza y otros seres humanos, lo que condujo a un desorden económico absurdo, una división injusta de bienes y una ola creciente de violencia.

Por un lado, encontramos en Galileo, Descartes y Newton pensamientos que formaron la base de la revolución tecnológica; por otro lado, la línea que comienza con Montaigne, Voltaire y Rousseau, quienes abogan por un pensamiento no manipulador de la naturaleza.

1.3.6 Voltaire

Voltaire (1694-1778), en su *Diccionario filosófico,* argumenta que la máxima Conócete a ti mismo es un buen precepto, pero solo Dios puede ponerlo en práctica. El alma, para él, es lo que anima. No

---

[29]VILLEZ, Michel. *Philosophie de droit.* Paris: Dalloz, 1986, p. 125.

sabemos más que eso, porque nuestra inteligencia es limitada. Critica el hecho de que algunos filósofos atribuyen un alma vegetativa a las plantas y un alma instintiva a los animales, porque si en ellos hay un ser debe haber una forma, que es la vida. Nadie sabe lo que se llama ser espíritu. Para él, Dios nos ha dado la inteligencia no para penetrar en la esencia de las cosas, sino para guiarnos en el camino de la bondad.

Voltaire no entiende por qué los maestros preguntan dónde está el alma del animal. La discusión sobre la existencia o no del alma del animal no tiene sentido, ya que el hombre no tiene bases para definir qué es el alma. Para él, Dios es el alma que anima toda la vida. Si un árbol es capaz de recibir la savia que circula en sus fibras, la floración de los brotes y los frutos son prueba suficiente de su alma.

Voltaire discute el pensamiento de Descartes sobre los animales con estos argumentos:

"Qué tonto decir que los animales son máquinas privadas de conocimiento y significado, que siempre actúan de la misma manera, y que no aprenden nada, no se perfeccionan, etc. ¿Es solo porque estoy dotado de un discurso que crees que tengo sentimientos, memoria e ideas? Algunas criaturas bárbaras agarran al perro que supera al hombre en el sentimiento de amistad, lo clavan en una mesa, lo diseccionan aún vivo, para mostrarle las venas mesentéricas. Encuentras en él todos los órganos de sensaciones que existen en ti. Te atreves ahora a argumentar, si puedes, que la naturaleza ha colocado todos estos instrumentos de sentimiento animal para que no pueda sentir? Tienes nervios para permanecer impasible? Que no se te ocurra tal impertinente contradicción de la naturaleza.[30]

1.3.7 Jean Jacques Rousseau

Rousseau (1712-1778), en su *Discurso sobre el origen y los fundamentos de la desigualdad entre los hombres,* dice que el homo sapiens, en su origen, no es diferente de la naturaleza. Vivir en armonía

---

[30]VOLTAIRE. *Dicionário filosófico.* São Paulo: Abril Cultural, 1978, p. 96-98.

con ella. Da por sentado la bondad de la naturaleza:

"La naturaleza generalmente trata a todos los animales que se cuidan con una predilección que parece mostrar cuán celosa está de este derecho. El caballo, el gato, el toro, el burro, por lo general, tienen la constitución más alta, más robusta, más vigor, más fuerza y más coraje cuando están en el bosque que en nuestros hogares; Pierden la mitad de estas ventajas cuando se vuelven domesticados, y se diría que todo nuestro cuidado para tratar bien a estos animales solo puede alimentarlos. Lo mismo ocurre con el hombre: cuando se vuelve sociable y esclavo, se vuelve débil, temeroso y abyecto; y su forma de vida delicada y afeminada eventualmente pone de manifiesto la fuerza y el coraje ".[31]

Rousseau, fascinado por el tema de *la libertad,* pensó que la sociedad era la fuente de todos los males y la degeneración de la naturaleza. Para él, los humanos y los animales en estado natural eran hermosos, saludables y valientes. Argumentó que desde el momento en que alguien rodeó un terreno y lo declaró suyo, instituyendo propiedad privada, la edad de oro humana comenzó a corromper. Para él, fue la sociedad la que instituyó las desigualdades e injusticias.

"La naturaleza gobierna en todos los animales, y la bestia obedece". El hombre sufre la misma influencia, pero se considera libre de aceptar o resistir, y es sobre todo en la conciencia de esta libertad que se muestra la espiritualidad de su alma.[32]

Rousseau nunca creyó que la libertad del hombre consistiera en hacer lo que quiere, pero no en hacer lo que no quiere. Esta es la libertad que siempre ha reclamado.

---

[31]ROUSSEAU, Jean Jacques. *Discurso sobre a origem da desigualdade dos homens.* São Paulo: Nova Cultural, 1997, v. II, p. 62.
[32]*ROUSSEAU, Jean Jacques.* Op. cit., *p. 64.*

EDNA CARDOZO DIAS

Rousseau difiere de Descartes sobre los animales, no está de acuerdo en que sean autómatas, sino que están programados por instinto. La diferencia entre los animales y el hombre es que es un agente libre. Uno elige por instinto y el otro por libertad.

En los últimos años, Rousseau ha escrito una de sus obras más delicadas, *Daydreams of a Lonely Walker,* que contiene descripciones de la armonía de la naturaleza y es un verdadero himno de amor por los animales y las plantas.

En su séptima caminata critica el estudio experimental en animales:

"Cómo observar, diseccionar, estudiar, conocer las aves en el aire, los peces en el agua, los cuadrúpedos más livianos que el viento, más fuertes que el hombre y que ya no están dispuestos a ser voluntarios para mi investigación. correr tras ellos para someterlos por la fuerza? [...] El estudio de los animales no es nada sin anatomía. [...] No tengo ni el gusto ni los medios para mantenerlos cautivos, ni la agilidad necesaria para seguirlos en su caminar cuando están en libertad. Por lo tanto, será necesario estudiarlos muertos, desgarrarlos, deshuesarlos, cavar sus intestinos palpitantes a voluntad! Qué conjunto más horrible es un anfiteatro de anatomía, cadáveres fétidos, empanadas, carnes lívidas, sangre, intestinos repugnantes, esqueletos horribles, vapores sucios! Doy mi palabra de que aquí no es donde J.J. buscará tus diversiones. [...] De hecho, nunca pensé que tanta ciencia contribuyera a la felicidad de la vida ".[33]

Rousseau también hace referencia a las plantas, considerando los árboles, arbustos y plantas como adornos de la tierra:

"Vivaz por naturaleza y vestida con su vestido de noche En

---

[33]ROUSSEAU, Jean Jacques. *Devaneios de um caminhante solitário.* Brasília: UnB, 1995, p. 97.

medio del curso de agua y el canto de los pájaros, la tierra ofrece al hombre, en la armonía de los tres reinos, un espectáculo lleno de vida, interés y encanto, el único espectáculo en el mundo en el que sus ojos y su corazón no son nunca cansar a Greyhound [...] de las montañas, sumergirse en los valles, en el bosque, para robar lo más posible de la memoria de los hombres y los ataques de los malvados ". [34]

Para Rousseau, la medicina se ha apoderado de las plantas y las ve como bienes utilitarios, una idea que no es apropiada para hacer agradable el estudio de la botánica, hacer desaparecer la variedad de flores, secar la frescura de los árboles, hacer que las verduras y las sombras sean insípidas y desagradables. Muestra cuán agradables y encantadoras formas de plantas son de poco interés para aquellos que solo quieren aplastarlas en una maja. El interés material es que busca todas las cosas con fines de lucro, dice. Y completa:

"Nada que concierna al interés de mi cuerpo realmente puede interesar mi alma. Tengo éxtasis, arrebatos inexpresables hasta el punto de fusionarme, por así decirlo, con todos los seres, de identificarme con toda la naturaleza. Mientras que los hombres eran mis hermanos, hice proyectos de felicidad terrenal; Dado que estos proyectos siempre fueron relativos al conjunto, solo podía ser feliz con una felicidad pública, y la idea de una felicidad particular solo tocó mi corazón cuando vi a mis hermanos buscando su felicidad solo en mi infelicidad. Entonces, para no odiarlos, era realmente necesario huir de ellos; así que, refugiándome en la madre común, busqué en sus brazos escapar de los ataques de sus hijos, me sentí solo o, como dicen, insociable y misántropo, porque la soledad más salvaje me parece preferible a la compañía de los malvados, que solo se alimentan traición y odio ". [35]

1.3.8 Contrato natural

[34]ROUSSEAU, Jean Jacques, *Op. cit.*, p. 93.
[35]ROUSSEAU. *Devaneios... Op. cit.*, p. 95-96.

El filósofo francés Michel Serres defiende la idea de que ha llegado el momento de reemplazar *la Teoría del Contrato Social* de Hobbes con *la Teoría del Contrato Natural*,[36] argumentando que debido a que estamos viviendo en una era global, la historia global entra en la naturaleza y La naturaleza global entra en la historia. La naturaleza se ha convertido en un objetivo global y la humanidad se ha convertido en un nuevo sujeto total (global) en el planeta Tierra.

Para Serres, la historia comienza con la guerra, y la guerra es un estado de derecho, ya que puede conceptualizarse como el cierre y la estabilización de la participación violenta por decisiones legales. La guerra presupone un acuerdo previo, y este acuerdo se confunde con el contrato social. Para él, por lo tanto, Hobbes se equivocó al decir que la guerra de todos contra todos precede al contrato social. Para Serres, por el contrario, es la guerra la que nos protege contra la reproducción indefinida de la violencia. Cuando todos luchan contra todos, lo que existe es violencia mortal.

El hombre debe buscar el estado de paz y amor; Para hacerlo, debe renunciar al contrato social primitivo, para hacer un nuevo pacto con el mundo: el contrato natural.

A través de *Leviatán*, el estudio de Hobbes, hemos ganado tanto la lucha por la vida contra las otras especies de flora y fauna que, al alcanzar un cierto umbral, la victoria puede convertirse en derrota.

Hasta la fecha, nuestra relación fundamental con el mundo se ha basado en la guerra y la propiedad. Las devastaciones que el hombre ha dejado en la naturaleza corresponden a las devastaciones que una guerra mundial habría dejado atrás. La humanidad se ha vuelto contra el mundo y las otras especies.

Los derechos de propiedad tienen un origen excremental. Al igual que otros animales, que orinan y defecan en su nicho para marcar su territorio, la humanidad ha hecho del planeta un basurero. La

---

[36]SERRES, Michel. *O contrato natural.* Rio de Janeiro: Nova Fronteira, 1991, p. 51-52.

inmundicia dejó la marca de la humanidad, el sello de los gobernantes, la raza humana.

La especie hominal está excluyendo a todos los demás, evitando que se alimenten a sí mismos debido a la inmundicia que ha dejado la casa común, el planeta. Pero la naturaleza no es solo un ser global; reacciona globalmente a nuestras acciones locales. El dominio es temporal y eventualmente se convierte en servidumbre. La tierra amenaza con dominarnos.

La *Declaración de los Derechos Humanos,* como el contrato social, guardó silencio sobre el mundo y la naturaleza.

Serres aboga por la revisión conceptual de Locke de la ley natural, según la cual el hombre es el único sujeto de la ley. El mundo que fue visto como nuestro maestro, luego se convirtió en nuestro esclavo, luego llegó a ser visto como nuestro anfitrión, y ahora debemos admitir que en realidad es nuestro simbionte.

El hombre, parásito de la naturaleza y del mundo, hijo de los derechos de propiedad, tomó todo y no dio nada. La tierra anfitriona dio todo y no tomó nada. Una relación correcta deberá basarse en la reciprocidad. Todo lo que la naturaleza le da al hombre debe devolverlo. Esto significa que debemos agregar al contrato exclusivamente social un contrato natural de simbiosis y reciprocidad, en el que nuestra relación con las cosas abandonaría el dominio y la posesión al admirar la escucha, la reciprocidad, la contemplación y el respeto, un contrato en el que el conocimiento ya no supondría dominar la propiedad ni la acción.

Un contrato de simbiosis implica el reconocimiento por parte de la humanidad de los derechos de la tierra y de toda la familia planetaria. Nuestro concepto de sociedad no puede vincularse con la sociedad humana, pero debe reflejar el contexto general, que incluye el medio ambiente, el animal, el hombre y el fenómeno social.

Si nadie ha leído el contrato social, por otro lado, la Tierra nos habla a través de su fuerza e interacciones, que es suficiente para hacer un contrato.

El contrato natural es metafísico, el resultado del reconocimiento de cada colectividad que habita en un mundo global, junto con todas las demás especies. El contrato natural es tan global y mundial como el contrato social o el contrato científico. El contrato natural es tan virtual como los otros, que tampoco fueron firmados. Todo esto nos lleva a considerar el punto de vista del mundo en su totalidad, el mundo con todo lo que vive en él.

Capitulo 2

PROTECCIÓN DE FAUNA EN LA COMUNIDAD ECONÓMICA EUROPEA Y ESTADOS UNIDOS

2.1 PROTECCIÓN DE LA FAUNA EN LA COMUNIDAD ECONÓMICA EUROPEA

Después de la década de 1970, la conservación de la naturaleza se convirtió en una preocupación importante de la política ambiental en la Unión Europea.

La política de la Unión Europea para la conservación de la naturaleza en el territorio comunitario se basa esencialmente en dos leyes, la Directiva 2009/147 / CE del Parlamento Europeo y del Consejo, de 30 de noviembre de 2009, sobre la conservación de las aves silvestres. Directiva de la Unión Europea adoptada en 2009 que reemplaza la Directiva 79/409 / CEE del Consejo, de 2 de abril de 1979, que fue modificada anteriormente varias veces y de manera sustancial. Y la *Directiva 92/43 / CE*, adoptada en mayo de 1992, que se ocupa de la conservación de los hábitats naturales y la fauna y flora silvestres – *Directiva Hábitats*.

La *Directiva de Aves* y la *Directiva de Hábitats* han proporcionado una base legislativa significativa para la protección de especies raras y sus *hábitats* en peligro de extinción. Ambos forman el marco legislativo para protección y conservación de hábitats y vida silvestre europeos.

La *Directiva sobre hábitats* estableció el *Programa Natura 2000*, que prevé la zonificación ecológica de los espacios protegidos por la Unión Europea. Incluye:

• Zonas de protección especial (ZPS): para la conservación de las 182 especies y subespecies de aves enumeradas en el anexo I de la *Directiva de aves*, así como las especies migratorias.

• Zonas especiales de conservación (ZCS): para la conservación de 253 tipos de *hábitat,* 200 especies de animales y 434 especies de plantas enumeradas en los anexos de la *Directiva de hábitats.*

2.1.1 Directiva 92/43 / CEE del 21/05/1992

La Directiva 92/43 / CEE, que se ocupa de la conservación de los *hábitats naturales*, así como de la fauna y flora silvestres, se redactó en vista de la necesidad de priorizar la conservación de ciertos tipos de *hábitats* naturales y ciertas especies, y Además, debido al costo de las medidas de conservación para establecer una responsabilidad común de todos los Estados miembros, a menudo se requiere cofinanciación. Se aplica junto con la directiva de aves. La presente Directiva declara especies en peligro de extinción, vulnerables, raras y endémicas de interés comunitario.

Se considera que las especies prioritarias son aquellas sobre las cuales la CEE tiene una responsabilidad particular debido a la importancia de su área de ocurrencia.

El objetivo principal de esta Directiva es garantizar que la biodiversidad se conserve a través de la conservación de sus *hábitats* naturales y flora y fauna silvestres en el territorio europeo de los Estados miembros, donde se aplica el tratado.

Las medidas previstas en la presente Directiva tienen en cuenta los requisitos económicos, sociales y culturales, así como las particularidades regionales y locales.

En tu arte 3, esta Directiva ha constituido una red ecológica europea – *Natura 2000* – para la conservación de sitios especialmente protegidos como se establece en sus anexos.

La implementación del programa *Natura 2000*, de acuerdo con la *Directiva de hábitats*, debe realizarse en tres etapas:

Paso n. 1 – Preparación de listas nacionales de *hábitats* y sus especies. Los *hábitats* y las especies que figuran en los anexos I y II de la *Directiva sobre hábitats* están reconocidos como amenazados en toda Europa. Mientras tanto, su nivel de conservación en cada Estado miembro es diferente. Por esta razón, esta etapa del proceso consiste en una evaluación de los *hábitats* y especies de cada Estado miembro a nivel nacional. Sobre la base de esta investigación, los sitios que requieren conservación se identifican y presentan, en forma de una lista nacional, a la Comisión Europea. La elección de los sitios protegidos se basa en los criterios de selección establecidos en el anexo III de la Directiva.

Paso n. 2 – Se evaluará la importancia comunitaria de los lugares incluidos en las listas nacionales. La Comunidad Europea alberga seis regiones biogeográficas distintas, cada una con sus propias características y peculiaridades con respecto a sus *hábitats* y especies. La fecha límite para la demarcación de sitios de importancia comunitaria fue junio de 1998. La selección de estas áreas se lleva a cabo en colaboración con la Comisión y con los Estados miembros de acuerdo con los criterios del Anexo III.

Paso n. 3 – Se previó el establecimiento de *Zonas Especiales de Conservación*. Cuando el Consejo reconozca un lugar como tal, los Estados miembros tendrán seis años para formalizar esta declaración o, a más tardar, en 2004.

Tras la adopción de la *Directiva sobre hábitats* en mayo de 1992, los dos objetivos de cohesión socioeconómica y conservación de la naturaleza tienden a acercarse.

La *Directiva sobre hábitats* establece un marco legal para la protección de un conjunto de sitios mediante la formación de una rama de áreas protegidas.

En las *zonas especiales* de conservación, el Estado miembro está obligado a establecer medidas de conservación de conformidad con los requisitos ecológicos de los hábitats naturales (anexo I) y las especies (anexo II). El establecimiento de un plan de gestión específico del sitio o integrado con otros planes de gestión, aunque no es obligatorio, aparece como un medio para implementar la directiva.

Las medidas de conservación son elegidas por los Estados miembros. Pueden ser a través de la regulación, con la creación de reservas privadas, a través de medidas administrativas, como la financiación o la firma de contratos y acuerdos con propietarios.

Al proponer lugares que podrían declararse zonas especiales, los Estados miembros informarán a la Comisión, además de sus necesidades, del importe que consideren necesario en el caso de la cofinanciación comunitaria para que puedan cumplir las obligaciones inherentes a su conservación y gestión. zonas

Un plan de gestión que comprende la cofinanciación del *Life-Nature* Community Fund ya está en fase de prueba.

La Comisión, de acuerdo con el Estado miembro interesado, evaluará el importe de la financiación requerida. Las medidas que no están cubiertas por el plan de acción debido a la falta de recursos, así como aquellas que, aunque integradas, no han recibido la cofinanciación necesaria o se han financiado solo en parte, se revisarán cada dos años. Estas medidas son preventivas.

Otro elemento de la directiva en su arte. 6.2, es obligación de los Estados Miembros evitar cualquier deterioro de los *hábitats* y cualquier perturbación significativa de las especies que ocurran en sitios protegidos.

En arts. 6.3 y 6.4, encontramos el tercer componente del sistema de protección previsto en la directiva.

Cualquier proyecto o plan que no esté directamente vinculado o que sea necesario para la administración del sitio protegido, pero que pueda afectar este sitio de alguna manera significativo, individualmente o en conjunto con otros planes y proyectos, se debe evaluar adecuadamente los impactos que pueda tener en el sitio y en relación con los objetivos de conservación que lo protegen. Si el proyecto va a dañar la integridad del sitio, las autoridades nacionales competentes solo pueden autorizar el proyecto bajo los siguientes supuestos:

Primero: si se demuestra que no hay una solución alternativa, y esto se demuestra de manera convincente.

Segundo: si representa un mayor interés público, incluida la naturaleza social y económica del proyecto, en cuyo caso el Estado miembro debería tomar las medidas compensatorias necesarias para garantizar que la coherencia general de Natura 2000 esté protegida informando a la Comisión de los acuerdos.

En el caso de especies prioritarias, se pueden invocar consideraciones de salud humana, seguridad pública o las principales consecuencias beneficiosas para el medio ambiente, con la opinión de la Comisión, u otras razones importantes en interés público.

La Directiva no especifica el contenido del plan de gestión de áreas protegidas, dejándolo a los Estados miembros. Su elaboración no está prevista antes de la 3ª etapa del proceso. Una vez que los Estados miembros y la Comisión hayan elegido las zonas de protección, las primeras todavía tendrán seis años para establecer un sistema de protección y elaborar planes de gestión. Aunque el plan de gestión no es un requisito legal de la *Directiva sobre hábitats,* será útil y necesario para la conservación y restauración de futuros sitios *Natura 2000* dentro de un estado deseable de conservación.

La directiva establece que los Estados miembros deben esforzarse por fomentar la gestión de los elementos del paisaje de gran importancia para la fauna y flora silvestres, elementos esenciales para la migración, la distribución geográfica y el intercambio genético de especies. salvaje

Protección de especies – se prevé que los Estados miembros tomen las medidas necesarias para establecer un sistema estricta protección de las especies animales del Anexo IV dentro de su área de jurisdicción, prohibiendo:

- cualquier forma de captura o asesinato intencional de individuos de la especie de la naturaleza;
- la perturbación intencional de estas especies, especialmente durante el período de reproducción, dependencia, hibernación y migración;
- la destrucción o cosecha intencional de huevos en la naturaleza;
- deterioro o destrucción de los sitios de reproducción o áreas de descanso.

Los miembros deberán prohibir la posesión, el transporte, el comercio o el trueque, y ofrecer a la venta especímenes tomados de la naturaleza, excepto aquellos que fueron retirados legalmente antes de la *Directiva de Hábitats.*

Las especies de plantas enumeradas en el Anexo IV están sujetas a un esquema de protección, quedando prohibido lo siguiente:

- cosecha, poda o destrucción intencional de estos en la naturaleza en su área de ocurrencia;
- posesión, transporte, comercio o intercambio y oferta de venta de especies de la naturaleza, excepto aquellas que fueron legalmente retiradas antes de que dicha Directiva estuviera en vigor.

El Apéndice V enumera las especies cuya explotación está permitida, siempre que sea compatible con su mantenimiento en un estado favorable de conservación. La explotación se regulará en relación con los lugares, períodos, modos y reglas del juego, y estará precedida por un sistema de autorización que enumere especies y establezca cuotas, cría en cautividad en condiciones controladas y una evaluación de las medidas tomadas.

Estas medidas previstas en la *Directiva de hábitats* pueden ser renunciadas en los siguientes casos:

– en interés de proteger la fauna y flora silvestres y conservar los *hábitats* naturales;

– para evitar daños, en particular a cultivos, ganado, bosques, peces, aguas y, en cierta medida, propiedades;

– en interés de la salud y la seguridad públicas, o por otras razones primordiales en interés público, incluida la naturaleza social o económica, y por razones que tienen consecuencias beneficiosas para el medio ambiente;

– con fines de investigación y educación, repoblación y reintroducción de estas especies y para las operaciones de reproducción necesarias con fines de conservación, incluida la propagación artificial de plantas;

– permitir, bajo condiciones estrictamente controladas, de forma selectiva y dentro de ciertas limitaciones especificadas por las autoridades nacionales competentes, de ciertas especies incluidas en el Anexo IV.

Los Estados deben informar a la Comisión cada dos años sobre las excepciones y las medidas de control utilizadas, así como sobre los resultados obtenidos.

Los Estados miembros deben adaptar la legislación nacional a los dictados de la Directiva.

La Comisión de la CEE estará asistida por un comité compuesto por representantes de los Estados miembros y presidido por un representante de la Comisión.

El representante de la Comisión presentará al Comité un proyecto de las medidas que deban tomarse. El comité emitirá su dictamen sobre el proyecto, dentro de un plazo que el presidente podrá establecer según la urgencia del asunto. La opinión se entrega según la mayoría. La Comisión finaliza las medidas del Comité.

2.1.2. La primacía del derecho europeo – el derecho europeo desempeña un papel importante en los países de la Comunidad Económica Europea, que impone normas estrictas en el ámbito de medio ambiente, regulaciones y directivas.

Los Estados miembros de la Comunidad Europea deben respetar las directivas, debido a los principios generales del Tratado de Roma, cuyo objetivo es implementar políticas comunes, especialmente en el campo de la agricultura y el medio ambiente, y la similitud en la legislación europea.

El Tratado CEE, en su preámbulo (artículos 164, 189 y 192), establece la primacía del derecho europeo sobre el derecho nacional. Esto otorga a las directivas europeas un carácter vinculante para todos los Estados miembros.

El Tribunal de Justicia de las Comunidades Europeas se encarga de garantizar la aplicación de estos principios.

Cuando se violan las directivas, las quejas pueden dirigirse a la CEE, el Parlamento Europeo y el Tribunal de Justicia de las Comunidades Europeas.

La CEE ejerce control sobre la aplicación de sus directivas a través de sus agentes. La queja es a corto plazo y se envía una carta al Estado infractor y al Tribunal de Justicia, que se ordenará que cumpla con la directiva.

El ejercicio del derecho a presentar una queja es simple: es suficiente enviar una carta escrita a mano o mecanografiada a la Comisión en Bruselas.

El Tribunal puede ser llevado directamente a través de un abogado registrado en un tribunal de uno de los Estados miembros. El Tribunal de Justicia de las Comunidades Europeas tiene su sede en Luxemburgo.

El individuo y las asociaciones pueden dirigir sus peticiones al Parlamento Europeo, la Comisión de Peticiones o la CEE, e influir en el establecimiento de las Directivas.

2.2.2 Animales de derechos, una nueva concepción que surgió en la Corte Suprema de los Estados Unidos.

El animal como sujeto de derechos en la concepción del juez estadounidense Douglas, por voto emitido en el *Sierra Club v. Morton* (Hacia los Objetos de Derechos Legales, 445. S. Cal. I. Ver. 450 - 1972), en el que hubo una solicitud de anulación de una decisión del Servicio Forestal de los Estados Unidos, que lanzó al *Mineral King Valley,* un área casi salvaje para el construcción de una estación de esquí:

EDNA CARDOZO DIAS

El juez Douglas, en su voto, argumentó que los objetos inanimados a veces son partes en litigios. Y así como el barco tiene personalidad jurídica y la corporación ordinaria es una persona con fines legales, la naturaleza puede estar sujeta a derechos:

"Así que esto vale para valles, prados, ríos, lagos, estuarios, playas, crestas, matorrales, árboles, pantanos e incluso el aire que siente la presión destructiva de la tecnología moderna y la vida moderna. El río, por ejemplo, es un símbolo de toda vida que sustenta o nutre: peces, insectos acuáticos, nutrias, venados, alces, osos y otros animales, incluido el hombre, que dependen de ellos o disfrutan de su contemplación, sonido y su vida. El río, como interlocutor, habla de la unidad ecológica de la vida de la que forma parte. Estas personas que tienen una relación significativa con este cuerpo de agua, ya sea un pescador, un piragüista, un zoólogo o un leñador, deben poder hablar sobre estos valores que representa el río y están amenazados de destrucción ".

....

La voz de los objetos inanimados, sin embargo, no debe ser sofocada. Esto no quiere decir que el poder judicial ignore las funciones administrativas de la agencia federal. Esto simplemente significa que antes de que este valioso pedazo de América (como valles, prados, ríos o lagos) se pierda para siempre o se transforme para reducirlo a escombros de nuestro entorno urbano, la voz de los beneficiarios existentes de nuestro entorno se alegraría si pudiera. ser escuchado ... "[1]

En la misma línea, el profesor José Alfredo Baracho Junior nos dice en su libro Responsabilidad civil por daños ambientales, Jurist Stone, en un artículo titulado "Deben los árboles tener pie"? (California Law Review, No. 45, pp. 450-481, 1972) defiende la idea de que las normas de protección ambiental son una forma de asignar derechos

---

[1]STEWART, Richard B, KRIE James E. Environmental law and policy, 2 ed. Indianópolis: Bobbs Merriel, 1978, pgs. 812 a 820

subjetivos a los animales. y plantas. Dentro de este razonamiento, las asociaciones y agentes públicos que reclaman la defensa del medio ambiente actúan como sus representantes.[2]

Para Stone, aunque los árboles y las plantas no son seres humanos, son individuos, ya que son únicos y reconocibles. El reconocimiento de los derechos de los animales y las plantas fue una evolución del proceso de declaraciones de derechos, que se extendió de blancos a negros, indios, mujeres y otras minorías.

Hoy, el animal como sujeto de derechos ya está concebido por la mayoría de los estudiosos legales de todo el mundo. Uno de los argumentos más comunes para defender esta opinión es que, así como las personas jurídicas o morales tienen derechos de personalidad reconocidos desde el momento en que registran sus actos constitutivos en un organismo competente, y pueden comparecer ante el tribunal para reclamar estos derechos, También los animales se convierten en sujetos de derechos subjetivos bajo las leyes que los protegen. Aunque no tienen la capacidad de comparecer ante el tribunal para reclamarlos, el Gobierno y la comunidad recibieron el mandato constitucional de protegerlos. Se ha otorgado al Ministerio Público la competencia legal expresa para representarlos en los tribunales cuando se violan las leyes que los protegen. De esto se puede concluir claramente que los animales están sujetos a derechos, aunque se debe reclamar su representatividad sustitutiva, al igual que los seres relativamente incapaces o incapaces, que, sin embargo, son reconocidos como personas.

Quienes son reacios a reconocer a los animales como sujetos de derechos tienen como argumento principal la convicción de que los derechos solo pueden aplicarse a las personas. Y por lo tanto, solo las personas físicas o jurídicas pueden estar sujetas a derechos.

Pero si profundizamos nuestra reflexión sobre los llamados derechos de personalidad, descubriremos que no son más que derechos que emanan de la persona como individuo. Por lo tanto,

---

[2]BARACHO JUNIOR, José Alfredo de Oliveira. Responsabilidade Civil por dano ao meio ambiente. Del Rey. Belo Horizonte, 2000.

EDNA CARDOZO DIAS ▮────

deben entenderse como derechos derivados de la naturaleza de la persona como un ser vivo desde el nacimiento. Un bebé, antes de ser registrado, ya es una persona, al menos desde un punto de vista científico y humano. En términos de medicina psiquiátrica, un individuo se convierte en una persona cuando se da cuenta de su individualidad. Al valorar a la persona como un ser vivo, debemos reconocer que la vida no es solo un atributo del hombre, sino un bien genérico, innato e inmanente para todo lo que vive. Y desde este punto de vista, la persona tiene sus derechos imbricados en su condición de individuo, no solo un individuo con una identidad civil. Solo podemos llegar a la conclusión de que los animales, aunque no son personas humanas o jurídicas, son individuos que tienen derechos innatos y aquellos que les confiere la ley, estando los primeros por encima de cualquier condición legislativa.

Si comparamos los derechos de una persona humana con los derechos del animal como individuo o especie, encontramos que ambos tienen derecho a la defensa de sus derechos esenciales, como el derecho a la vida, el libre desarrollo de su especie, la integridad de su organismo y sus derechos. así como el derecho a no sufrir. Desde un punto de vista ético y científico, es fácil justificar la personalidad del animal. Para Peter Singer, comprender el principio de igualdad aplicado aquí es tan simple que no requiere más que comprender el principio de igualdad de intereses. Si queremos comparar el valor de una vida con otra, tenemos que comenzar discutiendo el valor de la vida en general.

Capitulo 3

NACE UNA TEORÍA DE LOS DERECHOS

DE LOS ANIMALES

3- Derecho animal es un conjunto de reglas, leyes y principios que regulan la protección del animal para garantizar su integridad física y moral, así como su dignidad con un animal no humano.

Si anteriormente las leyes que protegen a los animales estaban dirigidas al hombre mismo y al derecho a la propiedad, a partir de 2000 hubo un cambio de paradigma y el animal comenzó a ser considerado por sí mismo.

Las leyes de protección animal no son nuevas, pero su estudio desde una perspectiva autónoma y altruista es reciente. Como con todos los procesos evolutivos, el cambio en la forma en que los humanos se relacionan con los no humanos está relacionado con la revolución posmoderna, sus nuevos paradigmas y la aparición de nuevas teorías y nuevas categorías de derechos.

El objetivo de este capítulo es contribuir a fortalecer la idea de que el derecho animal merece ser parte de una rama autónoma del derecho, y no continuar siendo tratado indirectamente por el derecho ambiental. También busca presentar, como base para esta autonomía, una teoría de los derechos de los animales.

3.1 Nuevas teorías y paradigmas científicos

Una teoría surge cuando un nuevo paradigma con respecto a un determinado conocimiento o visión de hecho reemplaza al anterior. Sin embargo, la transición de un paradigma a otro no ocurre inmediatamente con la llegada de la nueva idea. El pensamiento humano y la ciencia evolucionan día a día y generación tras generación, gradualmente. Y la dinámica social no necesariamente conduce a un cambio de paradigma. Siempre hay mucha resistencia al cambio de cualquier tipo. Y para que un paradigma sea consagrado como nuevo, es necesario su reconocimiento por parte de un grupo de científicos.

En el clásico trabajo "La estructura de las revoluciones científicas", el físico Thomas S. Kuhn conceptualiza el paradigma como "lo que los miembros de una comunidad comparten y, por el contrario, una comunidad científica consiste en hombres que comparten un paradigma".[1]

Max Planck cree que "una nueva verdad científicamente no triunfa al convencer a sus oponentes y hacer que vean la luz, sino porque sus oponentes finalmente mueren y una nueva generación se familiariza con ella".[2]

Según Kuhn, el avance y la aceptación de los descubrimientos solo ocurren porque algunas creencias o procedimientos previamente aceptados son descartados y reemplazados simultáneamente por otros.[3]

> Si la ciencia es la recopilación de hechos, teorías y métodos, los científicos son personas que han contribuido, con o sin éxito, a esta constelación particular. El desarrollo se convierte en el proceso gradual por el cual estos elementos se han agregado, ya sea solos o en combinación, al stock cada vez mayor de conocimiento y técnica científica.[4]

---

[1] KUHN, Thomas S. *A estrutura das revoluções científicas*. São Paulo: Perspectiva, 2013. p. 281-282.

[2] PLANCK, Max. *Scientific autobiography and other papers*. Trad. Frank Gaynor. Nova York: Philosophical Library, 1949. p. 33-34.

[3] KUHN, *op. cit.*, p. 145.

[4] *Idem, ibidem.* p. 60.

EDNA CARDOZO DIAS ▐

En el campo de la ciencia del derecho, el nuevo paradigma deriva de la necesidad social externa. Pero, como en todos los campos de la ciencia, el nuevo paradigma siempre está precedido por una crisis. Para Khun, la crisis es un preludio apropiado para el surgimiento de nuevas teorías:

> La transición de un paradigma de crisis a uno nuevo, del cual puede surgir una nueva tradición de ciencia normal, está lejos de ser un proceso acumulativo obtenido a través de una articulación del viejo paradigma. Más bien, es una reconstrucción del campo de estudio a partir de nuevos principios, una reconstrucción que altera algunas de las generalizaciones teóricas más básicas del paradigma.[5]

Esta transición de un viejo paradigma a uno nuevo, Kuhn llama la revolución científica. Para el autor: "Consideramos que las revoluciones científicas son episodios de desarrollo no acumulativo, en el que un paradigma más antiguo es total o parcialmente reemplazado por uno nuevo, incompatible con el anterior".[6] Agrega: "Las revoluciones científicas comienzan con un sentimiento. También restringido a una pequeña subdivisión de la comunidad científica que el paradigma existente ha dejado de funcionar correctamente ".[7]

Cuando la doctrina y el mundo académico aceptan el nuevo paradigma legal, se crean nuevas teorías para explicar las anomalías en las relaciones de los hombres entre sí o entre hombres y naturaleza, y aquellas que resuelven los problemas mal resueltos por sus predecesores se consideran exitosas. Y si la nueva teoría no es compatible con la anterior, debe reemplazarla por completo.

Kuhn describe así la formación de una teoría:

> En principio, hay tres tipos de fenómenos sobre los que se puede desarrollar una nueva teoría. El primer tipo comprende el

---

[5] KUHN, Thomas S. *A estrutura das revoluções científicas*. São Paulo: Perspectiva, 2013. p. 169.

[6] *Idem, ibidem,* p. 175.

[7] *Idem, ibidem,* p. 178.

fenómenos ya bien explicados por los paradigmas existentes. Tales fenómenos rara vez ofrecen motivos o un punto de partida para construir una nueva teoría. Cuando lo hacen, rara vez son aceptados. Una segunda clase de fenómenos comprende aquellos cuya naturaleza está indicada por paradigmas existentes, pero cuyos detalles solo pueden entenderse después de una mayor articulación de la teoría. Los científicos centran la mayor parte de su investigación en estos fenómenos, pero dicha investigación tiene como objetivo articular paradigmas existentes en lugar de inventar otros nuevos. Solo cuando estos esfuerzos de articulación fallan, los científicos encuentran un tercer tipo y fenómeno: anomalías científicas, cuyo rasgo característico es su obstinada negativa a ser asimilados por los paradigmas existentes. Solo este tipo de fenómeno da lugar a nuevas teorías[8].

Podemos decir que la ciencia moderna comenzó con la observación de estrellas. Solo más tarde la ciencia volvió sus ojos a los asuntos humanos y, más recientemente, comenzó a mirar el medio ambiente y los animales no humanos. Se necesitaron varias crisis, tanto éticas como sociales y políticas, para que la ciencia se preocupara por el medio ambiente y los animales.

De hecho, los mentores del pensamiento entre los siglos XVI y XVII iban desde Copérnico (1473-1543) hasta Isaac Newton (1642-1727). La Revolución Copérnica desarrolló la teoría del modelo heliocéntrico. Galileo Galilei (1564-1642) fundó la ciencia del movimiento. Francis Bacon (1661-1626) creó el método empírico de investigación. René Descartes (1596-1650) fue el fundador del racionalismo moderno. E Isaac Newton formuló las tres leyes de Newton, que sustentaban la Mecánica Clásica.[9]

En el campo de la ciencia jurídica, el racionalismo y el empirismo se encuentran en las obras de Immanuel Kant (1724-1804): "Crítica de la razón pura" (1781), "Crítica de la razón práctica" (1788) y "Crítica del juicio" (1790) .[10]

---

[8]*Idem, ibidem*, p. 183-184.
[9]MAGEE, Bryan. *História da filosofia*. São Paulo: Edições Loyola, 2001. p. 64.
[10]Idem, ibidem, *p. 132.*

EDNA CARDOZO DIAS ▐———

El racionalismo es humanista y fundamental, no se preocupa por otros seres no humanos. El humanismo considera al hombre como un ser diferenciado y superior en el planeta. Este paradigma fue sorprendente para el progreso tecnológico con énfasis en el racionalismo empírico y el control desenfrenado y la explotación de la naturaleza.

En la ciencia del derecho, la teoría cartesiana-newtoniana influyó en la adopción del positivismo jurídico, defendido por Kant, y también se reflejó en todas las leyes que gobernaron la vida de los seres humanos durante siglos.

La ciencia del derecho ha estado estrechamente vinculada a esta doctrina durante muchos años, lo que, al distinguir el hecho y el valor, ha disociado la aplicación de la justicia de la moral, de acuerdo con las disposiciones de la ley. Para el positivismo legal, es justo lo que está en la ley; Una visión estrictamente objetiva de la ley.

El paradigma cartesiano-newtoniano se basa en el razonamiento lógico inductivo y deductivo y la previsibilidad. También se basa en la objetividad de una observación imparcial. Roberto Crema, psicólogo y antropólogo del Colegio Internacional de Terapeutas y Rector de la Universidad Internacional de la Paz en Brasilia, se refiere a este paradigma:

> Este concepto deriva de la Revolución Científica, un movimiento que surgió de la esfera de pensamiento rica y heurística del siglo XVII que definitivamente superó el modelo de pensamiento escolástico medieval. Los principales constructores de este nuevo edificio conceptual que seguramente prevalecerá en los siglos siguientes fueron Galileo, Bacon y especialmente Descartes y Newton, por lo que el vasto paradigma moderno puede llamarse cartesiano-newtoniano.[11]

Crema afirma que "Descartes fraccionó al hombre en cuerpo y alma, estableciendo el dualismo en filosofía, que históricamente representaba, según Mess, 'dualismo metafísico radical'".[12]

---

[11]CREMA, Roberto. *Introdução à visão holística* – Breve relato de viagem do velho ao novo paradigma. São Paulo: Summus Editorial, 1988. p. 29-30.

[12]CREMA, Roberto. *Introdução à visão holística* – Breve relato de viagem do velho ao novo paradigma. São Paulo: Summus Editorial, 1988. p. 32.

El paradigma mecanicista ha sido seriamente sacudido por la investigación de fenómenos eléctricos y magnéticos. Esto fue gracias a la revolución científica del siglo XIX. Se puede decir que el primer paso fue dado por Michael Faraday (1791-1867) y James Clerk Maxwell (1831-1879), cuyos estudios dieron lugar al electromagnetismo y reemplazaron el concepto de fuerza con el campo de fuerza.[13]

En 1900, Max Planck (1858-1947) revolucionó la física con su teoría de los cuantos, iniciando la mecánica cuántica. Otro científico decisivo para cambiar el paradigma de la ciencia fue Albert Einstein (1879-1955), inaugurando la física moderna, que es relativista, atómica y cuántica[14].

Para solidificar los nuevos paradigmas científicos, Werner Heinsenberg (1901-1976), premio Nobel de física en 1932, introdujo en la física el principio de incertidumbre, influyendo en los paradigmas de todas las demás ciencias, incluidas las humanidades aplicadas, incluida la ley.

Otro investigador que contribuyó a los cambios paradigmáticos en el mundo científico fue Charles Darwin (1809-1882). Lanzó la teoría de la evolución al mundo, explicando que la evolución ocurriría a través de la selección natural y sexual. Con eso, sacó al hombre del pedestal de la creación del rey para ser el resultado de millones de años de evolución. En el campo de la ley, donde se aplica el principio de que la justicia se aplica solo a los hombres, si la ley era justicia, no había leyes para proteger el medio ambiente y los animales.

Los nuevos paradigmas de la biología y la física dieron lugar al paradigma sistémico cuando la ciencia admitió que todo está interconectado. Esto ha dado lugar a nuevas visiones del mundo, como la ecocéntrica y la biocéntrica. En el ecocentrismo, la ecosfera, no el hombre, es el centro del valor de la humanidad. La ética se vuelve ecocéntrica, planetaria y sistémica. El paradigma sistémico reconoce la interconexión de todas las cosas y la interdependencia de todo lo que vive. De este paradigma surgió la idea del respeto por la naturaleza y las responsabilidades compartidas, dejando espacio para

---

[13]CAPRA, Fritjof. *O tao da Física*. São Paulo: Cultrix, 1983. p. 51.
[14]CREMA, *op.cit.*, p. 40.

EDNA CARDOZO DIAS ▌

para que el derecho ambiental se establezca como una disciplina autónoma.[15]

El biocentrismo es una evolución del ecocentrismo y también es parte de la visión sistémica del mundo. La visión biocéntrica comprende que toda la vida está interconectada y que la vida es un valor anterior a todos los demás. Comprende que la vida tiene un valor genérico, no solo es derecho del hombre, sino de todo lo que vive. Finalmente, para el biocentrismo, el derecho a la vida es el derecho supremo de toda vida. Fue fundada por el médico Robert Lanza (2009), quien asigna a la conciencia el papel fundamental y creativo del universo, a diferencia de la idea clásica de que el universo crea vida.[16]

Para Fritjof Capra, el nuevo paradigma puede llamarse holístico, ecológico o sistémico. No solo considera algo como una totalidad, sino también cómo está incrustado en totalidades más grandes.[17]

En el año 2000, en mi tesis doctoral, la primera en Brasil defendida en una Facultad de Derecho que se ocupaba de los derechos de los animales, me expresé sobre el nuevo paradigma científico que estaba surgiendo, contribuyendo a hacer del Derecho Ambiental una rama autónoma del Derecho. , incluido el estudio de los derechos de los animales y, en consecuencia, permitir la discusión en el mundo académico para construir una teoría de los derechos de los animales.

> La crisis planetaria ha dado lugar a un paradigma holístico, reorientado por una cosmovisión. *Holos,* en griego, significa "todo" y lo *holístico* se ocupa de unir el todo en relación con sus partes.
> En el nuevo paradigma, la ciencia debe concebir la realidad como una red de relaciones. El campo de acción abarca una red de relaciones intrínsecamente dinámicas que no trata con verdades exactas"[18].

---

[15]Ver MILARÉ, Édis. *Direito do ambiente.* São Paulo: Revista dos Tribunais, 2011. p. 119.

[16]LANZA, Robert. Biocentrismo. *Pensar Além.* Publicado em 21 de novembro de 2009. Disponível em: <http://pensaralem.wordpress.com/2013/11/21/biocentrismo-robert-lanza-2009/>. Acesso em: 4 set. 2014.

[17]CAPRA, Fritjof. *Pertencendo ao universo*: explorações nas fronteiras da ciência e da espiritualidade. São Paulo: Cultrix, 1991. p. 11.

[18]DIAS, Edna Cardozo. *Tutela jurídica dos animais.* Belo Horizonte: Mandamentos, 2000. p. 344.

Así, sin duda, fue la crisis planetaria y los grandes desastres ecológicos que hicieron posible la introducción en el mundo legal de la Ley Ambiental y, de manera transversal, la Ley Animal. La posibilidad de la destrucción del planeta, la extinción de especies animales y la destrucción de la especie humana ha planteado, en el mundo científico, la discusión sobre la necesidad de crear leyes y normas para la preservación de las especies, a fin de garantizar la supervivencia de las especies. humanidad y futuras generaciones.

La crisis ética y moral de los tiempos modernos ha dado lugar a la necesidad de establecer nuevos valores para relacionarse con el mundo y otras especies no humanas. La violencia ha creado el anhelo de un mundo pacífico y más respeto. Este ideal de respeto y la conciencia de la responsabilidad individual y social se ha extendido en general a todas las razas, a todos los seres. Por lo tanto, los derechos de los animales han pasado a formar parte de los valores morales de la sociedad, siendo hoy reconocidos por las leyes y discutidos en los tribunales, formando parte de los valores morales de todas las naciones.

En la actualidad, los animales se consideran titulares de derechos supranacionales, previstos en tratados y convenios internacionales, y forman parte de la legislación nacional de todos los países civilizados.

3.2 Teoría de los derechos de los animales

Aunque la idea de reconocer la existencia de una teoría de los derechos de los animales es reciente, la primera mención del término "derechos de los animales" fue en los "Derechos de los animales" de Henry Salt.[19]

Cuando el teólogo inglés Humphy Primatt escribió en 1776 el libro "Una disertación sobre el deber de la misericordia y el pecado de la crueldad contra los animales", habló del deber de la compasión por los hombres. No mencionó la expresión "derechos de los

---

[19]SALT, Henry. *Animals' rights considered in relation to social progress.* Pennsylvania: Society for Animals Rights, 1980.

animales", pero utilizó el parámetro de capacidad sufrir para hablar de consideración moral.[20]

El conocido filósofo inglés Jeremy Bentham, en 1789, defendió las mismas ideas en su libro "Una introducción a los principios de la moral y la legislación", afirmando que la posesión de la sensibilidad en lugar de la racionalidad debería dar consideración moral a un ser.[21]

La teoría de la liberación animal, presentada por Peter Singer, fue uno de los pilares para la formación de la teoría de los derechos de los animales. En su libro Animal Liberation, publicado originalmente en 1975, Singer denunció el sufrimiento de los animales y demuestra que las prácticas utilizadas por los humanos en su relación con los animales eran injustas en ese momento. Para él, al ser animales seres sintientes, sus intereses deben tenerse en cuenta al igual que los intereses de los humanos. Para él, los animales deben incluirse en la consideración moral de los humanos.[22] Singer ha introducido a los animales en la comunidad moral, y la clave para la liberación animal para él es la consideración de los intereses. Y la consideración equitativa de los intereses se debe a la capacidad de los animales para sufrir.[23]

En "Practical Ethics",[24] Singer argumenta que los animales, dotados de sensibilidad y conciencia, deben ser tratados con el mismo respeto que los humanos. El principio de igual consideración de intereses debe aplicarse sin distinción entre los animales humanos y no humanos. La capacidad de sufrir y sentir dolor debe ser un requisito previo para medir los intereses.

La teoría del abolicionismo animal tiene como gran defensor

---

[20]PRIMATT, Humphrey. *A dissertation on the duty of mercy and sin of cruelty to brute animals*. London, 1776. *Animal Rights History*. Disponível em: <http://www.animalrightshistory.org/animal-rights-c1660-1785/enlightenment-p/pri-humphrey-primatt/1776-mercy-cruelty.htm≥. Acesso em: 16 set. 2014.

[21]LOURENÇO, Daniel Braga. *Direito dos Animais:* fundamentação e novas perspectivas. Porto Alegre: Sergio Antônio Fabris, 2008. p. 354.

[22]DIAS, Edna Cardozo. Bioética e direitos dos animais, *Fórum de Direito Urbano e Ambiental – FDUA*, Belo Horizonte, ano 8, n. 43, p. 16-21, jan/fev. 2009. p. 17-18.

[23]SINGER, Peter. *Libertação animal*. Porto Alegre: Lugano, 2004. p. 3.

[24]*SINGER, Peter.* Ética prática. *3. ed. São Paulo: Martins Fontes, 2002.*

al filósofo estadounidense Tom Regan. Regan reclama la extensión a los animales del principio ético y el valor inherente de cada individuo.[25] Y presenta a los animales como sujetos de una vida, predicando el fin de toda explotación de la vida animal.[26]

Al describir el abolicionismo, Heron Gordilho, un erudito en el tema, complementa:

> Sin embargo, juristas como Steven Wise, Gary Francione y Jean-Pierre Marguenau están más preocupados por dar a los animales personalidad jurídica para garantizar su capacidad de adquirir derechos y defenderlos en los tribunales a través de sus representantes.[27]

A partir de 2000, la concepción jurídica del animal como sujeto de derechos se expandió a todo el planeta. Y alrededor de eso se estaba formando y fortaleciendo la teoría de los derechos de los animales. En mi disertación doctoral, defendida en 2000,[28] introduzco al mundo académico de Brasil la idea del animal como sujeto de derechos, basado en una sentencia emitida por la Corte Suprema de los Estados Unidos:

> El animal como sujeto de derechos en la concepción del juez estadounidense Christopher Douglas Stone, en votación emitida en el caso Sierra Club V. Morton (Hacia los Objetos de Derechos Legales, 445. S. Cal. I. Ver. 450 - 1972), en el que hubo un Anulación de una decisión del Servicio Forestal de los EE. UU., Que despejó Mineral King Valley, un área casi salvaje para la construcción de una estación de esquí.

> El juez Douglas Stone, en su voto, argumentó que los objetos inanimados a veces son partes en litigios. Y así como el barco tiene

---

[25]REGAN, Tom. *The case for animal rights*. Berkeley and Los Angeles: University of California Press, 2004. p. 268.

[26]REGAN, Tom. *Jaulas Vazias*. Porto Alegre: Lugano, 2006.

[27]GORDILHO, Heron José de Santana. *Abolicionismo animal*. Salvador: Evolução Editora, 2009. p. 75.

[28]Defendida na Universidade Federal de Minas Gerais – UFMG, em fevereiro de 2000, tendo como orientador o Prof. Arthur Diniz, tese posteriormente transformada em livro. (DIAS, Edna Cardozo. *Tutela jurídica dos animais*. Belo Horizonte: Mandamentos, 2000. p. 84.)

un personalidad jurídica y la corporación ordinaria es una persona para fines legales, la naturaleza también puede estar sujeta a derechos.29

La misma línea de pensamiento adopta al profesor José Alfredo Baracho Junior en su libro "Responsabilidad civil por daños ambientales", citando a Douglas Stone, en un artículo titulado "Deben los árboles tener pie?"[30] en el que el abogado estadounidense presenta La idea de que las normas de protección del medio ambiente son una forma de otorgar derechos subjetivos a los animales y las plantas. Siguiendo este razonamiento, las asociaciones y agentes públicos que reclaman protección ambiental en los tribunales actúan como sus representantes.[31]

Para Stone, aunque los árboles y las plantas no son seres humanos, son individuos, ya que son únicos y reconocibles. El reconocimiento de los derechos de los animales y las plantas fue una evolución del proceso de declaración de derechos, que se extendió de blancos a negros, indios, mujeres y otras minorías.[32]

Pero el jurista estadounidense Steven M. Wise, profesor de la disciplina de la Ley de Derechos de los Animales de la Universidad de Harvard, los derechos fundamentales que deben reconocerse para los seres vivos deben estar vinculados a su capacidad de autonomía y autodeterminación. Es la autonomía y no la capacidad de sufrir lo que garantiza el acceso de los animales a los derechos fundamentales. Según él, los jueces no tienen en cuenta la capacidad de sufrimiento de los animales al pronunciar sus oraciones, sino la autonomía.

---

[29]DIAS, Edna Cardozo. *Tutela jurídica dos animais*. Belo Horizonte: Mandamentos, 2000. p. 84-86. Ver também STONE, Christopher. Should trees have standing? Toward legal rights for natural objects. *Law Review*, California, n. 45, p. 450-481, 1972. *apud* GORDILHO, Heron José de Santana. *Abolicionismo animal*. Salvador: Evolução Editora, 2009.

[30]STONE, Christopher Should trees have standing? Toward legal rights for natural objects. *Law Review*, California, n. 45, p. 450-481, 1972. *apud* BARACHO JUNIOR, José Alfredo de Oliveira. *Responsabilidade civil por dano ao meio ambiente*. Belo Horizonte: Del Rey, 2000.

[31]DIAS, Edna Cardozo. *Tutela jurídica dos animais*. Belo Horizonte: Mandamentos, 2000. p. 86.

[32]*Idem, ibidem*, p. 84-86.

Para Wise,[33]un ser tiene autonomía cuando:

- tiene intereses;
- Puede intentar intencionalmente satisfacerlos;
- Tiene una sensación de autosuficiencia que le permite comprender, incluso al mínimo, que él es quien quiere algo y que está tratando de lograrlo.[34]

Si uno tiene esta autonomía, dice Wise, debe tener garantizados los derechos fundamentales, a los que llama "derechos de dignidad". La sensibilidad y la conciencia están implícitas en el concepto de "autonomía práctica". Así como la ley no requiere plena autonomía para reconocer los derechos humanos, no puede hacerlo para otorgar derechos a los animales.

En nuestra opinión, la teoría de Wise intenta utilizar criterios humanos para el reconocimiento de los derechos de los animales.[35] Pero tenemos que estar de acuerdo con el hecho de que los seres humanos incapaces tienen derechos y son considerados personas. Y, por lo tanto, los animales como seres vivos merecen la misma consideración legal.

El jurista estadounidense defensor de la teoría abolicionista Gary Francione, profesor de filosofía y derecho de la Universidad de Rutgers, considera que el actual sistema de *"bienestar legal"* sugiere confrontar los intereses humanos con los de los animales para concluir si el sufrimiento de un animal Es justificable. Desde esta perspectiva, los intereses de los animales siempre se ven de forma secundaria. Siempre elegimos los derechos humanos como los más relevantes. La legislación bienestarista, aunque aboga por mejoras, permite que el animal sea responsable de los derechos de propiedad y sea sometido a crueldad cuando se trata de explotación económica. Para Francione, la noción arcaica debe ser

---

[33]Para saber mais, ver WISE, Steven M. Animal thing to animal person – Thoughts on time, place, and theories. *Animal Law*, v. 5. p. 61-68, 1999.

[34]WISE, Steven M. Palestra proferida no I CONGRESSO MUNDIAL DE BIOÉTICA E DIREITO ANIMAL. Salvador: Universidade Federal da Bahia (UFBA), 8 de outubro de 2008.

[35]DIAS, Edna Cardozo. Bioética e direitos dos animais. *Fórum de Direito Urbano e Ambiental – FDUA*, Belo Horizonte, ano 8. n. 43, p. 18, jan./fev. 2009.

revisada que los animales son cosas, recursos u objetos. En la posición welfarista podemos usar animales no humanos si no les infligimos sufrimientos innecesarios. Entonces los animales solo tienen los valores que los despertamos. La regulación del uso de animales no puede protegerlo cuando puede considerarse propiedad.[36]

En el entendimiento de Gary Francione, sin duda, la condición de propiedad limita la protección del animal. Afirma que la legislación sobre bienestar animal habla de sufrimiento innecesario, y hablar sobre el sufrimiento necesario es una tesis indefendible. Advierte que el animal tiene su valor intrínseco y la propiedad es un valor extrínseco y que si lo hacemos responsable de los derechos de propiedad, siempre terminaremos usándolo para fines económicos, legales, sociales y políticos. Francione concluye que, como propiedad, no es posible dar igual consideración al animal en relación con los humanos; por lo tanto, se considerará desde el punto de vista de los intereses humanos[37].

Francione no escatima en críticas sobre la teoría de la similitud cerebral utilizada para el reconocimiento de los derechos de los grandes simios y delfines, la llamada "teoría de la mente similar",[38] porque teme que se realicen más experimentos para demostrar la similitud cerebral. Usando estos argumentos, el autor entiende que aquellos que abogan por la legislación de bienestar animal facilitan la legalización de la explotación animal y predican actitudes extremas como el veganismo, por razones morales y políticas.[39]

En mi opinión, el reconocimiento de los derechos de los animales en Brasil ya ha ido más allá del estándar moral, ya que la Constitución de la República de 1988 (CR / 88) reconoce los derechos de los animales. Incluso contiene un mandamiento de no crueldad inc. VII del art. 225: "VII -

---

[36]FRANCIONE, Gary L. *Animals as persons*. New York: Columbia University Press, 2008. p. 153-169.

[37]*Idem, ibidem*, p. 97-105.

[38]FRANCIONE, Gary L. *Animals as persons*. New York: Columbia University Press, 2008. p. 124.

[39]*Idem, ibidem*, p. 108.

proteger el La fauna y la flora están prohibidas, de conformidad con la ley, prácticas que ponen en peligro su función ecológica, causan la extinción de especies o someten a los animales a la crueldad ".[40]

Lo que más se necesita ahora es adoptar una teoría legal que reconozca el valor intrínseco del animal como ser vivo e individual, así como la necesidad de cambiar su estatus legal. La ley brasileña clasifica a los animales salvajes como un bien común de las personas, es decir, un bien difuso indivisible y no disponible, mientras que los animales domésticos son considerados por el Código Civil como sujetos a derechos reales. La naturaleza legal de ellos en nuestra legislación es un obstáculo importante para un razonamiento diferente del arraigado en la conciencia popular, es decir, el animal es un bien, ya sea colectivo (en el caso de animales salvajes), ya sea propiedad privada o res nullius. (en el caso de nacionales).

En Brasil, el animal es siempre propiedad, ya sea un bien público / difuso, un bien común de las personas o cuando es un animal en movimiento. La diferencia es que, en el caso del bien común de las personas, la ley impone normas de uso más estrictas, ya que no están disponibles, son inalienables, inaplicables, tienen derechos imprescriptibles. Los bienes muebles o inmóviles son un objeto pasivo de un propietario o propietario que puede usarlos, disfrutarlos, deshacerse de ellos y reclamarlos o, si es *nulo,* apropiarse de ellos. Es bastante cierto que existen límites establecidos por ley para la propiedad de un animal, y que garantizan la no sumisión a la crueldad y el derecho al bienestar, límites mucho más suaves que los establecidos para la relación con los animales salvajes.

Una teoría de los derechos de los animales en Brasil debe guiarse por el ejemplo de otros países como Suiza, que clasifica a los animales no como cosas, sino como animales. Necesitamos cambiar nuestro Código Civil para que los animales domésticos y exóticos no se clasifiquen como cosas, sino como animales sensibles. El Código Civil de 2002, en su parte general, tiene un título "De las personas" – Libro I, y otro título "De las mercancías"

---

[40]BRASIL. *Constituição da República Federativa do Brasil de 1988.* Disponível em: <http://www.planalto.gov.br/ccivil_03/constituicao/constituicao.htm>. Acesso em: 25 maio 2013.

– Libro III, incluidos los bienes muebles: "CC, Art. 82: Son bienes muebles susceptibles a su propio movimiento, o al retiro por la fuerza de otros, sin alteración de la sustancia o del destino económico-social".[41] Y se basa en en esta disposición, los animales se consideran 'bienes susceptibles de auto-movimiento o remoción por fuerza extraterrestre'; a la vista incompatible con el nuevo paradigma que se está formando.

Es urgente crear una tercera categoría en nuestro Código Civil, una específica para los animales, que los reconozca como seres sensibles, distintos de las personas y los bienes. Indudablemente, el derecho moral mínimo y el derecho a la dignidad que todo animal merece requiere que el animal sensible sea tratado legalmente como un ser vivo, diferente de los humanos y los bienes, y capaz de adquirir derechos.

Y es precisamente el hecho de que nuestro Código Civil reconoce solo dos categorías, personas y bienes, lo que lleva a muchos estudiosos a comprender que el animal es el objeto de los derechos (un bien) y no el sujeto de los derechos. Sin embargo, si los animales tienen derechos supranacionales,[42] derechos fundamentales,[43] derechos legales,[44] y además pueden acudir a los tribunales para su sustitución[45] o representatividad,[46] ya no hay una cuestión de si están o no sujetos a derechos. Sujeto a la ley significa que pueden tener derecho a derechos según la ley y que estos derechos pueden ser confirmados en los tribunales.

La teoría que adoptamos es la "teoría de los derechos y la personalidad". Los animales son seres con intereses propios, como tener seguridad, no sufrir, vivir según las necesidades de su especie, entre otros. Y como titulares de derechos, merecen ser clasificados como animales, que es su propia personalidad.

Para devolver a los animales a su dignidad, debemos eliminarlos

---

[41]BRASIL. *Lei nº 10.406, de 10 de janeiro de 2002*. Institui o Código Civil. Disponível em: <http://www.planalto.gov.br/ccivil_03/leis/2002/l10406.htm>. Acesso em: 13 set. 2014.

[42]Vide Declaração Universal dos Direitos dos Animais.

[43]CR/88, art. 225, § 1º, VII.

[44]Lei de Proteção à Fauna (Lei nº 5.197/67), Lei de Crimes Ambientais (Lei nº 9.605/98).

[45]SILVA, Tagore Trajano de Almeida. *Animais em juízo*. Salvador: Evolução Editora, 2013. p. 162.

[46]*Idem, ibidem*, p. 167.

de la categoría de bienes. En Francia, el proyecto de ley 4.495 ya está en el Parlamento, y pide la creación de un libro específico para tratar animales. Un grupo de 24 intelectuales franceses firmaron un manifiesto afirmando que "los animales se benefician de un régimen legal de acuerdo con su naturaleza de estar vivos y sensibles y que la mejora de su condición puede seguir su curso justo, una categoría propia debe ser intrbbbboducida en el Código Civil. entre personas y bienes ". [47]

3.3 Los titulares de derechos de los animales en Brasil y el derecho animal como disciplina autónoma

Los derechos de los animales reconocidos por Brasil en los tratados internacionales se han incorporado a nuestra Constitución y son parte de sus cláusulas de piedra.

Los dispositivos que imponen la inamovibilidad de ciertos preceptos son de piedra. Estas son las disposiciones que no se pueden abolir con enmiendas, que constituyen el núcleo irreformable de la Constitución. Estos preceptos tienen supremacía sobre otros intereses.

El artículo VII del § 1 del art. 225 de CR / 88 ha hecho que los animales posean derechos fundamentales.

> Artículo 225. Toda persona tiene derecho a un entorno ecológicamente equilibrado, que sea un uso común de las personas y esencial para una calidad de vida saludable. Las autoridades públicas y la comunidad están obligadas a defenderlo y preservarlo para los presentes y generaciones futuras
> Párrafo 1. Para garantizar la efectividad de este derecho, incumbe a las autoridades públicas:
> [...]

---

[47]No original: "Pour que les animaux bénéficient d'un régime juridique conforme à leur nature d'êtres vivants et sensibles et que l'amélioration de leur condition puisse suivre son juste cours, une catégorie propre doit leur être ménagée dans le code civil entre les personnes et les biens". (MANIFESTE. *Pour une évolution du régime juridique de l'animal dans le code civil – Reconnaissant sa nature d'être sensible.* Disponível em: <http://www.30millionsdamis.fr/fileadmin/user_upload/actu/10-2013/Manifeste.pdf≥. Acesso em: 18 set. 2014.)

VII - para proteger la fauna y la flora, prohibidas, de acuerdo con la ley, prácticas que pongan en peligro su función ecológica, que causen la extinción de especies o sometan a los animales a crueldad.[48]

Cuando hablamos de derechos fundamentales, hablamos de los derechos reconocidos y afirmados por las Constituciones de las Naciones. Los derechos fundamentales mantienen los valores y principios fundamentales del orden legal de un país. Se pueden agrupar en cuatro grandes categorías, a saber, derechos políticos, derechos individuales, derechos sociales y derechos difusos.

Esta disposición constitucional abrió la puerta para establecer una nueva naturaleza jurídica del medio ambiente. Hoy, el CR / 88, en su art. 225, reconoce el medio ambiente como un bien común de las personas. Y como parte del medio ambiente, la vida silvestre brasileña es un bien común de la gente, un bien difuso para ser preservado para las generaciones futuras. De todos modos, sigue siendo una propiedad de la nación y la comunidad.

A la luz de CR / 88, la propiedad está condicionada a su función social y a la protección del medio ambiente. Para la Ley N ° 6.938 / 81,[49] la fauna, incluidos todos los animales, se considera un recurso ambiental (art. 3, V). Así, el Derecho Animal se ha estudiado transversalmente en Derecho Ambiental.

Sin embargo, debido a que tiene su propio objeto y principios, entendemos que Animal Law tiene todos los elementos para convertirse en una disciplina autónoma. De lo contrario, veamos:

El art. 225 de CR / 88 establece en su párrafo 1, los ítems I a VII, que corresponde al gobierno garantizar: el derecho a la vida y al ecosistema (ítem I); el derecho a preservar la biodiversidad (ítem II);

---

[48]BRASIL. *Constituição de República Federativa do Brasil de 1988.* Disponível em: <http://www.planalto.gov.br/ccivil_03/constituicao/constituicaocompilado.htm>. Acesso em: 25 maio 2013.

[49]BRASIL. *Lei n° 6.938, de 31 de agosto de 1981.* Dispõe sobre a Política Nacional do Meio Ambiente, seus fins e mecanismos de formulação e aplicação, e dá outras providências. Disponível em: <http://www.planalto.gov.br/ccivil_03/leis/l6938.htm>. Acesso em: 13 set. 2014.

el derecho preservación de especies y animales de ser sometidos a crueldad (ítem VII).

Estos dispositivos implican que los animales tienen derecho a:

● Dignidad (más allá de la humanidad), cuando corresponde al Gobierno y la comunidad garantizar la vida, el respeto a la integridad física, el equilibrio ecológico y la preservación de los ecosistemas y la no sumisión a la crueldad;

● Igualdad (más allá de la humanidad), para preservar la vida en su ecosistema, respetando las diferencias, concluyendo que existen leyes que impiden prácticas que amenazan su equilibrio ecológico, que las ponen en peligro y que someterse a la crueldad.

Para lograr la igualdad en el área del derecho animal, se debe fortalecer el antiescepticismo.

Acuñado por el psicólogo británico Richard D. Ryder en 1970, el término especismo fue utilizado por él para describir la discriminación habitual que practica el hombre contra otras especies, y que dicho prejuicio estaría "basado en diferencias físicas moralmente irrelevantes".[50]Grasa:

> La palabra especismo tal como la conocemos hoy se utilizó por primera vez en un folleto contra la experimentación con animales escrito en 1970 por Richard Ryder, profesor de psicología en la Universidad de Oxford, quien lo repitió más tarde en su libro Víctimas de la ciencia.[51]

Por lo tanto, el especismo es la discriminación de un individuo debido a su especie, y el antiespecismo es el reconocimiento de la igualdad de derechos según las diferencias.

---

[50]No original: "a prejudice based upon morally irrelevant physical differences", (RYDER, Richard. All beings that feel pain deserve human rights: Equality of the species is the logical conclusion of post-Darwin morality. *The Guardian*. Saturday 6 August 2000. Disponível em: <http://www.theguardian.com/uk/2005/aug/06/animalwelfare>. Acesso em: 23 set. 2014.)

[51]GORDILHO, Heron José de Santana. *Abolicionismo animal*. Salvador: Evolução Editora, 2009, p. 16.

EDNA CARDOZO DIAS ▌

● Libertad (más allá de la humanidad), lo que significa que el animal vive en su hábitat, con el ecosistema equilibrado y de acuerdo con sus necesidades y sensibilidad biológicas.

● Legalidad (más allá de la humanidad), lo que implica la promulgación de leyes para proteger a los animales y su entorno.

● Finalmente, el principio del deber general y solidario de todos – Poder público y colectividad - para que estos dispositivos se cumplan y se proteja a los animales.

Le corresponde al Gobierno y a la comunidad garantizar los derechos al medio ambiente equilibrado y a la calidad de vida saludable, y si la democracia es parte de un estado de derechos y deberes; Podemos concluir que los derechos de los animales se convierten en el deber general y solidario de todos.

El principio del deber general y el cuidado se puede ilustrar con la teoría de David Favre, profesor de la Universidad Estatal de Michigan, que defiende a los animales como propietarios.

> Para evitar el trato desigual de los animales no humanos, Favre afirma que los objetos vivos son propiedad de uno mismo. Para él, ciertos animales estarían libres de control y control humano, y pueden tener sus intereses representados por guardianes cuando sea necesario. Los animales no humanos que poseen la capacidad de dirigir y controlar deben considerarse propietarios de uno mismo.[52]

Además de tratar el especismo durante años, Ryder desarrolló y refinó la teoría del dolor, usando el término dolor para significar la capacidad de sentir el dolor que no solo poseen los humanos sino también los animales. Su teoría:

---

[52]FAVRE, David. Equitable Self-Ownership for Animals, 2000. p. 475-476. *apud* SILVA, Tagore Trajano de Almeida. *Animais em juízo*. Salvador: Evolução Editora, 2013. p. 185.

[...] rechaza la validez de la agregación (la adición) de los dolores y placeres de varios individuos, como se encuentra en el utilitarismo, enfatizan en cambio la importancia moral de cada individuo y especialmente el "último sufriente".[53]

Ryder concluye que la "dolor es el único motivo convincente para la atribución de derechos o, de hecho, los intereses de los demás".[54]

3.4 La enseñanza del derecho animal

La disciplina de Derecho Animal ya se ha enseñado en Brasil en varias instituciones de educación jurídica, de la siguiente manera:[55]

I – 2001 – Pontificia Universidad Católica de Minas Gerais (PUC-MG) – "Tutela legal de los animales". Disciplina transdisciplinaria. Núcleo de la práctica jurídica. Profesores: Prof. Edna Cardozo Dias (abogada); Prof. Flávio Augusto Salim Nogueira (veterinario) y Prof. Regina Bueno (veterinaria).

II – 2003 - Pontificia Universidad Católica de Paraná (PUC-PR) - "Relación entre el hombre y la naturaleza" – módulo de la especialización lato sensu en derecho ambiental. Prof Danielle Tetü Rodrigues.

III – Universidad Federal de Bahía (UFB) – Curso de extensión universitaria (posgrado *stricto sensu*) "Estudios en profundidad de bioética y derechos de los animales". Grupo de estudio vinculado al CNPQ en el "Centro Interdisciplinario de Investigación y Extensión sobre Derechos de los Animales, Medio Ambiente y Post-Modernidad - NIPEDA". Prof. Garza Santana Gordilho.

---

[53]DMARSKI. Devemos intervir na predação? Artigos Richard D. Ryder. Tradução Sônia T. Felipe. *Pensata Animal*, n. 20, set. 2009. Disponível em: <http://www.pensataanimal.net/index.php?option=com_content&view=article&id=329: richard-d-ryder&catid=138 >. Acesso em: 24 set. 2014.

[54]No original: "Painience [pain feeling] is the only convincing basis for attributing rights or, indeed, interests to others". (RYDER, Richard. All beings that feel pain deserve human rights: Equality of the species is the logical conclusion of post-Darwin morality. *The Guardian*. Saturday 6 August 2000. Disponível em: <http://www.theguardian.com/uk/2005/aug/06/animalwelfare>. Acesso em: 23 set. 2014.)

[55]Ver SILVA, Tagore Trajano de Almeida. *Direito animal & ensino jurídico*. Salvador: Evolução Editora, 2014. p. 208-215.

IV – Desde 2008 – Disciplina "Derecho Animal y Ecología Profunda" en la Universidad Federal del Estado de Río de Janeiro (UNIRIO) y Grupo de Investigación "Centro de Derecho Animal y Ecología Profunda" en la Universidad Federal de Río de Janeiro (UFRJ) . Profs Fábio Corrêa de Oliveira y Daniel Braga Lourenço.

V – 2009 – Postgrado en Derecho Ambiental en el Centro de Estudios del Área Jurídica Federal (CEAJUFE), disciplina "Derecho Animal", módulo de la especialización lato sensu en Derecho Ambiental. Prof. Edna Cardozo Dias. Coordinador de curso Leandro Eustáquio Matos Monteiro.

3.5 Legitimidad de los derechos de los animales.

Desde la teoría de la legitimidad del derecho de la especie humana hasta la opresión y la explotación de los seres inferiores, incluso las nuevas teorías de los derechos de los animales recorrieron un largo camino. Desde la declaración de los derechos individuales, sociales y económicos hasta el reconocimiento de los derechos difusos, han pasado muchas décadas. La filosofía kantiana en el campo de la ciencia jurídica ha contribuido al hecho de que durante largos años solo los seres humanos fueron considerados como ellos mismos.

Hemos pasado, y creo que todavía estamos atravesando, la teoría de los deberes indirectos de los humanos con los animales. En esta hipótesis, el animal no es objeto de consideración moral directa. Los humanos tienen el deber de preservar el bienestar animal siempre que no sea contra los intereses humanos. Desde este punto de vista, el deber legal del hombre de cumplir con las leyes de protección animal garantiza a los animales un derecho reflejo.

Las teorías directas comenzaron a delinearse desde la concepción de la defensa ética de los animales y la reflexión sobre el deber de la compasión y el deber de no practicar la crueldad, la teoría de la sensibilidad y la teoría de la latencia.

Aunque la ley no reconoce a los animales como personas, es indiscutible que tienen sus propios derechos legales, diferentes de personas, cosas o bienes. Si las leyes les garantizan un tratamiento diferente del que se les da a las cosas, una teoría de los derechos de los animales debe solidificarse y universalizarse para reconocer que el animal debe ser respetado por su individualidad y que debe ser respetado por sí mismo. , cómo vivir y convivir en el planeta.

Algunas personas creen que la teoría de la ética del discurso de Jürgen Harbemas sería la más adecuada para hacer de la teoría de los derechos de los animales un consenso en el mundo de la vida, el mundo legal y el mundo político. Un flujo comunicativo entre los ciudadanos, basado en el proceso discursivo libre y democrático, apoyaría cada vez más el reconocimiento de los derechos de los animales como una disciplina autónoma en la solidificación de la teoría de los derechos de los animales.

La ley animal no es suficiente, la justicia animal debe existir, y existe un sistema administrativo, procesal y legal para garantizar esta y aquella justicia. Sin el fortalecimiento de una teoría de los derechos de los animales, la justicia animal difícilmente se realizará. Sin el reconocimiento de que los animales tienen derecho a sus derechos reconocidos por su valor intrínseco como seres vivos, es poco probable que se materialice la justicia animal.

Se deben aplicar leyes específicas a los animales, no la ley de las cosas. Su vida debe estar protegida en pie de igualdad con la vida humana; Esto está en el corazón de la teoría de los derechos de los animales. Esta teoría debe llevarnos a desarrollar un estatuto moral y ético para los animales que nos permita concebirlos como dueños de sí mismos.

No podemos negar la importancia de la participación popular a través de consejos de pares y otros medios para la evolución de las políticas públicas. Se han realizado contribuciones profundas a grupos de estudio académicos, vinculados o no al CNPQ, disertaciones doctorales, disertaciones magistrales, TCC en cursos de pregrado, así como seminarios, congresos y publicaciones sobre el tema. Sin embargo, sin voluntad política y sin mejora de la legislación, no prevemos un progreso decisivo hacia la consagración de una teoría de los derechos de los animales. Y sin ella, los derechos de los animales continuarán debilitados.

El cambio requiere un camino largo y difícil, pero si queremos un mundo mejor para todos, tenemos que pagar por ese cambio para construirlo.

Ha llegado el momento de que los científicos jurídicos dirijan la mente humana y la inteligencia hacia un progreso justo, y conviertan la conciencia en la búsqueda de justicia equitativa como su objetivo. No habrá justicia si no se extiende a todos los seres. Los jusanimalistas de todo el mundo están unidos para que la ciencia jurídica reconozca el derecho animal como una disciplina autónoma y se base en la teoría de los derechos de los animales, que ya es una realidad.

Capitulo 4

LEY DE VIDA SILVESTRE EN BRASIL Y LA NATURALEZA LEGAL DE LOS ANIMALES

4. LA FAUNA Y LA CONSTITUCION FEDERAL Y LAS CONSTITUCIONES DE LOS ESTADOS

La Constitución de la República Federativa de Brasil de 1988 (CR / 1988), en su art. 225, § 1, inc. VII convirtió la protección de los animales en un precepto constitucional, otorgándoles derechos fundamentales.

Tan pronto como la Asamblea Constituyente juró, para redactar la Constitución actualmente en vigor, el movimiento de protección animal se movilizó para incluir la protección animal en su texto.

La idea fue adoptada por el diputado federal y ex presidente de la Comisión de Medio Ambiente de la OAB-SP, Fábio Feldman, quien actuó como articulador de los segmentos interesados ??en participar en la redacción del arte. 225, sobre el medio ambiente, en CR / 88.

Fue la Liga de Prevención de Crueldad Animal (LPCA) (presidida por Edna Cardozo Dias), junto con la Unión de Defensores de la Tierra (OIKOS), presidida por Fábio Feldman, y la Asociación de Protección Animal de San Francisco de Assis (APASFA).), presidido por D. Alzira, encabeza la lista de una petición de 30,000 firmas. Aunque solo se obtuvieron 11,000 firmas, la protección animal fue envuelta por CR / 88 en su arte. 225, § 1, inc. VII.

Al incorporar los derechos de los animales en CR / 88, los

constituyentes han hecho animales poseedores de derechos fundamentales. Cuando hablamos de derechos fundamentales, nos referimos a derechos reconocidos y afirmados por las Constituciones de los Estados. Los derechos fundamentales mantienen los valores y principios fundamentales del orden legal de un país. Independientemente de la categoría, todos los animales están protegidos en CR / 88, independientemente.

La Constitución dice en su art. 225, § 1, VII:

Art. 225, § 1: " Es competencia del Gobierno: "VII - proteger la fauna y la flora, prohibidas, según la ley, las prácticas que ponen en peligro su función ecológica, causan la extinción de especies o someten a los animales a la crueldad".

Después de que el Tribunal Federal Supremo (STF) confirmó la Acción Directa de Inconstitucionalidad (ADI) 4983, presentada por el Fiscal General de la República contra la Ley 15.299 / 2013, del Estado de Ceará, que regulaba la vaquejada como una práctica deportiva y cultural en el estado. , El Congreso Nacional aprobó la Enmienda 96/17 que hace de este evento una cultura del patrimonio. Según la Enmienda, los deportes que usan animales no se consideran crueles, siempre que sean manifestaciones culturales, de acuerdo con el párrafo 1 del artículo 215 de la Constitución, registrada como una propiedad inmaterial que forma parte del patrimonio cultural brasileño. Estas actividades deben estar reguladas por una ley específica que garantice el bienestar de los animales involucrados.

Las Mesas de la Cámara de Diputados y del Senado Federal, de conformidad con el § 3 del art. 60 de la Constitución Federal, promulgue la siguiente Enmienda al texto constitucional:

Art. 1 El art. 225 de la Constitución Federal entra en vigencia más el siguiente § 7:

"Art. 225.

....

....

Párrafo 7. Para los fines de la parte final del ítem VII del párrafo 1 de este artículo, las prácticas deportivas con animales no se consideran crueles, siempre que sean manifestaciones culturales, de acuerdo con el párrafo 1 del art. 215 de esta Constitución Federal, registrada como una propiedad inmaterial que forma parte del patrimonio cultural brasileño, y debe estar regulada por una ley específica que garantice el bienestar de los animales involucrados. "(NR)

Art. 2 Esta Enmienda Constitucional entra en vigencia en la fecha de su publicación.[1]

---

[1] *BRASIL. http://www.planalto.gov.br/ccivil_03/constituicao/Emendas/Emc/emc96.htm , cessado em 28 de outubro de 2019.*

Las constituciones estatales se inspiraron en la Carta Magna para prever el tema. Los animales encuentran protección constitucional en las siguientes constituciones estatales:

Acre Constitución:

Art. 206, § 1, V: "Proteger la fauna y la flora de las prácticas depredadoras y devastadoras de especies o animales sometidos a crueldad".

Constitución de Alagoas:

Art. 171, VI: "Proteger la fauna y la flora, se prohíbe, en la forma de la ley, prácticas que pongan en peligro su función ecológica, causen la extinción de especies o sometan a los animales a crueldad".

Constitución de Amazonas:

Art. 230, VIII: "Proteger la fauna y la flora, se prohíbe, según la ley, prácticas que pongan en peligro su función ecológica, causen la extinción de especies o sometan a los animales a crueldad"

Constitución de Bahía:

Art. 214, VII: "Proteger la fauna y la flora, especialmente las especies en peligro de extinción, supervisando la extracción, captura, producción, transporte, comercialización y consumo de sus especímenes y subproductos. que ponen en peligro su función ecológica, provocan su extinción o someten a los animales a la crueldad ".

Constitución de Ceará:

Art. 259, párrafo único, XI: "Proteger la fauna y la flora, prohibidas por la ley, prácticas que ponen en peligro su función ecológica, causan la extinción de especies o someten a los animales a crueldad, supervisando la extracción, captura , producción, transporte, comercialización y consumo de sus especímenes y subproductos ".

Constitución del Espíritu Santo:

Artículo 186, párrafo único, III: "Para proteger la flora y la fauna, asegurando la diversidad de especies, especialmente aquellas en peligro de extinción, supervisando la extracción, captura, producción y consumo de sus especímenes y subproductos, prohibiendo las prácticas que someten a las especies. animales a la crueldad ".

Constitución de Goiás:

Art. 127, § 1, V: "para controlar y supervisar la extracción, captura, producción, transporte, comercialización y consumo de animales, plantas y minerales, así como la actividad de personas y empresas dedicadas a la investigación y manipulación de material genético. "

Artículo 128, VI, párrafo único: "La ley prohíbe la pesca depredadora y los períodos de caza y reproducción, así como la incautación y comercialización de animales salvajes en el territorio de Goiás, que no provienen de granjas autorizadas. . "

Constitución de Maranhão:

Art. 241, II: "Protección de la fauna y la flora, prohibiendo prácticas que sometan a los animales a la crueldad".

Constitución de Mato Grosso:

Art. 263, párrafo único, IX: "Proteger la fauna y la flora, asegurando la diversidad de especies y ecosistemas, prohibidas, de acuerdo con la ley, prácticas que pongan en peligro su función ecológica y causen la extinción o el sujeto de las especies los animales a la crueldad ".

Art. 275: "Está prohibido, según la ley, pescar en el período de desove y depredador en cualquier período, así como la caza, captura y comercialización de animales salvajes en el territorio de Mato Grosso por parte de aficionados y profesionales. autorizado por el organismo competente ".

Art. 276: "Los detenidos por la caza, pesca o captura prohibida de las especies de la fauna tendrán un destino social y no serán mutilados, incinerados ni destruidos de ninguna manera".

Constitución de Mato Grosso do Sul:

Art. 222, § 2, XV: "controlar y supervisar la actividad pesquera, incluida la de los mataderos de peces, que solo se permitirá mediante el uso de métodos de captura adecuados".

Constitución de Minas Gerais:

Art. 214, § 1, V: "proteger la fauna y la flora, a fin de garantizar la diversidad de especies y ecosistemas y la preservación del patrimonio genético, se prohíbe, según la ley, las prácticas que provocan la extinción de las especies. o someter a los animales a la crueldad ".

Constitución de Pará:

Art. 255, III: "garantizar la diversidad de especies y ecosistemas, a fin de preservar el patrimonio genético, biológico, ecológico y paisajístico y definir espacios territoriales a proteger especialmente".

Constitución de Paraíba:

Art. 227, párrafo único, II: "proteger la fauna y la flora al prohibir prácticas que pongan en peligro su función ecológica, causen la extinción de especies o sometan a los animales a la crueldad".

Constitución de Paraná:

Art. 207, § 1, XIV: "Proteger la fauna, especialmente las especies raras y en peligro de extinción, prohibiendo prácticas que pongan en peligro su función ecológica o sometan a los animales a la crueldad".

Constitución de Pernambuco:

Art. 210, III: "Preservar la vida silvestre que habita los ecosistemas transformados y las zonas rurales y urbanas, prohibiendo su caza, captura y destrucción de sus sitios de reproducción".

Artículo 213: "El Estado garantizará, de conformidad con la ley, el libre acceso a las aguas públicas estatales para la desedentación humana y animal".

Constitución de Piauí:

Art. 237, § 1, VIII: "proteger la fauna y la flora, prohibidas, según la ley, prácticas que pongan en peligro su función ecológica, causen la extinción de especies o sometan a los animales a crueldad".

Constitución de Río de Janeiro:

Art. 258, § 1, IV: "proteger y preservar la flora y la fauna, las especies en peligro de extinción, las prácticas vulnerables y raras que prohíben someter a los animales a la crueldad, por acción directa del hombre sobre ellos".

Constitución de Rio Grande do Norte:

Art. 150, § 1, VIII: "proteger la fauna y la flora, prohibidas, según la ley, prácticas que pongan en peligro su función ecológica, causen la extinción de especies o sometan a los animales a la crueldad".

Constitución de Rio Grande do Sul:

Art. 251, § 1, VII: "proteger la flora, la fauna y el paisaje natural, prohibiendo prácticas que pongan en peligro su función ecológica y paisajística, causen la extinción de especies o sometan a los animales a la crueldad".

Constitución de Rondônia:

Art. 219, I: "Asegurar, a nivel estatal, la diversidad de especies y ecosistemas, a fin de preservar el patrimonio genético del Estado".
Art. 221, VI: "prevenir y frenar la práctica que somete a los animales a la crueldad".

Constitución de Santa Catarina:

Art. 182, III: "proteger la fauna y la flora, prohibiendo prácticas que pongan en peligro su función ecológica, causen la extinción de especies o sometan a los animales a un trato cruel".

Constitución de Sao Paulo:

Art. 193, X: "proteger la flora y la fauna, que incluye todos los animales salvajes, exóticos y domésticos, prácticas prohibidas que ponen en peligro su función ecológica y provocan la extinción de especies o someten a los animales a la crueldad, supervisando la extracción, producción, cría, métodos de sacrificio, transporte, comercialización y consumo de sus especímenes y subproductos ".
Art. 204: "Cazar bajo cualquier pretexto está prohibido en todo el estado".

Constitución de Sergipe:

232, § 1, V: "proteger la fauna y la flora, especialmente las especies nativas y / o en peligro de extinción, supervisando la extracción, captura, producción, transporte, comercialización y consumo de sus especies y subproductos, prohibido. prácticas que someten a los animales a la crueldad ".

Constitución de Tocantins:

110, III: "Protección de flora y fauna, especialmente de la especies en peligro de extinción, de acuerdo con la ley, las prácticas que someten a los animales a la crueldad están prohibidas ".

4.1. Concepto de fauna: gran parte de la doctrina conceptualiza la fauna como el conjunto de animales propios de una región, localidad, ecosistema o período geológico particular del planeta.

En palabras de Celso Antônio Fiorillo, "la fauna se conceptualiza como el colectivo de animales de una región determinada".[1]

Para Maria Luiza Machado Granziera:

> La fauna es uno de los recursos ambientales definidos en la Ley 6.938 / 81 y constituye "toda la vida animal en un área, hábitat o estrato geológico en un momento dado, con límites espaciales y temporales arbitrarios". (Glosario de ecología, 2ª ed. Academia de Ciencias del Estado de São Paulo. Publicación ACIESP, No. 183, 1997, p.113). El conjunto de vida animal ubicado en un espacio dado en un momento dado caracteriza a la fauna, lo que significa que es apropiado indicar estas dos variables, tiempo y espacio, para identificar con precisión a qué fauna se refiere.[2]

El autor continúa: "Estrictamente hablando, todas las especies animales constituyen fauna. Sin embargo, la protección legal de este recurso ambiental es más restrictiva y se aplica principalmente a la vida silvestre, terrestre o acuática ".[3]

Para Danielle Tetu Rodrigues:

> [...] el término fauna ha sido objeto de gran discusión debido a la falta de unidad conceptual también entre las diversas leyes. Tenga en cuenta que además del significado constitucional, la Ley 5.197 en su art. 1, definió la vida silvestre como "los animales de cualquier especie, en cualquier etapa de su desarrollo y viviendo naturalmente fuera del cautiverio".
> Ya el art. 29, § 3 de la Ley 9.605 / 98, Ley de Delitos Ambientales, establece que "son especies de fauna silvestre todas aquellas pertenecientes a especímenes nativos, migratorios y cualquier otro

---

[1] FIORILLO, Celso Antônio Pacheco. *Curso de Direito Ambiental*. 14. Ed. São Paulo: Saraiva, 2013. p. 302.

[2] GRANZIERA, Maria Luiza Machado. *Direito Ambiental*. São Paulo: Editora Atlas, 2009. p. 121.

[3] Idem, ibidem, loc. cit.

acuático o terrestre, que tengan todo o parte de su ciclo de vida que ocurre dentro de los límites del territorio brasileño o de las aguas jurisdiccionales brasileñas ". Vale la pena recordar que esta misma ley establece la existencia de la categoría de animales 'nocivos', cuando así lo declare la autoridad administrativa competente.[4]

Desde un punto de vista legal, los animales, sin discriminación de categoría, están incluidos en el capítulo de Medio Ambiente de la Constitución de la República Federativa de Brasil, cuyos preceptos garantizan su plena protección por parte del Gobierno y la comunidad.

Artículo 225. Toda persona tiene derecho a un entorno ecológicamente equilibrado, que sea un uso común de las personas y esencial para una calidad de vida saludable. Las autoridades públicas y la comunidad están obligadas a defenderlo y preservarlo para los presentes y generaciones futuras
Párrafo 1. Para garantizar la efectividad de este derecho, incumbe a las autoridades públicas:
[...]
VII - para proteger la fauna y la flora, prohibidas, de acuerdo con la ley, prácticas que pongan en peligro su función ecológica, causen la extinción de especies o sometan a los animales a crueldad.[5]

El constituyente, a pesar de no haber conceptualizado la fauna, dejó en claro que no restringió este concepto a la fauna silvestre, como la Ley no. 5.197 / 67 en su art. 1º.[6]
El posicionamiento de acuerdo con esa ley tiene al

[4]RODRIGUES, Danielle Tetu. *O Direito & animais:* uma abordagem ética, filosófica e normativa. Curitiba: Juruá, 2003. p. 68.
[5]BRASIL. *Constituição de República Federativa do Brasil de 1988.*
Disponível em: <http://www.planalto.gov.br/ccivil_03/constituicao constituicaocompilado.htm>. Acesso em: 25 maio 2013.
[6]*BRASIL. Lei n. 5.197, de 3 de janeiro de 1967. Dispõe sobre a proteção à fauna e dá outras providências. Disponível em: <http://www.planalto.gov.br/ ccivil_03/leis/l5197.htm>. Acesso em: 25 maio 2013.*

reconocido profesor José Afonso da Silva, según el cual "no debe incluir animales domésticos o domesticados, ni los de cautiverio, cría privada o zoológicos, debidamente legalizados" en el concepto de fauna.[7]

También podemos encontrar el concepto de fauna en la Ordenanza no. 93 del Instituto Brasileño de Medio Ambiente y Recursos Naturales Renovables - IBAMA - del 07.07.1998, que regula la importación y explotación de especímenes vivos, productos y subproductos de la vida silvestre brasileña y exótica:

Artículo 2 - A los efectos de esta Ordenanza, se considera:

I - Fauna silvestre brasileña: son todos los animales pertenecientes a especies nativas, migratorias y de cualquier otra especie, acuáticas o terrestres, que tienen su ciclo de vida dentro de los límites del territorio brasileño o las aguas jurisdiccionales brasileñas.

II - Fauna salvaje exótica: son todos los animales que pertenecen a especies o subespecies cuya distribución geográfica no incluye el territorio brasileño y las especies o subespecies introducidas por el hombre, incluidos los animales domesticados en un estado criado o criado. También se consideran exóticas las especies o subespecies que se han introducido fuera de las fronteras brasileñas y sus aguas jurisdiccionales y han entrado en territorio brasileño.

III - Fauna doméstica: todos los animales que a través de procesos tradicionales y sistematizados de manejo y / o mejora zootécnica se han domesticado, presentan características biológicas y de comportamiento en estrecha dependencia del hombre, y pueden presentar fenotipo variable, diferente de las especies silvestres que las originaron.[8]

---

[7]SILVA, José Afonso da. Direito Ambiental Constitucional. *São Paulo: Malheiros, 1994. p. 129.*

EDNA CARDOZO DIAS ▌

La Ley de Política Ambiental Nacional (Ley N ° 6.938, de fecha 08.31.81) conceptualiza la fauna como parte integral del medio ambiente, junto con otros recursos ambientales, dejando en claro que las leyes que protegen el medio ambiente se aplican a ella. :

Artículo 3 - Para los fines previstos en esta Ley:
[...]
V - recursos ambientales: la atmósfera, aguas continentales, superficiales y subterráneas, estuarios, mar territorial, suelo, subsuelo, elementos de la biosfera, fauna y flora. (Redacción dada por la Ley N° 7804 de 1989) [9]

Es evidente que todos los animales de todas las especies están incluidos en la palabra fauna, un término que designa toda la vida animal.

Los animales en sus diversas categorías: salvajes, nativos o exóticos, domésticos o domesticados, son parte de la amplia variedad de seres vivos en la biosfera. El medio ambiente está formado por seres vivos (bióticos) y no vivos (abióticos), que se interrelacionan para mantener el equilibrio de los ecosistemas. Entre los elementos bióticos tenemos a la fauna como parte integral del medio ambiente.

4.2. Naturaleza legal de la fauna.

Con respecto a la naturaleza legal de la fauna, vivimos con una superposición de conceptos, porque, mientras la Constitución lo considera como un bien común de la gente, en la concepción civilista,

---

[8]BRASIL. Instituto Brasileiro do Meio Ambiente e dos Recursos Naturais Renováveis. *Portaria n. 93, de 7 de julho de 1998.* Disponível em: <http://servicos.ibama.gov.br/ctf/manual/html/042200.htm>. Acesso em: 23 maio 2013.
[9]*BRASIL.* Lei n. 6.938, de 31 de agosto de 1981. *Dispõe sobre a Política Nacional do Meio Ambiente, seus fins e mecanismos de formulação e aplicação, e dá outras providências. Disponível em: <http://www.planalto.gov.br/ccivil_03/leis/L6938compilada.htm>. Acesso em: 25 maio 2013.*

los animales domésticos están sujetos a los derechos reales.

Los animales domésticos pueden ser propiedad de sus dueños y los animales abandonados están sujetos a apropiación. En caso de lesiones a un animal doméstico, su propietario puede reclamar una compensación o compensación por daños, en un tribunal civil, a cualquier persona que, por acción voluntaria u omisión, negligencia o imprudencia, asalte a su animal o cause daño.

A la luz de la Constitución de la República, la propiedad está condicionada a su función social y a la protección del medio ambiente. Como ya hemos dicho, para la Ley no. 6.938 / 81, la fauna, incluidos todos los animales, es el medio ambiente.

Sin embargo, según la ley civil, los animales, al ser despersonalizados, pueden, excepto los animales salvajes, clasificarse como bienes muebles, según los términos de los arts. 82 y 83 del Código Civil.[10] La misma ley, que establece la propiedad en general (art. 1,228, § 1), limita el derecho de propiedad a lo determinado en leyes especiales sobre flora, fauna, belleza natural, equilibrio ecológico. y el patrimonio histórico y artístico. Sin embargo, no prohíba la propiedad y otros derechos en animales domésticos.

En relación con los animales salvajes brasileños, previamente considerados res nullius, se convirtieron en propiedad de la Unión de la Ley no. 5.197, del 3 de enero de 1967, el entendimiento de que constituyen bienes para el uso común de las personas. Este entendimiento se consolidó con la promulgación de la Constitución de 1988, que ahora considera a todos los animales como "bienes comunes de la gente" (CR / 88, art. 225, caput).

Maria Sylvia Zanella Di Pietro define el bien común:

> [...] como el de todos los miembros de la comunidad en igualdad de condiciones, independientemente del consentimiento expreso e individualizado de la comunidad administración pública, aunque su uso está sujeto al poder de

---

[10]BRASIL. *Lei n. 10.406, de 10 de janeiro de 2002*. Institui o Código Civil. Disponível em: <http://www.planalto.gov.br/ccivil_03/leis/2002/L10406compilada.htm>. Acesso em: 30 maio 2013.

la policía, ya que corresponde al Estado regular, supervisar y aplicar medidas coercitivas para garantizar su conservación.[11]

Explica José de Santana Gordilho que:

> [...] de hecho, cada miembro de la comunidad tiene un interés difuso en el medio ambiente, y aunque este interés no puede ser una ley privada, ya que no todos los intereses protegidos pueden ser un derecho, estas normas legales proteger el interés privado reflexivamente.[12]

Luis Paulo Sirvinkas entiende que "la fauna es un bien ambiental e integra el ambiente ecológicamente equilibrado previsto en el arte. 225 de CF. Es un bien difuso. Este bien no es público ni privado. Es de uso común por la gente ".[13]

El concepto de bien difuso nació en la segunda mitad del siglo XX, cuando también comenzó a hablar de la sociedad de masas. Entonces, estamos hablando de un bien que no es público ni privado, sino un bien difuso. Tal es el interés de la protección de la vida silvestre; pertenece a uno y todos al mismo tiempo, y su titular no puede ser identificado.

Elucida Celso Antônio Pacheco Fiorillo dijo que el abismo entre lo público y lo privado dio lugar a derechos metaindividuales, de los cuales surgieron los llamados bienes difusos. Así, el autor se expresa sobre el tema:

> Así, en contraste con el estado y los ciudadanos, lo público y lo privado, en Brasil, la Constitución Federal de 1988 comenzó una nueva categoría de bienes: los bienes de uso común de las personas y esenciales para la calidad de vida saludable.[14]

Édis Milaré nos presenta nuevas subdivisiones de fauna:

---

[11]DI PIETRO, Maria Sylvia Zanella. Direito Administrativo. São Paulo: Atlas, 1999. p. 451.
[12]GORDILHO, José de Santana. Abolicionismo animal. Salvador: Evolução Editora, 2009. p. 136.
[13]SIRVINSKA, Luís Paulo. Manual de Direito Ambiental. São Paulo: Editora Saraiva, 2003. p. 210.
[14]FIORILLO, Celso Antônio Pacheco. Curso de Direito Ambiental. São Paulo: Saraiva, 2013. p. 154.

Entre las muchas subdivisiones de fauna, encontramos las siguientes especificaciones: terrestre, que habita en las superficies sólidas del planeta, incluida la fauna y la fauna alada, o avifauna, que viaja a través del espacio atmosférico; acuática, la población animal cuyo hábitat es el ambiente líquido (oceánico, fluvial y lacustre), dentro del cual se encuentran los peces, que constituyen la ictiofauna.[15]

Las faunas terrestres y aladas están protegidas especialmente por la Ley no. 5,197, del 3 de enero de 1967; agua, por el Código de Pesca, Decreto Ley no. 221, del 28 de febrero de 1967, y por la Ley no. 7.643 y 18 de diciembre de 1987, que prohíbe la pesca de cetáceos en aguas jurisdiccionales brasileñas. La Ley de Delitos Ambientales (Ley N ° 9.605 / 98) también protege todas las categorías de fauna terrestre o acuática (independientemente de si es salvaje, doméstica, domesticada o exótica).

En la actualidad, hay un número creciente de adoctrinadores brasileños, incluido este autor, que defienden la idea de que los animales son considerados sujetos de derechos constitucionales y legales para ser representados en los tribunales por el Ministerio Público, una doctrina que se ha titulado "abolicionismo".

En este sentido, Tagore Trajano de Almeida Silva afirma que:

[...] basándose en la premisa de que los animales son efectivamente sujetos de derechos, incluso si no están personificados, nada más natural a lo que se les garantiza la legitimidad activa y la causa para reclamar, en los tribunales, la garantía y protección de su patrimonio legal. [16]

En el mismo sentido, Daniel Braga Lourenço dice:

La teoría de los seres despersonalizados, basada en la distinción conceptual entre "persona" y "sujeto de derecho", como resultó, por lo tanto, permite prescindir de la calificación de la entidad como una "persona" para asegurar los derechos subjetivos. [17]

4.3. Fauna salvaje en la legislación brasileña

---

[15]MILARÉ, Édis. *Direito do ambiente*: A gestão ambiental em foco. São Paulo: Revista dos Tribunais, 2011. p. 301-302.

[16]SILVA, Tagore Trajano de Almeida. *Animais em juízo*. Salvador: Editora Evolução, 2012. p. 127.

[17]LOURENÇO, Daniel Braga. *Direito dos animais*. Porto Alegre: Sergio Antônio Fabris, 2008. p. 509.

EDNA CARDOZO DIAS ▐

La fauna brasileña está protegida por la Ley no. 5.197 / 67, que determina que los animales pertenecen a la Unión, regula su posesión y prohíbe el uso, acoso, destrucción, caza o recolección de animales salvajes sin el permiso del organismo competente.

Esta ley alienta al Gobierno a autorizar sitios privados de reproducción, de conformidad con las reglamentaciones de las ordenanzas del Instituto Brasileño de Recursos Naturales Renovables (IBAMA). Además de los instrumentos normativos federales, los Estados pueden emitir reglas dentro de su jurisdicción y competencia, de conformidad con la Ley Complementaria no. 140/11. Esta ley estableció reglas para la cooperación entre las entidades federales de acciones administrativas relacionadas con la protección del medio ambiente, y transfirió las siguientes competencias sobre fauna – antes de la Unión - al Estado:

Artículo 8. Las acciones administrativas de los Estados son:

XVIII - para controlar la recolección de especímenes de vida silvestre, huevos y larvas *destinados al establecimiento de sitios de reproducción e investigación* científica, excepto lo dispuesto en el artículo XX del art. 7mo;

XIX - *aprobar la operación de sitios de reproducción de vida* silvestre; (nuestro énfasis) .[18]

IBAMA ha instituido tres especies de sitios de reproducción (áreas especialmente cerradas y cerradas con instalaciones capaces de reproducir, reproducir o recrear especies de fauna vida silvestre): conservacionistas, científicos y comerciales.

---

[18]BRASIL. *Lei Complementar n. 140, de 8 de dezembro de 2011*. Fixa normas, nos termos dos incisos III, VI e VII do **caput** e do parágrafo único do art. 23 da Constituição Federal, para a cooperação entre a União, os Estados, o Distrito Federal e os Municípios nas ações administrativas decorrentes do exercício da competência comum relativas à proteção das paisagens naturais notáveis, à proteção do meio ambiente, ao combate à poluição em qualquer de suas formas e à preservação das florestas, da fauna e da flora; e altera a Lei nº 6.938, de 31 de agosto de 1981. Disponível em: <http://www.planalto.gov.br/ccivil_03/leis/lcp/Lcp140.htm>. Acesso em: 30 maio 2013.

La conservación y la cría comercial pueden ser sitios de cría de fauna nativa y exótica, con diferentes reglas para cada uno. Los sitios de cría deben ser autorizados por la agencia competente. Se desprende de la lectura de la Ley Complementaria no. 140/11 que la aprobación de la operación de los sitios de reproducción y el control de la recolección de especímenes cubren todas las especies instituidas por IBAMA.

4.4 Conservación de sitios de reproducción de fauna nativa

Los sitios de reproducción de conservación están regulados por la Ordenanza no. 139-N / 93, de IBAMA, transfiriendo al Estado la competencia para aprobar su operación, de acuerdo con la Ley Complementaria no. 140/11. Según el art. 1 de la Ordenanza, los sitios de reproducción conservacionistas son "áreas especialmente delimitadas y preparadas, con instalaciones capaces de permitir la creación racional de especies de vida silvestre brasileñas, con asistencia adecuada".[19]

La ordenanza mencionada anteriormente determina que solo las razas reproductoras que cumplan con los requisitos establecidos en la sección de arte. 1, además, es necesario que los interesados ??cumplan los siguientes requisitos: contar con la asistencia de al menos un biólogo o un veterinario; tener instalaciones adecuadas para fines de alimentación animal; tener al menos un contratista a tiempo completo; tener una capacidad financiera comprobada; mantener un archivo de registro a través de registros individuales por animal; mantener contacto de laboratorio para análisis clínicos para ayudar en el diagnóstico y tratamiento de enfermedades; presentar un sistema

---

[19]BRASIL. Instituto Brasileiro do Meio Ambiente e dos Recursos Naturais Renováveis – IBAMA. *Portaria n. 139-N, de 29 de dezembro de 1993*. Disponível em: <https:/www.google.com.brurl?sa=t&rct=j&q=&esrc=s&source=web&cd=1&cad=rja&ved=0CC0QFjAA&url=http%3A%2F%2Fwww.ibama.gov.br%2Findex.php%3Foption%3Dcom_phocadownload%26view%3Dcategory%26download%3D1199%3Ap-_139_93.p%26id%3D49%3A_-_%26Itemid%3D331&ei=o9vBUdnJGYmI9QTVs4GwBA&usg=AFQjCNG1k7KeSUSt7sw8xJx-oHTVRv5kxQ&sig2=Ii8BpiJV7fIiFq69CuDWTQ>. Acesso em: 30 maio 2013.

marcado de animales; sexado de todos los especímenes; necropsia de todos los animales moribundos y registrar la información en el archivo individual.

Las muestras del ganado de conservación no pueden venderse, de lo contrario su registro puede cancelarse de inmediato.

4.5 Conservación de zonas de reproducción de fauna exótica

La vida silvestre exótica consiste en todas las especies que no ocurren naturalmente en el territorio, tengan o no poblaciones libres en la naturaleza.

Según el concepto IBAMA, los animales exóticos son aquellos cuya distribución geográfica no incluye el territorio brasileño. Las especies o subespecies introducidas por el hombre, incluidos los animales domésticos, en la naturaleza también se consideran exóticas. Otras especies consideradas exóticas son aquellas que se han introducido fuera de las fronteras brasileñas y sus aguas jurisdiccionales y que han entrado espontáneamente en territorio brasileño.[20]

Ordenanza no. 108/94 establece que las personas físicas o jurídicas que mantienen felinos panthera; familia ursidae; primates de las familias *ponogidae y cercopithecidae; La familia de los hipopótamos* y el orden de los prosbocidios deben registrarse con IBAMA como mantenedores de vida silvestre exótica. También determina que el registro se dará solo después de la autorización de la agencia municipal y estatal para dicha posesión y tras la presentación del boceto del área y los detalles de la guardería, de acuerdo con las instrucciones normativas de IBAMA. Los criadores de fauna exótica deben mantener la asistencia permanente de un veterinario, sexando

---

[20]BRASIL. Instituto Brasileiro do Meio Ambiente e dos Recursos Naturais Renováveis – IBAMA. *Portaria n. 93, de 07 de julho de 1998.* Disponível em: <http://servicos.ibama.gov.br/ctf/manual/html/042200.htm>. Acesso em: 30 maio 2013.

todas las especies, necropsia de todos los animales y realizar un seguimiento de los animales. [21]

4.6. Criaderos comerciales de fauna brasileña y exótica

No se prohíbe la comercialización de animales exóticos, pero su cría y mantenimiento se rigen por las ordenanzas no. 108/94 (regula la obligación y el registro en IBAMA de los mantenedores de vida silvestre exótica) y n. 102/98 (estandariza criadores comerciales de fauna exótica).[22]

Los criaderos comerciales y los especímenes de fauna brasileña y exótica pueden ser tanto particulares como empresas.

La donación, el intercambio, el préstamo o la venta de tales animales solo se pueden hacer entre zoológicos registrados, o en el proceso de registro, y los poseedores de vida silvestre debidamente registrados en IBAMA (IBAMA, Ordenanza No. 108).[23] registro el

---

[21]BRASIL. Instituto Brasileiro do Meio Ambiente e dos Recursos Naturais Renováveis – IBAMA. Portaria n. 108, de 06 de outubro de 1994. Disponível em: <https:/www.google.com.brurl?sa=t&rct=j&q=&esrc=s&source=web&cd=1&cad=rja&ved=0CC0QFjAA&url=http%3A%2F%2Fwww.ibama.gov.br%2Findex.php%3Foption%3Dcom_phocadownload%26view%3Dcategory%26download%3D1191%3Ap-_108_94.p%26id%3D49%3A__%26Itemid%3D331&ei=HuHBUbqmG5Ti8gTN1oC4DQ&usg=AFQjCNGGVp67z RF4P4xdtQBKW4VUHffH7w&sig2=drjfH1oHEw3aQGNw1YVF_g>. Acesso em: 1° jun. 2013.

[22]BRASIL. Instituto Brasileiro do Meio Ambiente e dos Recursos Naturais Renováveis – IBAMA. *Portaria n. 102, de 15 de julho de 1998*. Normatiza os Criadores Comerciais de Fauna Silvestre Exótica. Disponível em: <https://www.google.com.brurl?sa=t&rct=j&q=&esrc=s&source=web&cd=1&cad=rja&ved=0CC0QFjAA&url=http%3A%2F%2Fwww.ibama.gov.br%2Findex.php%3Foption%3Dcom_phocadownload%26view%3Dcategory%26download%3D5572%3A1998_portaria-102-98-Criador_Comercial_Fauna_Exotica%26id%3D77%3ALegisla%25C3%25A7%25C3%25A3o_Fauna&ei=YuDBUZzAMYvm8wSq4YHAAw&usg=AFQjCNGJOi_HVSFIoeNu2SfQBCg6wYEApA&sig2=_umW812Y6OOpo FuH55b6ww>. Acesso em: 1° junho 2013.

[23]BRASIL. Instituto Brasileiro do Meio Ambiente e dos Recursos Naturais Renováveis – IBAMA. *Portaria n. 108, de 06 de outubro de 1994*. Disponível em: <https://www.google.com.brurl?sa=t&rct=j&q=&esrc=s&source=web&cd=1&cad=rja&ved=0CC0QFjAA&url=http%3A%2F%2Fwww.ibama.gov.br%2Findex.php%3Foption%3Dcom_phocadownload%26view%3Dcategory%26download%

registro de los cuidadores de vida silvestre depende del informe anual, y no se permiten las visitas públicas para este tipo de sitio de reproducción.

En cuanto a la importación de fauna exótica, también está permitido, siempre que según la Ordenanza n. 93/98 do IBAMA.[25]Para las importaciones de animales salvajes vivos, productos y subproductos enumerados en los Apéndices I y II de la Convención Internacional sobre el Comercio de Especies Amenazadas de Flora y Fauna Silvestres (CITES), se requiere una emisión previa. licencia de ese organismo, además de la licencia de exportación del país de origen y la licencia del Ministerio de Agricultura, Abastecimiento y Reforma Agraria en lo que respecta a los requisitos de sanidad animal del país de origen.

La exención de esta licencia de importación se otorgará a las especies que posean características biológicas y de comportamiento en estrecha dependencia del hombre. En el caso de importación sin la debida autorización de especies de fauna exótica incluidas en los anexos de la CITES, el importador será multado y la especie será devuelta al país exportador.

4.7. Lugares de cría científica

Se crean sitios de reproducción científica para llevar a cabo experimentos sobre el estudio de especies y experimentos en animales con fines científicos probados. Los sitios brasileños de cría de animales salvajes para investigación científica están regulados por la Ordenanza no. 16/94, de IBAMA,[26] así como por la Ley Complementaria n.

---

[24]BRASIL. Instituto Brasileiro do Meio Ambiente e dos Recursos Naturais Renováveis - IBAMA. *Portaria n. 93, de 7 de julho de 1998*. Disponível em: <http://servicos.ibama.gov.br/ctf/manual/html/042200.htm>. Acesso em: 23 maio 2013.

[25]Promulgada pelo Decreto n. 76.623/75 (BRASIL. *Decreto n. 76.623, de 17 de novembro de 1975*. Promulga a Convenção sobre Comércio Internacional das Espécies da Flora e Fauna Selvagens em Perigo de Extinção. Disponível em: <http://www.planalto.gov.br/ccivil_03/decreto/Antigos/D76623.htm>. Acesso em: 20 jun. 2013).

[26]BRASIL. Instituto Brasileiro do Meio Ambiente e dos Recursos Naturais Renováveis - IBAMA. *Portaria n. 16, de 04 de março de 1994*. Disponível em: <http://www.ibama.gov.br/fauna/legislacao/port_16_94.pdf>. Acesso em: 20 jun. 2013.

140/11. La legislación establece que, además de la obligación de registro, los experimentadores deberán mantener el sistema de control de fugas de animales, proporcionar información sobre el sitio, celebrar un plazo de compromiso que garantice el mantenimiento de los animales y enviar a IBAMA una copia de los trabajos que se publicarán, derivado de la investigación. Al final del experimento, los animales pueden ser transferidos a instituciones relacionadas.

La recolección de material biológico con fines científicos requiere autorización de la Administración Pública, de conformidad con la Ley Complementaria no. 140/11, y solo puede otorgarse a instituciones científicas públicas o privadas acreditadas por él. El científico que puede obtener la autorización para poseer una instalación de cría científica es el profesional que lleva a cabo la investigación utilizando un método científico.

Actualmente, esta autorización se puede solicitar *en línea* mediante el Sistema de Autorización e Información sobre Biodiversidad (SISBIO), un sistema de información y asistencia remota automatizado, interactivo y simplificado. Al completar formularios electrónicos en línea, los investigadores podrán solicitar, a través de Internet, autorizaciones para actividades con fines científicos o didácticos (en el contexto de la educación superior).

4.8. Supervisión de cría

IBAMA debe mantener un control constante de los sitios de reproducción, exigiéndoles que presenten informes anuales, así como mantener las facturas duplicadas.

Independientemente, la agencia puede inspeccionar el sitio de reproducción en cualquier momento. Si hay informes de irregularidades en los sitios de reproducción o en caso de deficiencia operativa, IBAMA reformulará el proyecto.

Si las irregularidades no se solucionan dentro del plazo legal, se establecerá el Plazo de incautación y depósito de animales y se firmará el Plazo de compromiso otorgando un nuevo plazo. Una vez que esto se agote, el registro se cancelará, además de las sanciones civiles y penales, si las irregularidades persisten. El destino de los animales, en esta hipótesis, será la transferencia a otro sitio de reproducción, indicado por IBAMA.

4.9. Importación y exportación de fauna brasileña y fauna exótica.

La importación y exportación de fauna brasileña y fauna exótica está regulada por la Ordenanza núm. 29, 24 de marzo de 1994.[27]

Se estipula que solo se pueden exportar definitivamente animales de la fauna brasileña de zonas de reproducción comercial.

Sin embargo, IBAMA puede autorizar la salida temporal de especies de vida silvestre brasileñas para participar en exhibiciones especiales, para eventos científicos y educativos, y de conformidad con los acuerdos internacionales de conservación. En las dos últimas hipótesis, a discreción de la agencia, los animales importados y sus descendientes continúan perteneciendo al gobierno brasileño.

Las exportaciones de animales cumplen con las normas CITES.[28] En el caso de la vida silvestre exótica, no hay restricciones en la calidad de las exportaciones y reexportaciones, siempre que se cumplan las normas de esta Convención.

---

[27]BRASIL. Instituto Brasileiro do Meio Ambiente e dos Recursos Naturais Renováveis - IBAMA. *Portaria n. 29, de 24 de março de 1994.* Disponível em: <http://licenciamento.cetesb.sp.gov.br/legislacao/federal/portarias/1994_Port_IBAMA_29.pdf>. Acesso em: 28 jun. 2013.

[27]Convention on International Trade in Endangered Species of Wild Fauna and Flora – CITES (em português: Convenção sobre o Comércio Internacional das Espécies da Fauna e da Flora Selvagens Ameaçadas de Extinção, ou Convenção sobre o Comércio Internacional das Espécies da Fauna e da Flora Silvestres Ameaçadas de Extinção no Brasil). Também conhecida por Convenção de Washington, é um acordo multilateral assinado em Washington DC, Estados Unidos, a 3 de março de 1973, agrupando um grande número de Estados, tendo como objetivo assegurar que o comércio de animais e plantas selvagens, e de produtos deles derivados, não ponha em risco a sobrevivência das espécies nem constitua um perigo para a manutenção da biodiversidade.(WIKIPÉDIA. *CITES* - Convenção sobre o Comércio Internacional das Espécies da Fauna e da Flora Selvagens Ameaçadas de Extinção, Disponível em: <http://pt.wikipedia.org/wiki/Cites>. Acesso em: 30 maio 2013.)

IBAMA mantiene un registro de personas o empresas que regularmente exportan. La importación depende de una licencia de IBAMA y del Ministerio de Agricultura, con respecto a los requisitos sanitarios.

Solo los animales de fauna doméstica que figuran en el apéndice de la Ordenanza n. 29/94. Todos los puertos y aeropuertos deben contener esta lista publicada. Entre los animales considerados domésticos para los propósitos de la Ordenanza se encuentran: perros, gatos, conejos, cobayas, ratas, ratones, chinchillas, caballos, burros, cerdos, vacas, vacas cebú, búfalos, ovejas, cabras, patos silvestres, gansos , ganso canadiense, pollo, codorniz, faisán potro, pavo real, gallina de Guinea, pavo, paloma doméstica, llama, alpaca, camello, dromedario, cisne negro o cisne blanco, perdiz, ganso nilo , pato mandarín, pato carolina, ruiseñor de japón, tadorna, periquito o agaponis de cuello de anillo, amandina, decapitado, melba, granatina-violeta o *purpur, cordon bleu,* pecho celeste o *menister*, naranja, *gorrión, phaecton, estrella pinzón,* modesto o bichenovii o diamante de mandarina, masqué o agudos de cola corta o larga, quadricolor, tricolor, bicolor, diamante de gould, calafateo o calafateo, *manón,* catarinas, martín pescador, paloma de diamantes, paloma, cacatúa y periquito.

El 25 de junio de 2013, la resolución CONAMA n. 457, que prevé el depósito provisional y la custodia de animales salvajes incautados o rescatados por las agencias ambientales del Sistema Nacional del Medio Ambiente, así como de la entrega espontánea, cuando no hay justificación para los destinos previstos en el § 1 del art. 25 de la Ley n. 9.605, de 12 de febrero de 1998.

La resolución, que ha causado muchas protestas en el medio ambiente, estableció la posibilidad de que la agencia ambiental firme un Plazo de depósito de animales salvajes (TDAS) o un Plazo de depósito de animales salvajes (TGAS), en el caso de animales incautados. , animal entregado espontáneamente o animal rescatado.

CONAMA Resolución no. 457/13 define así el TDAS y el TGAS en su art. 2do:

[...]

V - Plazo de depósito de animales salvajes - TDAS: término provisional por el cual el demandado asume voluntariamente el deber de mantener y manejar adecuadamente al animal incautado, objeto de la infracción, siempre que no haya un destino bajo la ley;

VI - Plazo de depósito preliminar: plazo provisional, mediante el cual el agente de supervisión, en el momento de redactar el Aviso de infracción, por justificación, encomienda excepcionalmente el animal al demandado, hasta otro destino, según los términos de esta Resolución;

VII - Plazo de protección de animales salvajes - TGAS: término provisional por el cual la persona interesada, que no poseía el espécimen, debidamente registrada en la agencia ambiental competente, asume voluntariamente el deber de proteger al animal rescatado, entregado espontáneamente o incautado, mientras no destino bajo la ley; [29]

Estas hipótesis solo se permiten en el caso del grupo de anfibios, reptiles, aves y mamíferos de la fauna brasileña, o los especímenes autorizados para la cría y comercialización como mascota de acuerdo con la Resolución CONAMA n. 394 del 6 de noviembre de 2007. Tenga en cuenta que la lista de mascotas permitidas como mascotas aún no ha sido preparada por IBAMA.

4.10. Caza

La ley no. 5.197 / 67 fomenta la creación de clubes de caza y parques de juegos, y prevé tres formas de caza: deportiva o amateur, comercial y científica. La caza comercial está prohibida (2°). Los demás están regulados por ley y pueden ser autorizados por el organismo competente, sujeto a los requisitos de la ley y las ordenanzas.

---

[29]BRASIL. Conselho Nacional do Meio Ambiente – CONAMA. *Resolução n. 457, de 25 de junho de 2013.* Dispõe sobre o depósito e a guarda provisórios de animais silvestres apreendidos ou resgatados pelos órgãos ambientais integrantes do Sistema Nacional do Meio Ambiente, como também oriundos de entrega espontânea, quando houver justificada impossibilidade das destinações previstas no § 1° do art. 25, da Lei n° 9.605, de 12 de fevereiro de 1998, e dá outras providências. Disponível em: <http://www.editoramagister.com/ legis 24562269 RESOLUCAO N 457 DE 25 DE JUNHO DE 2013.aspx>. Acesso em: 28 jun. 2013.

Esta posición de la legislación brasileña llevó a la jurista Anaiva Oberst Cordovil a decirlo:

> Nuestra legislación sobre la preservación de la fauna curiosamente no tiene como objeto la protección. Su razón de ser radica únicamente en el antropocentrismo humano, ya sea cuando protege al bien "callado", para que el ser humano no se vea privado de su tiempo libre, cuando hace una caricatura de benefactor animal, inventando sus acciones siempre dañinas para los animales no humanos, creando reglas, que ni siquiera se observan, con el propósito de parecer una forma digna de usar y deshacerse de la vida de los animales sensibles.[30]

La caza tal como se define en el art. 7 de la Ley no. 5,197 / 67, es el uso, persecución, destrucción, caza o recolección de especímenes de vida silvestre, cuando se consiente de acuerdo con esa ley.

La caza de aficionados se permite cuando lo autoriza IBAMA. La ley también preveía la formación de clubes de caza. Las ordenanzas de IBAMA deben establecer el área donde se puede cazar, la temporada de caza, las especies que se pueden cazar, la ubicación y la cantidad de animales a cazar. Todos los cazadores deben estar registrados en IBAMA. Vale la pena mencionar la posición de la abogada Luciana Caetano da Silva en la caza de aficionados:

> La caza deportiva, amateur o recreativa, es una práctica competitiva o simplemente recreativa para probar la capacidad del cazador aficionado de capturar a su presa, con la ayuda de instrumentos de caza (armas, flechas, trampas), pero no para obtener ganancias de la captura de especies.[32]

---

[30]OBERST, Anaiva. *Direito Animal. Rio de Janeiro: Lumen Juris. 2012. p. XIII.*

[31]BRASIL. Instituto Brasileiro do Meio Ambiente e dos Recursos Naturais Renováveis – IBAMA. *Lei n. 5.197, de 03 de janeiro de 1967.* Dispõe sobre a proteção à fauna e dá outras providências. Disponível em: <http://www.planalto.gov.br/ccivil_03/Leis/L5197.htm>. Acesso em: 28 jun. 2013.

[32]SILVA, Luciana Caetano da. *Fauna terrestre no Direito Penal Brasileiro.* Belo Horizonte: Mandamentos, 2001. p. 51.

Cabe señalar que la caza de subsistencia no se menciona expresamente en esa ley.

Otro tipo de caza permitido con la licencia adecuada es la caza científica. Este permiso está previsto en el art. 14 de la Ley:

> Art. 14. Se puede otorgar una licencia especial a los científicos que pertenecen a instituciones científicas, oficiales o oficiales, o lo indican, para la recolección de material destinado a fines científicos en cualquier momento.[33]

La caza nunca debe autorizarse sin estudios preliminares. Esta es la posición del maestro ambiental consagrado Paulo Affonso Leme Machado:

> [...] la falta de estos estudios preliminares o su ejecución incompleta representan daños potenciales o lesiones a la vida silvestre. Ahora, este bien público natural puede defenderse con acciones populares, incluida la concesión de una orden judicial, para no dañar el patrimonio público.[34]

La Ley permite la "destrucción de animales salvajes considerados nocivos" como caza de control, y este permiso debe ser expresamente motivado por el Gobierno.

Existen algunas restricciones a la caza previstas por la ley. Asimismo, el sistema legal prohíbe el comercio de especímenes de vida silvestre y productos y objetos que impliquen su caza, persecución, destrucción o captura, excepto en el caso de especímenes de reproducción debidamente legalizada (Ley N. 5.197, art. 3, § 1er).

---

[33]BRASIL. Instituto Brasileiro do Meio Ambiente e dos Recursos Naturais Renováveis – IBAMA. *Lei n. 5.197, de 03 de janeiro de 1967*. Dispõe sobre a proteção à fauna e dá outras providências. Disponível em: <http://www.planalto.gov.br/ccivil_03/Leis/L5197.htm>. Acesso em: 28 jun. 2013.

[34]MACHADO, Paulo Affonso Leme. *Direito Ambiental brasileiro*. São Paulo: Revista dos Tribunais, 1991. p. 414.

4.11. Sanciones administrativas

Las sanciones administrativas por delitos contra la vida silvestre, ya sean salvajes, nativos, exóticos o domésticos, están previstas en la Ley no. 9.605 / 98, regulado por el Decreto no. 6.514 / 08, en sus arts. 24 a 42 (Sección III, Delitos administrativos contra el medio ambiente, Subsección I, Delitos contra la fauna).[35]

La acción de la administración prescribe en cinco años el propósito de investigar la práctica de infracciones contra el medio ambiente, a partir de la fecha del acto o, en el caso de una infracción permanente o continua, del día en que cesó (art. 21 del Decreto 6.514 / 08).

Infracción administrativa ambiental se considera cualquier acción u omisión que viole las normas legales de uso, disfrute, promoción, protección y recuperación del medio ambiente.

La responsabilidad administrativa tiene por objeto la aplicación de sanciones, que no forman parte del derecho penal, porque son aplicadas por el Estado en su función administrativa. El art. 72 de la Ley no. 9.605 / 98 enumera los tipos de sanciones aplicables a infracciones administrativas:

> Art. 72. Las infracciones administrativas se sancionan con las siguientes sanciones, observando lo dispuesto en el art. 6to:
> I - advertencia;
> II - multa simple;
> III - multa diaria;
> IV - incautación de animales, productos y subproductos de fauna y flora, instrumentos, suministros, equipos o vehículos de cualquier naturaleza utilizados para el delito;
> V - destrucción o destrucción del producto;

---

[35]BRASIL. *Decreto n. 6.514, de 22 de julho de 2008*. Dispõe sobre as infrações e sanções administrativas ao meio ambiente, estabelece o processo administrativo federal para apuração destas infrações, e dá outras providências. Disponível em: <http://www.planalto.gov.br/ccivil_03/_ato2007-2010/2008/decreto/D6514.htm>. Acesso em 28 jun. 2013.

VI - suspensión de la venta y fabricación del producto;
VII - embargo de trabajo o actividad;
VIII - demolición de trabajo;
IX - suspensión parcial o total de actividades;
X - (Vetado)
XI - Restrictivo de derechos.[36]

Las autoridades competentes para emitir un aviso de infracción ambiental y presentar un procedimiento administrativo son los inspectores de los órganos del Sistema Nacional del Medio Ambiente (SISNAMA). Cualquiera que encuentre la infracción puede dirigir una representación ante estas autoridades, quienes, al darse cuenta, están obligados a promover una investigación inmediata, bajo pena de corresponsabilidad.

La forma de averiguar las infracciones es el proceso administrativo, que garantiza el derecho a una defensa amplia. El delincuente tiene un período de veinte días para ofrecer su defensa, y otros veinte desde la decisión condenatoria ante el tribunal superior de SISNAMA. La autoridad, por otro lado, tiene un período de treinta días a partir de la fecha de emisión del aviso de infracción para juzgar el proceso, independientemente de si hay defensa o impugnación.

Cuando es sentenciado a una multa, el delincuente tiene cinco días para hacerlo. La imposición de la multa se basa en la unidad, hectárea, metro cúbico, kilogramo u otra medida pertinente del objeto legal lesionado, así como en la situación económica del infractor.

La multa simple puede convertirse en servicios de preservación, mejora y recuperación ambiental.

Las sanciones restrictivas son la suspensión del registro, licencia o autorización; cancelación de registro; pérdida o restricción de beneficios fiscales; pérdida o suspensión de la participación en líneas de crédito en establecimientos de crédito oficiales; y prohibición de

---

[36]BRASIL. *Lei n. 9.605, de 12 de fevereiro de 1998.* Dispõe sobre as sanções penais e administrativas derivadas de condutas e atividades lesivas ao meio ambiente, e dá outras providências. Disponível em: <http://www.planalto.gov.br/ccivil_03/leis/l9605.htm>. Acesso em: 28 jun. 2013.

contrato con la Administración Pública por un período de hasta tres años. Si el delincuente comete más de un delito, las sanciones serán acumulativas.

En la lección de los hermanos juristas Vladimir y Gilberto Passos de Freitas en un trabajo conjunto:

La Ley 5.197 / 67, conocida como Ley de Protección de la Vida Silvestre, introdujo al sistema legal la forma de protección de los animales salvajes.

Hubo muchas innovaciones. Por ejemplo, la propiedad se convirtió en propiedad del estado (art. 1), no del cazador, según lo dispuesto en el art. 595 del antiguo Código Civil de 1916, un dispositivo que no se repite en el Código Civil de 2002. Se prohibió la caza profesional (art. 3) y se disciplinó la actividad de los científicos (art. 14). En el art. 27 (ahora derogada por la Ley 9.605 / 98), en 1988 elevó a la categoría de delito algunas conductas[37],

4.12. División de competencias

La Constitución de la República definida en su art. 23, VII, que la competencia material para proteger la fauna es común a la Unión, los Estados, el Distrito Federal y los Municipios. Competencia común significa que los organismos deben actuar juntos. Los poderes privados de la Unión están previstos en el art. 21 de CR / 88, las del Estado en el art. 25, § 1, y los del Municipio en el art. 30

La competencia para legislar sobre fauna, caza y pesca es concurrente, según el art. 24, VI ??de CR / 88.

En el art. 225, § 1, la Constitución enumera las responsabilidades del Gobierno con el propósito de proteger el medio ambiente, incluida la protección de la fauna (inc. VII).

---

[37]FREITAS, Vladimir Passos de; FREITAS, Gilberto Passos de. *Crimes contra a natureza:* de acordo com a Lei 9.605/98. São Paulo: Revista dos Tribunais, 2006. p. 87.

EDNA CARDOZO DIAS ┃———

La división de competencias está regulada en la Resolución no. 237, de 19 de diciembre de 1997[38] y en la Ley Complementaria no. 140, del 8 de diciembre de 2011.[39]

La Ley Complementaria no. 140 establece normas, de conformidad con los puntos III, VI y VII de la caput y el único párrafo del art. 23 de la Constitución Federal, para la cooperación entre la Unión, los Estados, el Distrito Federal y los municipios en las acciones administrativas resultantes del ejercicio de la competencia común en relación con la protección de los paisajes naturales notables, la protección del medio ambiente, el combate a la contaminación en cualquier sus formas y la preservación de bosques, fauna y flora; y modifica la Ley no. 6,938, 31 de agosto de 1981.

En relación con la fauna, la siguiente es la Ley Complementaria 140/2011:

> Artículo 7 Las siguientes son acciones administrativas de la Unión:
> XVI - elaborar la lista de especies de fauna y flora en peligro de extinción y especies sobreexplotadas en el territorio nacional, a través de informes y estudios técnico-científicos, fomentando las actividades que conservan estas especies in situ;
> XVII - controlar la introducción en el país de especies exóticas potencialmente invasoras que pueden amenazar ecosistemas, **hábitats** y especies nativas;
> XVIII - aprobar la liberación de especímenes de especies exóticas de fauna y flora en ecosistemas naturales frágiles o protegidos;

[38]BRASIL. Conselho Nacional do Meio Ambiente – CONAMA. *Resolução n. 237, de 19 de dezembro de 1997*. Disponível em: <http://www.mma.gov.br/port/conama/res/res97/res23797.html>. Acesso em: 28 jun. 2013.

[39]BRASIL. *Lei Complementar n. 140, de 8 de dezembro de 2011*. Fixa normas, nos termos dos incisos III, VI e VII do caput e do parágrafo único do art. 23 da Constituição Federal, para a cooperação entre a União, os Estados, o Distrito Federal e os Municípios nas ações administrativas decorrentes do exercício da competência comum relativas à proteção das paisagens naturais notáveis, à proteção do meio ambiente, ao combate à poluição em qualquer de suas formas e à preservação das florestas, da fauna e da flora; e altera a Lei n° 6.938, de 31 de agosto de 1981. Disponível em: <http://www.planalto.gov.br/ccivil_03/leis/lcp/Lcp140.htm>. Acesso em: 30 maio 2013.

XIX - controlar la exportación de componentes de la biodiversidad brasileña en forma de especímenes silvestres de flora, microorganismos y fauna, partes o productos derivados de ellos;

XX - controlar la recolección de especímenes de vida silvestre, huevos y larvas;

XXI - proteger la fauna y las especies migratorias incluidas en la relación prevista en el punto XVI;

XXII - ejercer el control ambiental de la pesca a nivel nacional o regional;

Artículo 8 Las acciones administrativas de los Estados son:

XVII - elaborar la lista de especies de fauna y flora en peligro de extinción en el territorio respectivo, a través de informes y estudios técnico-científicos, promoviendo las actividades que conservan estas especies **in situ;**

XVIII - para controlar la recolección de especímenes de vida silvestre, huevos y larvas destinados al establecimiento de sitios de reproducción e investigación científica, excepto lo dispuesto en el artículo XX del art. 7mo; [40]

XIX - aprobar la operación de sitios de reproducción de vida silvestre;

XX - ejercer el control ambiental de la pesca a nivel estatal; [41]

[40]"Art. 7º São ações administrativas da União: [...] VII - promover a articulação da Política Nacional do Meio Ambiente com as de Recursos Hídricos, Desenvolvimento Regional, Ordenamento Territorial e outras;" (BRASIL. *Lei Complementar n. 140, de 8 de dezembro de 2011.* Fixa normas, nos termos dos incisos III, VI e VII do **caput** e do parágrafo único do art. 23 da Constituição Federal, para a cooperação entre a União, os Estados, o Distrito Federal e os Municípios nas ações administrativas decorrentes do exercício da competência comum relativas à proteção das paisagens naturais notáveis, à proteção do meio ambiente, ao combate à poluição em qualquer de suas formas e à preservação das florestas, da fauna e da flora; e altera a Lei nº 6.938, de 31 de agosto de 1981. Disponível em: <http://www.planalto.gov.br/ccivil_03/leis/lcp/Lcp140.htm>. Acesso em: 30 maio 2013),

[41]BRASIL. *Lei n. 9.605, de 12 de fevereiro de 1998.* Dispõe sobre as sanções penais e administrativas derivadas de condutas e atividades lesivas ao meio ambiente, e dá outras providências. Disponível em: <http://www.planalto.gov.br/ccivil_03/leis/l9605.htm>. Acesso em: 28 jun. 2013.

Destacamos la enseñanza de Paulo Affonso Leme Machado sobre la competencia de las entidades federativas en relación con la fauna:

Fauna: En la recolección de muestras se observa que la Unión tiene la tarea de: "controlar la recolección de vida silvestre, huevos y larvas (Art. 7° XX) y los estados tienen la tarea de" controlar la recolección de vida silvestre, huevos y larvas destinados al establecimiento de sitios de reproducción y para investigación científica, sujeto a las disposiciones del punto XX 7 (art. 8, XVIII) ". La tarea administrativa de la Unión para controlar la recolección de especímenes de vida silvestre no tiene límites y siendo limitado, incluso puede abarcar la investigación científica. Se indican dos propósitos específicos para la acción administrativa de los Estados: el control debe tener como objetivo el establecimiento de sitios de reproducción y la investigación científica.

La Ley complementaria 140/2011 impuso una restricción a la competencia de los Estados, con el objetivo de observar la competencia más amplia de la Unión. La restricción o limitación impuesta tiene la función de alertar a las acciones estatales, de modo que respeto las acciones ya tomadas por la Unión".[42]

4.13 Acción civil pública

A partir de la definición de medio ambiente y recursos ambientales de la Ley de Política Nacional del Medio Ambiente (Ley 6.938, de 31/08/81) se concluye que la vida silvestre brasileña es el medio ambiente y, por lo tanto, está bajo la protección de la acción civil pública. .

Art. 3, I, Ley 6.938 / 81 - Medio ambiente - *El conjunto de condiciones, leyes, influencias e interacciones del orden físico, químico y biológico, que permite, protege y gobierna la vida en todas sus formas.*

---

[42]MACHADO, Paulo Affonso Leme. Legislação Florestal (Lei 12.651/2012) e Competência e Licenciamento Ambiental (Lei Complementar 140/2011). São Paulo: Malheiros, 2012. p. 68-69.

Art. 3, V, Ley 6.938 / 81 - Recursos ambientales - La atmósfera, aguas continentales, superficiales y subterráneas, estuarios, mar territorial, suelo, subsuelo, elementos de la biosfera, fauna y flora.

La acción civil pública puede ser presentada por el Ministerio Público, las agencias ambientales, la Oficina del Defensor Público y las entidades de protección ambiental. El ciudadano común y el abogado pueden usarlo, por lo tanto, a través del Ministerio Público, provocando su iniciativa a través de la representación.

Las características principales de la acción civil pública son que es una acción que apunta a la condena pecuniaria y cominatoria, es decir, tiene la posibilidad de determinar el cumplimiento de la obligación de hacer o no hacer. Por otro lado, acepta la medida de precaución para detener de inmediato cualquier acto de renombre perjudicial para los fines de la propia ley.

4.14 Acción popular

Se puede proponer la acción popular para invalidar cualquier acto o contrato administrativo perjudicial para la fauna. Debe dirigirse a la autoridad que realizó el acto.

El ciudadano que pueda proponer la presente acción deberá ser brasileño, es decir, disfrutar plenamente de sus derechos cívicos y políticos. Solo el individuo con su título electoral puede proponer la acción.

4.5. LA NATURALEZA LEGAL DE LOS ANIMALES EN BRASIL Y OTROS PAÍSES

5.1. Código Civil Brasileño

La mayoría de los códigos civiles vigentes adoptan la diferenciación entre personas y bienes en función de su capacidad de estar sujetos a derechos y deberes. Veamos cómo la codificación nacional los clasifica y dónde los inserta.

4.5.2.1 De las personas

El Código Civil brasileño de 2002 (CC / 02) considera como individuos a las personas físicas o jurídicas. Las personas físicas son aquellas capaces de adquirir derechos y deberes en el orden civil, según lo determinado por los arts. 1° y 2° del Código. (BRASIL, 2002).

Por otro lado, las personas jurídicas pueden ser de derecho público interno o externo, y de derecho privado (art. 40). Las entidades jurídicas del derecho público interno son la Unión, los Estados, el Distrito Federal y los Territorios, los municipios, los municipios / asociaciones públicas y otras entidades públicas creadas por ley (art. 41). Las personas jurídicas extranjeras son estados extranjeros y otras personas regidas por el derecho internacional público (art. 42). Las entidades jurídicas privadas son asociaciones, sociedades, fundaciones, organizaciones religiosas, partidos políticos, sociedades de responsabilidad limitada individual (art. 44). (BRASIL, 2002).

De lo anterior se deduce que los animales no entran en ninguno de los tipos cubiertos por el concepto de persona, por lo que tales disposiciones no se aplican a la relación de los hombres con los animales.

Sin embargo, ya está surgiendo una "teoría de los derechos de los animales" que evoluciona en el sentido de que los animales deben ser legalmente reconocidos como personas no humanas (o seres vivos sensibles), así como personas morales o jurídicas e incapaces. Sin embargo, para que esto suceda, se requiere una disposición legal, que depende de una política legislativa, aparentemente distante de la mentalidad actual de los legisladores brasileños.

La naturaleza legal de los animales depende de la política legal adoptada, ya que solo puede definirse por ley. El reconocimiento de que los animales son sujetos de derechos y no objetos de derecho, como es el caso de las personas incapaces y morales, es un asunto que debe consolidarse por doctrina. Depende de la construcción de un nuevo paradigma legal, que necesitamos y podemos construir con nuestros discursos, opiniones y jurisprudencia.

Una teoría surge cuando un nuevo paradigma con respecto a un determinado conocimiento o visión de hecho reemplaza al anterior.

La dinámica socialmente, debemos conducir a un cambio de paradigma. Y para que un paradigma sea consagrado como nuevo, es necesario su reconocimiento por parte de un grupo de científicos. Por lo tanto, debemos continuar defendiendo la idea de que los animales están sujetos a derechos.

Para una corriente jusanimalista, emergente en todo el mundo, estar sujeto a derechos de manera concomitante significa tener la capacidad de adquirir derechos, independientemente de la capacidad de adquirir obligaciones. Además de ser titulares de derechos para la representatividad sustitutiva, los animales, de acuerdo con este nuevo paradigma, deben ser reconocidos como sujetos de derechos. La mayoría de los jusanimalistas reconocen al animal como un sujeto de derecho despersonalizado. Sin embargo, el Código Civil brasileño ha sido un obstáculo importante en la evolución y aceptación de esta nueva teoría.

4. 5.2.2 De los bienes

Dado que los animales no son reconocidos como personas, se les aplica el régimen legal de bienes, ya sean animales salvajes, exóticos o domésticos. Mientras que los salvajes se consideran bienes comunes de las personas y bienes públicos, según el art. 225 de la Constitución de la República (CR / 88) y arts. 98 y 99 de CC / 02, los nacionales, según el art. 82 de CC / 02, se consideran bienes muebles / cosas. (BRASIL, 1988, 2002).

CC / 02 establece tres categorías de bienes, con subdivisiones: i) bienes considerados en sí mismos (art. 79 a 91): muebles (art. 82 a 84), inmuebles (art. 79 a 81), fungibles y consumibles (85 a 86), divisible e indivisible (artículos 87 a 88), singular y colectivo (artículos 89 a 91); bienes considerados recíprocamente: principal y accesorio (arts. 92 a 97); según titularidad: pública y privada (arts. 98 a 103). (BRASIL, 2002).

Los bienes muebles, que actualmente incluyen animales domésticos y exóticos, están regulados en el Libro II, Sección II, de CC / 02, y se conceptualizan como aquellos susceptibles a su propio movimiento o extracción por la fuerza, sin alteración de la sustancia. o destino socioeconómico. Como tales, están sujetos a derechos reales y acatan las reglas de los derechos de propiedad, a menudo obstaculizan las decisiones judiciales que tienen en cuenta las necesidades, la naturaleza biológica y la sensibilidad del animal.

Ya en el caso de los animales salvajes, clasificados como bienes públicos, el uso común de las personas por CR / 88, tienen naturaleza legal prevista en los arts. 98 y 99 de CC / 02 y son activos especialmente protegidos por la ley.

4. 5.2.3. Bienes y cosas y la ventaja de que los animales dejan de ser cosas

La distinción entre el bien y la cosa se establece por doctrina de varias maneras.

Para Fiuza (2007, p. 183), "Bueno, es todo lo que es útil para las personas. Lo correcto es todo bien económico, dotado de existencia autónoma y capaz de subordinarse al dominio de las personas.

Ya en la interpretación de Venosa (2013, p. 308), "en el campo legal debe ser lo que tiene valor, abstrayendo de él la noción pecuniaria del término", y las cosas "son la propiedad apropiada por los hombres".

Ella consiguió Bevilacqua (1955, p. 152) que:

> [...] la palabra cosa, aunque bajo ciertas relaciones corresponde, en técnica jurídica, al término bien, pero se distingue de él. Hay bienes legales que no son cosas: libertad, honor, vida, por ejemplo. Y aunque la palabra es, en el ámbito de la ley, tomada en un sentido más amplio o menor, podemos decir que designa más particularmente aquellos bienes que están, o pueden estar, sujetos a la ley real.
>
> Para bien, es una utilidad, pero en mayor medida que la utilidad económica, porque la economía gira en torno a tres puntos: trabajo, tierra y valor; Considerando que la ley tiene como objeto otros intereses, tanto del individuo como de la familia y la sociedad.

Al no tener carácter económico, los activos no son necesariamente patrimoniales. También corroborando esta distinción está Rizzardo (2008, p.

339-340): En el sentido amplio, el bien puede o no ser incluido en una relación legal, pero no se agota en la apreciación económica. Jurídicamente, el bien constituía lo material o inmaterial, no necesariamente con valor económico.

Entonces, hay bienes económicos y no económicos, y se incluyen en ellos algunos que no están incluidos en la relación legal.

En la lección de João Baptista Villela (2006, p.13):

En la ley brasileña, los animales, que la doctrina también llama semoventes, siempre se han considerado cosas. El Código Civil de 2002, reciente en el tiempo pero antiguo en ideas, perdió una excelente oportunidad para corregir esta distorsión. Austria, Alemania y Suiza, países cuyos códigos civiles del siglo XIX, ya los han modificado para establecer lo que puede ser el comienzo de una nueva categorización de los personajes en la escena legal. Hasta ahora, los seres preocupados por la ley estaban fundamentalmente divididos en personas y cosas.

Según esta comprensión, la materialidad es lo que la distingue bien de las cosas. Los bienes pueden incluir vida, honor, felicidad y otros valores no económicos. Es decir, los bienes pueden tener un valor material o inmaterial, pueden tener o no un valor material.

Los países pioneros en cambiar la naturaleza legal de los animales son Austria, Alemania, Suiza, Francia y Portugal. Los primeros tres dejan claro en su Código Civil que los animales no son cosas u objetos. El Código Civil francés reconoce a los animales como seres sensibles. Veamos qué presenta cada uno de estos códigos en términos de avanzar hacia una legislación más acorde con la "teoría de los derechos de los animales".

4. 5.3 Legislación europea

Algunos países europeos han avanzado su legislación y ya enmendaron su Código Civil al declarar expresamente que los animales no son cosas u objetos, aunque se rigen, si no existe una ley específica, por el régimen legal de los bienes. Esta medida simbólica puede considerarse un avance, un primer paso hacia la evolución del estado jurídico de los animales, ya que puede dar lugar al reconocimiento de que los animales, aunque no se reconocen como personas, no son objetos ni cosas.

4. 5.3.1 Legislación de Austria

El Código Civil de Austria (Allgemeines Bürgerliches Gesetzbuch - ABGB) de 1811 introdujo el art. 285A, que entró en vigor el 1 de julio de 1988, declarando expresamente que "los animales no son cosas; están protegidos por leyes especiales ", agregando que las leyes que tienen sobre las cosas" se aplican solo si no hay regulaciones divergentes "[43]. (AUSTRIA, 1811, nuestra traducción).

La iniciativa pionera de Austria fue de gran importancia ya que no había límite legal para la explotación animal en ningún país cuando el tema involucraba derechos de propiedad. El animal siempre ha sido considerado un objeto en la industria, la agricultura y otras áreas económicas. Por primera vez, la relación humano-animal estaba sujeta a al menos un principio establecido por la ley. Este cambio no impidió el uso económico y la explotación del animal, pero estableció un límite a ser respetado por leyes especiales.

4. 5.3.2 Legislación alemana

El Código Civil alemán (BGB) de 1896, a partir del 1 de septiembre de 1990, ahora dice lo siguiente:
División 2 - Cosas y animales

---

[43]No original: "§285ª Tiere sind keine Sachen; sie werden durch besondere Gesetze geschützt. Die für Sachen geltenden Vorschriften sind auf Tiere nur insoweit anzuwenden, als keine abweichenden Regelungen bestehen".

Sección 90 - Concepto de cosa

La ley define los objetos corporales como cosas.

Sección 90a - Animales

Los animales no son cosas. Están protegidos por estatutos especiales. Se rigen por la ley aplicable a las cosas, con las modificaciones necesarias, salvo que se disponga lo contrario. (ALEMANIA, 1896, nuestro énfasis, nuestra traducción).[44]

Como se puede ver, el BGB separa las cosas de los animales, que permanecen vinculados al régimen legal de los bienes si no hay una ley especial. Se observa que se trata de una separación negativa ("los animales no son cosas") y que no existe ninguna disposición para el tratamiento diferencial debido a sus características.

4. 5.3.3 Derecho suizo

Suiza modificó el estado de los animales en su Código Civil de 1907 al introducir, el 4 de octubre de 2002, el ítem II en el art. 641a:

> Libro cuatro: derechos reales.
> Primera parte: de la propiedad.
> Título Dieciocho: Disposiciones Generales

Art. 641

A- Elementos de los derechos de propiedad.

I- En general

[1]El propietario de una cosa tiene derecho a disponer de ella libremente dentro de los límites de la ley.

---

[44]No original: "Division 2 - Things and animals

Section 90 Concept of the thing

Only corporeal objects are things as defined by law.

Section 90a Animals

Animals are not things. They are protected by special statutes. They are governed by the provisions that apply to things, with the necessary modifications, except insofar as otherwise provided."

²Puede reclamarlo al detenido y reclamar toda usurpación.

Artículo 641a (introducido el 4 de octubre de 2002 y efectivo después de abril de 2003).
II Animales
1 Los animales no son cosas.
2 A menos que se especifique lo contrario, los dispositivos de las cosas son igualmente válidos para los animales.[45]
(Suiza, 1907, nuestra traducción).

El proceso de enmendar el Código Civil suizo para cambiar el estatus legal de los animales comenzó con las iniciativas de los parlamentarios François Loeb y Suzette Sandoz, respectivamente llamados "L'animal, être vivant" y "Animaux vertébrés". (Animales vertebrados), ambos presentados en el Congreso Nacional de ese país.

Después de ser rechazada en el Congreso, la sociedad civil se movilizó lanzando dos iniciativas. Uno de ellos, con el apoyo de Swiss Animal Protection, la Society of Swiss Veterinarians, la Swiss Cynological Society y la Foundation for Animal in Law, obtuvo 125,000 firmas. El otro, propuesto por Franz Weber, tenía más de 100.000 firmas. (MOGINIER, 2000).

---

[45]No original: "Livre quatrième: Des droits réels. Première partie: De la propriété.
Titre dix-huitième: Dispositions générales.
Art. 641 A. Eléments du droit de propriété I. En général[1]
[1] Le propriétaire d'une chose a le droit d'en disposer librement, dans les limites de la loi.
[2] Il peut la revendiquer contre quiconque la détient sans droit et repousser toute usurpation.
Art. 641a[1] A. Eléments du droit de propriété / II. Animaux
II. Animaux
[1] Les animaux ne sont pas des choses.
[2] Sauf disposition contraire, les dispositions s'appliquant aux choses sont également valables pour les animaux."

En enero de 2002, la Comisión de Asuntos Jurídicos presentó al Consejo de Estado un informe que contiene la iniciativa parlamentaria llamada Les animaux dans l'ordre juridique suisse, proponiendo, entre otras cosas, que la legislación no solo debe detener a los animales como cosas y para tratarlos como una categoría separada (una disposición que finalmente entró en vigor en el Código Civil; así como para proporcionar su propiedad y modo de adquisición y para regular su disposición en el capítulo sobre sucesiones (COMISIÓN DE ASUNTOS ..., 2002).

Aunque se han aceptado varias proposiciones en el Código Civil suizo, no tiene en cuenta la sensibilidad de los animales, un aspecto que fue aceptado por el Código Civil portugués, como se verá más adelante.

4. 5.3.4 Derecho francés, protección afirmativa

Francia fue el país que modificó más recientemente el Código Civil el 28 de enero de 2015. El mayor mérito de su legislación es que, mientras que Austria, Alemania y Suiza buscan proteger a los animales con un negativo, es decir, "los animales no son son cosas ", introduce la protección afirmativa, afirmando que los animales son seres vivos dotados de sensibilidad.

Libro II: Bienes y diferentes modificaciones de propiedad
Artículo 515-14.

(Creado por la Ley N ° 2015-177 del 16 de febrero de 2015, Art. 2)
Los animales son seres vivos dotados de sensibilidad. Sujeto a las leyes que los protegen, los animales están sujetos al régimen de propiedad[46] (FRANCIA, 1804, nuestra traducción).

---

[46]No original: "Livre II: Des biens et des différentes modifications de la propriété
Article 515-14
(Créé par LOI n°2015-177 du 16 février 2015 - art. 2)
Les animaux sont des êtres vivants doués de sensibilité. Sous réserve des lois qui les protègent, les animaux sont soumis au régime des biens".

EDNA CARDOZO DIAS

Todavía en Francia, el Código Rural y la Pesca Marítima de 2010 ya reconocieron a los animales como seres sensibles, estableciendo en sus disposiciones generales, en el Capítulo 4, que trata de la protección de los animales, lo siguiente:

Sección 1 - Disposiciones generales
Artículo L214-1.

Cada animal es un ser sensible y debe ser colocado por su dueño en condiciones compatibles con los imperativos biológicos de su especie.47 *(FRANÇA, 2010, nuestra traducción).*

La protección afirmativa que brinda la codificación francesa es el resultado de un proceso que involucra a la sociedad civil, intelectuales y especialmente juristas, quienes en 2005 propusieron una fórmula, que finalmente fue adoptada por la Asamblea Nacional francesa. Se enfatiza que para una efectividad real, dicha protección requerirá leyes específicas diseñadas para crear obligaciones y prohibiciones que sean realmente capaces de proteger a los animales.

Historia del cambio en el Código Civil francés

En 2013, la ONG francesa Fondation 30 millones de amies lanzó una petición en las redes sociales, que se entregará a la Asamblea Nacional de Francia, con la intención de recolectar 1 millón de firmas que reclaman el cambio en el estado legal de los animales en ese país. La organización pudo recolectar 770,000 firmas, con el apoyo de 24 intelectuales, incluido Jean-Pierre Marguénaud[48], profesor de la Facultad de Derecho y Ciencias Económicas de Limoges.

---

[47]No original: "Section 1: Dispositions générales
Article L214-1
Tout animal étant un être sensible doit être placé par son propriétaire dans des conditions compatibles avec les impératifs biologiques de son espèce".

[48]Autor do livro *Animaux et droits européens au-delà de la distiction entre les hommes et les choses*, Editions A. Pedone/França/2009, diretor da *Revue Semestrielle de Droit Animalier*, Université de Limoges, Professor de Direito privado e de Ciências Criminais da Université de Limoges, Membro do l'Institut de Droit Européen des Droits de l'Homme-I.D.E.D.H. (EA 3976), Université Montpellier.

La Asamblea Nacional francesa finalmente aprobó la redacción sugerida: "los animales son seres vivos con sensibilidad", conocida como la enmienda Glavany, llegando a Francia para convertirse en la vanguardia de la mejora de la legislación animal.

En el artículo *La question du juridique statute of l'animal: el pasaje irreversible de l'étape du ridicule à l'étape de la discusión,* prof. Marguénaud cita opiniones de varios autores con diferentes puntos de vista sobre la naturaleza legal de los animales, y cuestiona la dificultad de aplicar las enmiendas mencionadas en el Código Civil francés. De la lectura de su texto, queda claro que los jusanimalistas, incluido el propio Marguénaud, entienden que la creación de una categoría sui generis para animales que esté de acuerdo con su naturaleza es la más correcta. Algunos científicos que se oponen a la redacción del Código francés consideran absurdo hablar de productos móviles sensibles. (MARGUÉNAUD, 2013).

En otro trabajo, Marguénaud (2009, p. 50) explica que la protección de los animales nació con la Ley Penal. Según él, en Francia, desde la Ley de Grammont (1850) y las leyes penales posteriores, los animales están protegidos por su sensibilidad e incluso contra su dueño que inflige maltrato.

El autor afirma y concluye:

> [...] ¿Cómo podrían los animales seguir siendo clasificados como muebles o inmuebles, es decir, bienes sujetos al derecho de propiedad, si las prerrogativas absolutistas del propietario están limitadas en sus propios intereses?

> [...] los dueños de animales no son dueños en el sentido habitual del término, porque estos seres vivos autoprotegidos ya no son racionalmente buenos.[49] (MARGUÉNAUD, 2009, p. 51-52).

---

[49]No original: "Comment ces animaux peuvent-ils continuer à êtrer qualifiés de meubles ou d'imeubles, c'est-à-dire de biens soumis au droit de propriété, si les prerogatives absolutistes de celui qui em est officiellement le propriéterais sont limitées dans leur propre intérêt?
[...] c'est peute-être qu'ils n'en sont plus véritablement propriétaires au sens habituel du terme et que ces êtres vivants protégés pour eux même ne sont plus rationellment des biens".

En mayo de 2005, la abogada francesa Suzane Antoine, abogada de la Cámara Honoraria del Tribunal de Apelaciones de París y miembro de la Liga Francesa por los Derechos de los Animales (fallecida en marzo de 2015), escribió el informe *Rapport sur le juridique de l'Animal,* publicado por el Ministerio de Justicia de Francia, el resultado de la propuesta conjunta de varios juristas para abordar la inserción en el Código Civil de un nuevo concepto de animal: cómo ser sensible. (ANTOINE, 2005).

En este informe, el autor busca una manera de conciliar la naturaleza jurídica peculiar de los animales con la importancia de su papel económico para el sector comercial. Ante la dificultad de crear una categoría específica para animales dentro de la ley, Antoine reflexiona y sugiere:

> En el caso de que la legislatura considere inapropiado crear una categoría de animales entre personas y bienes, el animal continuará vinculado a la ley de bienes. Si el animal debe permanecer en la categoría de bienes, debe clasificarse como "bien protegido".
>
> Para que un animal se incorpore a la ley de bienes, sin ocultar su verdadera naturaleza, debe pertenecer a una categoría particularmente protegida, especialmente creada para él, dentro del capítulo de bienes.
>
> El animal sería una propiedad protegida adecuada, sin personalidad jurídica, pero con una definición legal precisa. El término "bien protegido" no se referiría a la protección de la propiedad sino a la protección del interés propio del animal. El derecho civil, en armonía con el derecho penal, contendría los elementos fundamentales del régimen legal de un animal.[50] (ANTOINE, 2005, p. 29).

---

[50] No original: "Dans l'hypothèse où le législateur estimerait inopportun de créer une catégorie animale se situant entre personnes et biens, l'animal resterait alors attaché à celle des biens. Si l'animal devait rester dans la catégorie des biens, il faudrait au moins lui donner une qualification de "bien protégé".
Pour que l'animal reste intégré au droit des biens, sans occulter sa véritable nature, il devrait appartenir à une catégorie particulière, spécialement créée pour lui, dans le chapitre des biens.
L'animal serait un bien protégé appropriable, sans personnalité juridique, mais faisant l'objet d'une définition juridique précise. Le terme de bien protégé ferait référence, non pas à la protection de sa propriété, mais à la protection de son intérêt propre. Le droit civil, em harmonie avec les textes du droit pénal, comporterait ainsi les éléments fondamentaux d'um régime juridique de l'animal".

Y se basó en este informe que se modificó el Código Civil francés. Los otros países analizados en este artículo siguieron la misma línea de razonamiento e idea. En sus códigos, dejaron en claro que los animales están protegidos por leyes particulares. Además, los han insertado en las disposiciones relativas a los bienes, siempre que estén protegidos por leyes particulares, pero haciendo hincapié en que tales disposiciones se aplican a ellos en la medida en que no haya disposiciones en contrario.

Según Antoine (2005, p. 30):

> Esto significa que se reconoce que los animales tienen un lugar particular en la legislación. Al afirmar que los animales no son cosas, este dispositivo los separa de la Ley de bienes ordinaria al referirse a textos protectores que los gobiernan.[51]

4. 5.3.5 Legislación de Portugal

Más recientemente, Portugal, a través de la Ley no. 8/2017, del 3 de marzo, estableció un estado legal de los animales, modificando, entre otras reglas, el Código Civil y el Código Penal de ese país. A partir del 1 de mayo de 2017, esta ley ya no considera a los animales como "cosas", que ahora se reconocen como "seres vivos dotados de sensibilidad y objeto de protección legal". La nueva legislación cubre todos los animales, especialmente las mascotas.

Artículo 1 Objeto

> La presente ley establece un estatus legal de los animales, **reconociendo su naturaleza como seres vivos con sensibilidad**, modificando el Código Civil, aprobado por el Decreto-Ley N ° 47 344 del 25 de noviembre de 1966 del Código de Procedimiento Civil, aprobado por la Ley N ° 41/2013, de 26 de junio, y el Código Penal, aprobado por el Decreto-Ley N ° 400/82, de 23 de septiembre.

---

[51] No original: "Cela signifie que les animaux sont reconnus comme ayant une place particulière dans la législation. En disant que les animaux ne sont pas des choses, ces dispositions les écartent du droit ordinaire des biens en rappelant l'existence des textes protecteurs qui les régissent".

Artículo 2. Modificaciones del Código Civil.

Los artículos 1302, 1305, 1318, 1323, 1733 y 1775 del Código Civil [...] se sustituyen por lo siguiente:

"Artículo 1302

[...]

1 - Las cosas corporales, muebles o inmuebles pueden ser objeto del derecho de propiedad regulado en este código.

2-también puede estar sujeto al derecho de propiedad de los animales, según los términos de este código y la legislación especial. (PORTUGAL, 2017, nuestro énfasis).

Con respecto a las mascotas ("animales de compañía" según la ley), la ley establece que deben "confiarse a uno o ambos cónyuges, teniendo en cuenta, entre otros, los intereses de cada cónyuge y los hijos de la pareja y también el bienestar del animal "(Artículo 1793-A), revelando la misma preocupación dada a los hijos de los cónyuges o divorciados.

La caracterización de "ser sensible" expresada en su art. 1 es un gran avance en relación con la codificación animal europea que se aborda aquí y es un estímulo para la realización del jusanimalismo.

4. 6 Legislación brasileña

La legislación animal brasileña actual revela un retraso en relación con las disposiciones legales de Austria, Alemania, Suiza, Francia y Portugal sobre el mismo tema. En varias disposiciones de nuestro Código Civil, los animales son tratados como cosas. Es necesario avanzar.

Hasta ahora, hay dos proyectos de ley en consideración en el Congreso con propuestas para reconocer a los animales como seres sintientes: PL 6799/2013 y PL 351/2015.

Con respecto a algunas leyes europeas y los proyectos de ley que se están tratando en Brasil, el hecho de que los animales son reconocidos como "sin objetos / cosas" o como "seres sensibles", aunque insertado entre los bienes, esto ya es un pequeño paso hacia un cambio de paradigma legal en relación con el Derecho Animal. Aquí en Brasil, la vida silvestre ya tiene una ley especial que la protege, lo que convierte a los animales en propiedad especialmente protegida, aunque los animales de la vida silvestre nativa no están sujetos a derechos reales.

Aunque CR / 88 otorga a los animales derechos fundamentales y la Ley no. 5.197 / 67 regulan la protección de los animales salvajes, proporcionando especies y la conservación del ecosistema, de hecho, los animales como individuos solo están protegidos por la ley penal. Los derechos de propiedad en relación con los animales actualmente están limitados solo por la ley penal, que los protege del abuso.

Por lo tanto, el reconocimiento legal de que los animales son seres sensibles con sensibilidad, y / o el reconocimiento expreso en la ley de que no son cosas, y que tienen una naturaleza jurídica sui generis, sin duda aumentaría la efectividad de las leyes animales. protección animal También alentarían y apoyarían al poder judicial para hacer cumplir la ley animal, creando nuevos paradigmas para la interpretación en el campo del derecho civil. Al igual que en el contexto del derecho penal ambiental, se aplican principios peculiares que difieren del derecho penal clásico, es hora de que el derecho civil clásico abarque nuevos principios a favor de los animales. Los intereses de los animales deben tenerse en cuenta al interpretar y hacer cumplir las leyes para que aborden no solo la humanidad sino también la biodiversidad.

Está claro que cambiar el estado legal de los animales es urgente y necesario para que sean tratados como seres vivos; ya sea por protección afirmativa, reconociendo que los animales son seres vivos sintientes, o por protección negativa, al afirmar que los animales no son cosas y tienen una naturaleza legal sui generis. El reconocimiento legal de que los animales son sujetos de derecho despersonalizado descartará definitivamente la interpretación de que los animales son sujetos de derecho. La ciencia reconoce la sensibilidad de los animales y la ciencia jurídica debe seguir la evolución de otras ciencias.

Capitulo 5

CRUELDAD CONTRA LOS ANIMALES

5.1 CÓDIGOS MORALES Y LA SACRALIZACIÓN DE ANIMALES

La tierra nuestra madre

Las religiones ancestrales veían el universo como una gran madre. Las grandes diosas representaban a la Madre Tierra o el principio generador de la vida. La capacidad de concebir una nueva vida humana, dar a luz, producir leche y sangrar a través de las fases de la luna, inspiraba temor y reverencia. Solo ella tenía el poder de producir y nutrir la vida. Sin ella, la nueva vida se extinguiría.

En Babilonia, la gran diosa es Ishtar, la madre de Tamuz. Astarte es adorada por los hebreos, fenicios y cananeos, según la liturgia. En Egipto tenemos a Isis. En Frigia tenemos a Cibeles, que luego se identificó con las diosas Rea, Gea, Demeter y sus equivalentes romanos, Tellus, Ceres y Maia. Pero la más famosa es Artemisa, conocida por los romanos como Diana, diosa de la caza y la luna.

El culto a la Gran Madre fue la religión más extendida en las sociedades primitivas.

Se supone que la domesticación de plantas y animales, el primer paso hacia la construcción de sociedades humanas complejas, implica la fragmentación de la visión sacralizada de la naturaleza.

El aumento de la población llevó al ser humano a "domesticar" y el nomadismo trajo ventaja al hombre. Con el descubrimiento del

⬛ **LA TUTELA LEGAL DE LOS ANIMALES**   131

enlace entre el acto sexual y la fecundación, comenzó un verdadero culto del falo, que resultó en el origen del patriarcado y la profanación de la naturaleza.

Con la erupción del monoteísmo hebreo y su desarrollo en el cristianismo y el islam, se dio el primer paso hacia la profanación de la naturaleza y su concepción como una gran madre.

En el mundo místico, la energía femenina del universo está representada por los Andes, mientras que la energía masculina está representada por los Himalayas. , polos negativos y positivos del planeta y regiones de grandes fuerzas magnéticas. Esta energía femenina tocó tan profundamente a los habitantes de los Andes que este pueblo (los incas) identificó nuestra Tierra como Pachamama, la madre de toda la vida, la deidad exaltada del mundo, la que nos enseña a amar todo incondicionalmente, y nos muestra el Trabajo como una virtud muy alta, porque al amar todo y construir con el trabajo nos hacemos sabios.

Mircea Eliade, una de las mejores pensadoras de nuestro tiempo y experta en el estudio comparativo de las religiones, mostró en "Lo sagrado y lo profano" que los pueblos llamados primitivos por los evolucionistas sacralizaron todos los aspectos de la realidad: tiempo, espacio, naturaleza no humana, sociedades humanas y el individuo mismo. Para ellos, la naturaleza era una entidad que consistía en seres orgánicamente unidos e impregnados con partículas de una sola deidad (panteísmo), o que tenían alma (animismo) o incluso habitadas por deidades (politeísmo).[1]

Pueblos primitivos y chamanismo

El chamanismo es un nombre genérico de origen siberiano para designar las prácticas de los curanderos y hechiceros de las culturas arcaicas; es una de las áreas que ha recibido la atención de los investigadores modernos de diversos campos. El chamanismo es un fenómeno cultural, social y espiritual extremadamente arcaico. Las manifestaciones chamánicas más antiguas datan de la era paleolítica (los rituales de caza en las pinturas). Sobrevive casi

---

[1]ELIADE, Mircea. O sagrado e o profano. Lisboa: Livros do Brasil, s/ d.

sin cambios en Asia, Oceanía, el Ártico (esquimales) y principalmente en África y las Américas.

El animal siempre ha jugado un papel crucial en el chamanismo. En el plan arcaico temprano, el animal y el ser humano no diferían, eran como una sola entidad. Esto se puede ver en pinturas rupestres como la cueva Très Frères en Francia (25,000 ° C.) Aquí puedes ver a un chamán vestido con la piel y la cabeza de un ciervo, la cola del animal que pasa entre el piernas Las innumerables representaciones de la gran Diosa, Señora de las bestias y la leyenda del primer chamán, sellan esta comunión entre el hombre y la bestia.

El culto a la Gran Diosa es mucho antes de escribir y encontramos pinturas rupestres que muestran bisontes, caballos, osos, ciervos y docenas de otros animales. Son fundamentales para los rituales de caza que se expresan gracias a los animales sagrados que constituyen una poderosa fuente de vida, la energía vital del comedor. En esta etapa también hubo representaciones frecuentes de la Gran Diosa como la Dama de las Bestias (con sus animales sagrados), como la Diosa Búho Madre, o como Madonna con su hijo en su regazo.

Se creía que la mujer estaba embarazada con sangre de menstruación. Es por eso que siempre se ofrecieron sacrificios de sangre a la Madre Tierra para pedir mucha comida. Hasta millones de años después, el sacrificio de sangre fue intercambiado por el auto-sacrificio (culpa).

En la Grecia arcaica, la imagen de la Gran Madre Animal alimentó al pequeño Zeus como una serpiente, cerda o vaca. Rea - Cibeles, para los romanos, está representada sentada en un trono y flanqueada por animales.

Los buriates y yates siberianos nos cuentan la leyenda del surgimiento del primer chamán, que habría sido generado por el águila (símbolo de la conciencia) y una mujer (identificada con la libertad). Por lo tanto, desde el principio, el chamán es una mezcla de divino, humano y animal.

El poder de los chamanes se relaciona directamente con sus tótems, o en otras palabras, sus aliados animales. Para un chamán, un hombre no es mejor ni más consciente que un animal. El chamán ofrece respeto y devoción al espíritu del animal, mientras que el animal ofrece orientación y asistencia. Los animales, así como las piedras, para el los chamanes tienen espíritus poderosos, cada uno con sus propios talentos, y están calificados para ayudar a las personas con tareas específicas. Uno de los principales regalos que ofrece el poder de los animales al chamán en sus tareas es la protección y la tutela. A menudo descubren sus animales de poder al permitirles salir a la superficie durante un baile espontáneo o al tener una vista del animal.

Para los chamanes, las crisis del mundo de hoy no son una sorpresa. Son el resultado del desequilibrio causado por la falta de respeto, y este desequilibrio finalmente conduce a la pérdida de poder para un chamán.

Los chamanes enseñan que a medida que uno aprende a comunicarse con piedras y animales, debe tener en cuenta que la clave del éxito es el respeto. Para tener éxito, necesitamos cooperar con el medio ambiente.

Para los chamanes andinos de este fin de siglo, desde 1992 ha comenzado una nueva era para el mundo, con la llegada del décimo Pachakuti. Pachakuti significa "lo que transforma la tierra". Anuncia el comienzo de una nueva era de transición y cambio. Y se caracteriza sobre todo por la presencia de la Madre. Y, según los incas, esto no significa que la mujer dominará el mundo, sino que el hombre será cada vez más consciente de la necesidad de llevar el sentimiento de madre en su corazón. . De hecho, el hombre no necesitaría otra ley que el amor, ya que nos da la conciencia de reciprocidad y servicio, que debe ser el vicio del ser.

Sacralización de animales en Egipto

Aunque el primer intento de construir el monoteísmo se atribuyó al faraón Aquenaten en el siglo XIV, que como resultado de la fusión de los dioses Ra y Amon, ambos representados por el sol, intentó imponer al dios Ato, el himno de Ato, compuesto. él dice, no deja dudas de que era ecuménico y tenía un gran amor por la naturaleza: "todos hacen su tarea / todos los animales están satisfechos con sus pastos; / los árboles y las plantas florecen. / las aves que vuelan desde sus nidos / tienen su alas extendidas en alabanza a tu Ka. / Todos los animales saltan sobre sus pies / Todo lo que vuela y brilla, / Vive cuando llegaste a ellos. / Las naves viajan de norte a sur, / Todo el camino se abre ante ti / El pez en el río es arrojado delante de tu rostro / Tus rayos están en medio del gran océano verde. / ¡Cuántas cosas has hecho! / Están escondidas de la faz del hombre. / ¡Oh, Dios, nadie más es igual a ti! / Tú mismo creaste el mundo según tu voluntad, / Mientras estabas solo: / todos los hombres , ganado y animales salvajes, / todo lo que camina sobre la tierra con sus propias alas ".[2]

En la civilización egipcia encontramos frescos relacionados con la caza en el Nilo y la alimentación de animales en granjas. Entre los miembros de la civilización egea, la tauromaquia era una diversión común, aunque se practicaba de una manera que era más peligrosa para el hombre que para el toro.

Pero es en el propio Egipto donde encontramos la sacralización de los animales como sucedió con el gato. En Egipto, el gato era considerado un animal sagrado, que recibió curiosos tributos después de la muerte. Se erigió un templo para la diosa gata Batest. Fue representada con el cuerpo de una mujer y la cabeza de un gato, y sostenía el instrumento musical de las bailarinas en una mano y la cabeza de la leona en la otra, lo que significaba que podía metamorfosearse en cualquier momento en una de las tres diosas de la leona: Sekmet, Pekhet y Tefnut. . La ley era muy estricta con los que atacaban a los gatos. Los gatos muertos fueron embalsamados y ofrecidos a Batest. Los arqueólogos encontraron cementerios de gatos en sus excavaciones en Egipto.

El templo de Batest fue descrito por el historiador griego Herodoto, quien viajó a Egipto en 450 AD. Este lujoso templo estaba ubicado en la ciudad de Bubasti, en una isla rodeada por los canales del Nilo.

Algunos atribuyen esta apreciación al gato por su papel de guardián de los graneros en Egipto. Otros buscan razones más profundas, dándole al gato el poder de exorcizar el medio ambiente.

---

[2]Apud Soffiati Arthur. As religiões da crise ambiental da atualidade. Datil. Inédito. Esta versão foi publicada em Pinski Jaime. 100 textos de história Antiga. São Paulo: Hucitac, 1971.

El Los templos egipcios estaban custodiados por gatos, a quienes los sensibles atribuyen poderes paranormales, que deberían conocer los sacerdotes egipcios, que conocían bien las leyes de la física y el arte de la magia.

Los egipcios adoraban a los animales y varias figuras de deidades teormorfa se encuentran en los templos egipcios. Las imágenes significan que el poder puede encarnarse de muchas maneras. Las representaciones semihumanas de dioses expresan un pensamiento que acepta al hombre sin rechazar al animal.

El descubrimiento del "Libro de los Muertos" revela elementos que llevan el orden ético-legal del antiguo Egipto a la moral y la ley. Contiene varias reglas que requieren respeto por todo lo que vive:

"Tan pronto como alcanza la salvación, el hombre, al presentarse ante las deidades, debe decirles que no causó sufrimiento a los demás, no usó la violencia hacia su familia, no sustituyó la justicia por la injusticia, no causó hambre, no mató, no cometió pecados contra la naturaleza con otros hombres "(El Libro de los Muertos, ed. Cast. Barcelona, 1989, p. 147-151.

El animal en el hinduismo

En la India, los animales se consideran sagrados y el hinduismo adopta la idea de un panenteísmo (Dios está en todo), a diferencia del panteísmo (Dios lo es todo).

"Los que adoraban al sol no eran más primitivos que los que creían en encontrarlo en un ídolo de piedra u oro. Ya no eran aquellos que buscaban a Dios celosamente y adoraban a la rana, por su sentido de fertilización, la serpiente que tiene el veneno, la vida y pone su cuerpo en un círculo, que es en sí mismo el mandala infinito del universo. Aquellos que adoraron a la pantera negra, al lobo o al elefante blanco no están más equivocados que aquellos que lo humanizaron al revertir a los avatares, los profetas y los santos. Dios está en todas partes, en todas sus formas, porque es el espíritu de la tierra y la única energía que nace

de la nada en ausencia del todo siendo la vida misma ".[3]

El Código Védico de la India se basa en la unidad de la vida. Para el hinduismo, la única diferencia que existe entre los animales y los humanos es el grado de evolución. Los avatares, encarnaciones de dioses, vienen en formas animales: *matsya*, o pescado, *kurma*, o tortuga, *vararha* o jabalí, *narasimha*, o hombre león, *vamana* o enano. Lord Ganesha está asociado con el elefante, Shiva con la serpiente, Durga con el León, Sarasvati con el pavo real, y así sucesivamente. Muchos animales son sagrados, como la vaca. El Código Védico advierte que cualquiera que mate y coma una vaca renacerá como una vaca y será asesinado tantas veces como el pelo del animal muerto. En su visión cósmica, el hinduismo se presenta como un camino de salvación no solo para los seres humanos sino para todos los seres vivos.

Bhagavad-Gita, otro libro sagrado hindú, contiene 250,000 versos, que describen la gran guerra entre los Kurus y los Pandavas por la posesión de Hastinapu (un simbolismo de la batalla entre el bien y el mal). En él, Krishna dialoga con Arjuna y se presenta como el padre que da la semilla: la vida que vive en todo.

El Código Védico, *Manu-samhitã,* predica que cualquiera que mate a alguien tendrá que ser asesinado. Del mismo modo, hay otras leyes que dictan que una persona no puede matar ni siquiera a una hormiga sin ser responsable de ello. Como no podemos crear, no tenemos derecho a matar a ninguna entidad viviente. Por lo tanto, las leyes hechas por los hombres que distinguen entre matar a un hombre o un animal son imperfectas. Según las leyes de Dios, matar a un animal es tan censurable como matar a un hombre.

El libro del *Dharma,* que contiene un conjunto de leyes morales, dice que no es suficiente evitar el mal para escapar del *samsara* (la ley de acción y reacción); se necesita activismo espiritual contenido en dulzura, generosidad, no mentira. El mérito es producto del

---

[3]MOLINERO, (Yogakrishnanda). Terralogia, ecologia mágica. Mandala - livreiros/ editores importadores. Ltda. São Paulo, sem data, pg. 11.

compromiso La totalidad del hombre con sus semejantes y con todas las criaturas. El libro de Manu dice que el que no comete violencia contra otro ser tiene mérito.

Todavía en la India, en el siglo VI aC, junto con el budismo, se fundó la tradición Jain, fundada por Mahavira Vardhamana. Los miembros del movimiento Jain, al que pertenecía Gandhi, basan sus vidas en la no violencia, son vegetarianos y reverencian la naturaleza al extremo. En su juramento renuncian a la destrucción de los seres vivos:

> "Renuncio a toda destrucción de seres vivos, ya sean sutiles o groseros, caminan o se quedan quietos. No mataré a los seres vivos, ni induciré a otros a esto, ni consentiré tales actos. Mientras viva, voy a confesarme y culparme, arrepentirme y eximirme de estos tres pecados de motocicleta, es decir, actuar, ordenar, consentir, pasado, presente y futuro, en mente, en cuerpo y en palabra ". [4]

Hay varios santuarios de jainismo donde los animales heridos pueden ser tratados. En el pueblo de Deshnoke, en el templo de Karni Mata, las ratas deambulan libremente mientras los devotos rezan. Los sacerdotes y las ratas del templo comen en los mismos tazones y beben agua en el mismo lugar. Los sacerdotes dicen que las ratas son mensajeras de los dioses y que los sacerdotes del templo, cuando mueran, alcanzarán la liberación al nacer como ratas. Cuando las ratas mueran, renacerán como sacerdotes.

A la luz del Bhagavad-gita (16.1.3) *ahimsã,* o no violencia, significa no obstaculizar la vida progresiva de ningún ser. Los animales también están progresando en su vida evolutiva, transmigrando de una categoría de vida animal a otra. El fundamento más amplio de la idea de ahimsã es que todas las criaturas se identifican entre sí como una forma de una realidad divina y cósmica. En este sentido, Cualquier

---

[4]JAIN, J.C. *Jainismo.* Vida e obra de Mahavira Vardhama. São Paulo: Palas Athena, 1982.

violencia contra cualquier criatura rompe la unidad.

El animal en el budismo.

En el siglo VI a. C., el budismo, basado en las enseñanzas de Siddhartha Gautama, el príncipe hindú que vivió en el siglo VI a. C., y conocido como el Buda, el Iluminado, ya predicaba la compasión y la misericordia para todos los seres vivos. Buda ordenó apreciar en el corazón una benevolencia ilimitada a todo lo que vive. Dijo que practicaba la benevolencia para contribuir a la felicidad de todos los seres.

Los cinco preceptos fundamentales del budismo son: no matar ni lastimar a nadie, no caer en la lujuria, no mentir, no robar y no intoxicarse con bebidas adormecedoras. Buda siempre dijo que uno debe apreciar en el corazón una benevolencia ilimitada hacia todo lo que vive y que todos los seres buscan su propia felicidad. El que maltrata la violencia buscando su propia felicidad no disfrutará después de la muerte. Aquí hay un extracto de los Pitakas, cuando Buda estaba hablando con Kutanga, antes de los brahmanes, cuando preguntó a los ilustrados por qué despreciaba los ritos y sacrificios religiosos:

"El sacrificio de la personalidad vale mucho más que la inmolación de la gente. Cualquiera que sacrifique a los dioses sus deseos malvados y sus pasiones viles comprende la inutilidad de bañar las alas del altar con sangre de animales inocentes que cualquiera puede quitar la vida, pero no puede dar. Todas las criaturas aman la vida y luchan por ella. La vida es un don divino, querido y agradecido a todos, incluso a los más humildes; por lo tanto, debe ser respetado por todo hombre piadoso, porque la piedad hace al hombre tierno con los débiles y noble con los fuertes. El hombre suplica la misericordia de los dioses y no tiene piedad con los animales, por lo cual es como un dios. Todos los seres vivos están unidos por parentesco, y los animales que matas ya te han dado el dulce homenaje de la leche, la lana suave, y han depositado su confianza en las manos de quienes los cortaron. Nadie puede purificar su espíritu con sangre, porque si los dioses son buenos, su sangre no puede ser agradable para ellos, y si son malvados, no es suficiente sobornarlos. Sobre la cabeza inocente de un animal no es posible poner el peso de un solo cabello de los males y errores a los que cada uno debe responder personalmente, porque cada uno debe ser responsable ante sí mismo, de acuerdo con la aritmética inmutable del universo. Distribuye el bien por el bien y el mal por el mal, dándole a cada uno su medida de acuerdo con sus acciones, palabras y pensamientos, y vigilante, preciso e inmutable, hace del futuro el fruto del pasado. la tierra si todos los seres estuvieran unidos por los lazos de benevolencia y se alimentaran solo de alimentos puros sin derramamiento de sangre. Los granos dorados que nacen para todos alimentarían y llenarían el mundo ". [5]

La esencia de las enseñanzas de Buda está escrita en tres libros, llamados *Tripatakas Buddhist Canons,* que fueron escritos por sus discípulos. Los diversos sutras budistas enfatizan la visión cósmica del universo, como lo demuestra el Sutra del Diamante, en el que Buda habla con su discípulo Subhuti:

"Debo guiar a todos los seres vivos, los que nacen de los huevos, los que nacen del útero, los que nacen espontáneamente, los que tienen forma y los que no tienen forma, los que tienen la capacidad de abstraerse y los que no tienen ninguna habilidad. abstraer, y todos los seres vivos imaginables, finalmente, al estado de tranquilidad eterna y sin sufrimiento ". [6]

El animal en el cristianismo

Han pasado dos mil años desde que un hombre llamado Jesús enseñó una ley a la civilización occidental que preveía la protección

---

[5]SING, Chiang. *Mistérios e magias do Tibet.* Rio de Janeiro: Freitas Bastos, p. 169 e 170.
[6]TEXTOS budistas e zen-budistas. São Paulo: Cultrix, 1967.

EDNA CARDOZO DIAS

de madre Tierra y animales. Algunos manuscritos que datan del siglo III dC se encontraron en los archivos secretos del Vaticano en arameo y en los Archivos reales de los Habsburgo en esloveno, que contienen enseñanzas de los esenios. Fueron traducidos y publicados en 1928 por Edmond Bordeux Szekely, titulado El Evangelio esenio de la paz. El autor tiene un doctorado en filosofía en la Universidad de París y obtuvo otros títulos en las universidades de Viena y Leipzig. También fue profesor de filosofía y psicología experimental en la Universidad de Cluj, una de las principales ciudades de Transilvania. El libro habla de la ley que gobierna el jardín comunitario y el deber de proteger a los animales:

"Jesús dijo: 'Honra a tu Padre celestial y a tu Madre terrenal, y obedece sus mandamientos, para que tus días sean largos en la tierra' '. E inmediatamente después se le ordenó:' No matarás, porque la vida es. dado a todos por Dios, y lo que Dios da, ningún hombre puede quitarlo. Porque de cierto os digo que de una Madre procede todo lo que vive sobre la tierra. Por lo tanto, quien mata, mata a su hermano. Y la Madre Terrenal lo dejará y le negará sus senos vivificantes. Y será rechazado por sus ángeles, y Satanás morará en su cuerpo. Y la carne de animales muertos en tu cuerpo se convertirá en tu propia tumba. Porque de cierto os digo que el que mata se mata a sí mismo, y el que come carne de animales muertos come el cuerpo de la muerte. Porque en su sangre cada gota de su sangre se convierte en veneno; Él apestará en su aliento. en su carne hervirá su carne; en sus huesos se blanquearán sus huesos; en sus intestinos sus intestinos se pudrirán; en sus ojos sus ojos se escalarán; En sus oídos, sus orejas se llenarán de cera. Y su muerte será su muerte. Porque solo en el servicio de tu Padre Celestial son perdonadas tus deudas de siete años en siete días. Satanás, sin embargo, no te perdona nada y tendrás que pagarle todo. Ojo por ojo, diente por diente, mano por mano, pie por pie; quemadura por quemadura, herida por herida; vida por vida, muerte por muerte. Porque la paga del pecado es muerte. No mates ni comas el carne de tu inocente presa, para que no te conviertas en esclavo de Satanás. Porque este es el camino del sufrimiento que conduce a la muerte. Pero haz la voluntad de Dios, para que sus ángeles te sirvan en el camino de la vida. Obedece, por lo tanto, las palabras de Dios: Mira, te he dado todas las hierbas productoras de semillas sobre la faz de la tierra, y todos los árboles, en donde es el fruto de un árbol que da semillas; y será tu carne. Y a todas las bestias de la tierra, a todas las aves del aire, y a todo lo que se arrastra sobre la tierra, y donde hay un soplo de vida, doy todas las hierbas verdes para que sean alimento. Y la leche de todas las cosas que se mueven y viven sobre la tierra será para ti alimento; y como les di las hierbas verdes, también te daré la leche. Pero no comerás la carne ni la sangre que da vida. Preguntaré, sin duda, por tu chorro de sangre, la sangre en la que está tu alma; Exigiré cuentas de todos los animales asesinados y de las almas de todos los hombres asesinados. Porque yo, el Señor tu Dios, un Dios fuerte y celoso, visito la iniquidad de los padres que está sobre los hijos hasta la tercera o cuarta generación de los que me odian; y muestro misericordia a miles de personas que me aman y guardan mis mandamientos. Ama al Señor tu Dios con todo tu corazón, con toda tu alma y con todas tus fuerzas: este es el primer y más grande mandamiento. Y el segundo es como él: ama a tu prójimo como a ti mismo. Ningún otro mandamiento es mayor que estos.

Y después de estas palabras, todos se callaron, excepto uno de ellos que gritó: "¿Qué debo hacer, Maestro, si veo un animal feroz destrozar a mi hermano en pedazos en el bosque?" ¿Dejaré que mi hermano perezca o mate a la feroz bestia? ¿No estoy infringiendo así la ley?

Y Jesús respondió: 'Se dijo antes: todas las bestias que se mueven sobre la tierra, todos los peces del mar y todas las aves del aire, se entregan a tu poder. De cierto os digo que de todas las criaturas que viven en la tierra, Dios creó solo al hombre a su propia imagen. Por lo tanto, de animales a hombre, no de hombre a animales, no violarás la ley si matas a un animal feroz para salvar la vida de tu hermano. Porque de cierto os digo que el hombre es más que animal. Pero quien mate a un animal sin razón, aunque el animal no haya atacado, solo por el hecho de matar, o por su carne, o por su piel, o incluso por su presa, estará haciendo algo malo, porque él mismo se ha convertido en un animal. feroz Es por eso que su final será el mismo que el final de los animales feroces. '

Luego otro dijo: 'Moisés, el más grande de Israel, permitió que nuestros antepasados ??comieran carne de animales limpios, y solo prohibió la carne de animales inmundos. Debido a esto, ¿por qué prohíbe la carne de todos los animales? ¿Cuál de las leyes viene de Dios? ¿Moisés o el tuyo?

Y Jesús respondió: 'Dios dio a través de Moisés diez mandamientos a tus antepasados. Estos mandamientos son difíciles, dijeron tus antepasados, y no pudieron cumplirlos. Cuando Moisés se dio cuenta, tenía compasión de su pueblo y no quería que pereciera. [...] Entonces Moisés rompió las dos tablas de piedra en las que estaban escritos los diez mandamientos, y le dio a la gente diez veces diez.

Jesús continuó: 'Dios ordenó a tus mayores, no matarás. 'Pero tenían un corazón endurecido y mataron. Moisés entonces deseó que al menos no mataran a los hombres, y les permitió matar animales. Y los corazones de tus mayores se endurecieron aún más, y mataron a hombres y bestias por igual. Pero yo te digo, no mates hombres, ni bestias, ni la comida que entra en tu boca. Porque si comes comida viva, te dará vida, pero si matas tu comida, la comida muerta también te matará a ti. Porque la vida viene de la vida, y de la muerte solo viene la muerte. Lo que mata tu comida te mata a ti cuerpo también Y todo lo que mata tu cuerpo mata tu alma. Y tu cuerpo se convierte en lo que es tu comida, así como tu espíritu se convierte en lo que son tus pensamientos. "[7]

El Evangelio esenio de la paz, aunque no fue adoptado por la Iglesia Católica Apostólica Romana, permanece almacenado en la biblioteca del Vaticano. Es un testimonio de que en aquel entonces la protección del medio ambiente y los animales era parte de las reglas morales. En la introducción del libro, Edmond Szekely explica que la existencia de ambas versiones de este evangelio se debe a los sacerdotes nestorianos, quienes, bajo la presión de las hordas de Genghis Khan, se vieron obligados a huir de Oriente a Occidente, llevando consigo todas las escrituras antiguas. y todos los íconos.

Los antiguos textos arameos datan del siglo III dC, mientras que la antigua versión eslovena es una traducción de estos textos. Los arqueólogos aún no han podido reconstruir la manera exacta en que los textos salieron de Palestina a manos de sacerdotes nestorianos en el interior de Asia.[8]

El animal en el islam

Alrededor de los años 500, el Islam, basado en el libro sagrado Corán dictado por Mohammed Muhammad, también habló de la protección de los animales. Los árabes dicen que el Arcángel Gabriel se le apareció a Muhammad en sueños y le dijo que era un enviado de Dios. Llegó a vivir en meditación y oración, y se convenció de que era un predestinado para hacer justicia a los hombres. Mahoma comenzó a recibir revelaciones que fueron llamadas en recitaciones árabes, o quram. En total se llamaron Al Quran y de ahí el nombre de Quran o Quran. Comprende un total de 114 surates, con 6262 versos. El Corán se ha convertido en el punto de referencia común del pensamiento islámico. Contiene los siguientes preceptos de protección animal:

---

[7] SZEKELY, Edmond Bordeaux. *O evangelho essênio da paz.* São Paulo: Pensamento, 1981, p.40-43, excertos do prefácio.

[8] SZEKELY, Edmond Bordeaux. *Op. cit.*, p 13.

"Sus compañeros le preguntaron al gran profeta Mahoma si la bondad hacia los animales sería recompensada en la vida posterior. Él respondió: Sí, hay una recompensa meritoria por la amabilidad con cada criatura viviente (Bukari) ".

Estado animal - Corán 6:38: "No hay ningún animal en la tierra, ni un pájaro que vuele con sus alas, pero son comunidades como tú".

Santidad de la vida - Corán 6: 152 y 17: 3: (Al-Tormidhi y Al-Nasai) - El Santo Profeta dijo: el que mata incluso a un gorrión o un ser menor sin una razón justificable será responsable ante Allah: 'cuando Cuando se le preguntó cuál sería una razón justificable, respondió: "derribar – comida – no matar y descartar el cadáver".

Tratamiento general – Santo El Santo Profeta le dijo a una prostituta que en un caluroso día de verano, vio a un perro sediento merodeando por un pozo de agua con la lengua fuera. Se inclinó, tomó agua del pozo y le dio de beber al perro. Allah ha perdonado todos sus pecados por este acto de caridad (musulmán). '

'El Santo Profeta relató la visión en la que vio a una mujer siendo castigada después de la muerte porque confinó a un gato durante su vida en la tierra sin darle comida ni agua, o incluso dejándolo libre para ir a buscar comida (musulmán) .

Lesiones físicas – Santo El Santo Profeta prohibió la golpiza de los animales, así como marcarlos. Una vez vio un caballo marcado en su rostro y dijo: Que Allah condene al que marcó al animal.

Bestias de carga - 'El Santo Profeta pasó un camello que estaba tan pálido que su espalda estaba casi en el útero, y dijo: Teme a Dios en este animal: súbalo con buena salud y libéralo del trabajo mientras no lo esté. en buena salud (Abu Dawud). '

Cautiverio - 'El santo Profeta dijo: Es un gran pecado

para que el hombre aprisione a los animales en su poder.

Vivisección – 'Hay muchas leyes islámicas que prohíben los experimentos (Al muthla) en un animal vivo. Ibn Umar dijo que el santo profeta condenó a quienes mutilaron cualquier parte del cuerpo de un animal mientras estaba vivo (Almad y otras autoridades).[9]

El alma animal y el espiritismo

Aunque el intento de comunicarse con los muertos se remonta a la antigüedad, fue Allan Kardec quien formuló los principios esenciales de la doctrina científica espiritista. Su nombre de nacimiento y Leon Hippolyte Denizar Rivail, nacido en Lyon en 1804, poseedor de una vasta cultura, era profesor y pedagogo. Se convirtió en el jefe doctrinal de una ciencia dictada por espíritus, y cuyas enseñanzas publicó en 1857 en el "Libro de los espíritus", que firmó con el nombre de Allan Kardec. Escribió otros libros, como el "Libro de los médiums" y el "Evangelio según el espiritismo".

El espiritismo cree en la ley del karma y la evolución gradual del espíritu. Él se define en su evangelio como "una nueva ciencia que viene a revelar a los hombres, mediante pruebas innegables, la existencia y la naturaleza del mundo espiritual y sus relaciones con el mundo corporal".[10] Según Kardec, el espiritualismo nos ofrece la posibilidad. para comunicarse con los muertos, quienes a través de los medios imparten conocimiento a los vivos.

En el libro de los espíritus, Kardec dice que hay tres reinos: minerales, plantas, animales y hombres. Confirma que los animales, además de los instintos, poseen inteligencia de la vida material y su propio lenguaje. Kardec afirma que el animal sobrevive al cuerpo, aunque su alma es diferente del alma del hombre, conservando su

---

[9] Fragmentos do Alcorão selecionados por Al-Hafiz B. A-Masri. The (Sunni) ex-Iman-Sha Jehan Mosque, Woking, Surrey, England. Datil, inédito.
[10] KARDEK, Allan. O evangelho segundo o espiritismo. Livraria Allan Kardec Editora. São Paulo, pg 3.

EDNA CARDOZO DIAS

individualidad, pero sin autoconciencia. Muerto el animal, su alma está en una especie de irregularidad, luego se clasifica por las fuerzas de las cosas y es por eso que para él no hay expiación (no está sujeto a la ley del Karma). Para Kardec, sin embargo, el espíritu no retroactúa y el hombre no puede reencarnarse en un cuerpo animal.[11]

Vasta es la literatura que describe los poderes telepáticos y premonitorios de los animales y su apariencia después de la muerte. En tu libro *¿Los animales tienen almas?* Ernesto Bozzano informa 130 casos de revistas y libros científicos de estudios metafísicos y psíquicos de materialización animal, visión post mortem, alucinaciones telepáticas percibidas colectivamente por animales y hombres, numerosas apariciones de animales en forma simbólica y premonitoria, y fenómenos supranormales. con animales

En los fenómenos telepáticos, los animales no solo parecen desempeñar el papel de perceptores, sino también de agentes. Esto nos lleva a concluir que existe una subconsciencia animal, el depositario de las mismas facultades supranormales que la subconsciencia humana.

Las apariencias de las formas animales generalmente se identifican con las de los animales que vivieron y murieron en la localidad, y a menudo los precipitadores no sabían que estos animales, vistos en esas ocasiones, habían existido alguna vez.

Bozzano concluye que la vida tal como se manifiesta en un animal no es más que la expresión externa de un espíritu que se encarna en él en potencia, e idéntico en esencia al espíritu manifestado en las razas humanas más bajas, pasadas o contemporáneas, así como en las razas más civilizadas de hoy.

Hay varios libros que informan sobre apariciones de animales en sesiones espiritistas en las que sus dueños estaban presentes o aparecen en compañía del dueño muerto. También se habla de la aparición del alma de los animales en las fotos. Muchos videntes describen visiones que han tenido en el plano espiritual donde los animales van después de la incorpórea. En

---

[11] KARDEC. Allan, op., cit, pg. 255 a 264.

visiones, logradas en retoños (que salen del cuerpo físico), los animales domésticos se ven en el campo (vacas, bueyes, ovejas, caballos, burros, tigres, leones, jaguares, jirafas, dromedarios, camellos y pájaros) que viven en paz y armonía. no solo entre ellos, sino con otras entidades espirituales.

Si la visión de las almas humanas es una buena demostración a favor de la supervivencia humana, solo puede ser una buena demostración de la supervivencia animal.

"En su libro" El Génesis "en el capítulo" Destrucción de seres vivos el uno para el otro ", Kardec afirma que" esta lucha se libra para anular la satisfacción material - la alimentación ". En el hombre, la necesidad material y el sentimiento moral están contrarrestados, y luego lucha no por alimento sino por la satisfacción de su orgullo, su ambición y necesidad de dominar, y luego lo destruye. Pero cuando prevalece el sentido moral, pierde la necesidad de destruir y el hombre pasa a luchar solo intelectualmente, contra las dificultades y ya no contra otros seres ". [12]

5.2 PRIMERAS LEGISLACIONES QUE VINIERON PARA PROTEGER A LOS ANIMALES

El progreso intelectual desarrollado durante el siglo XVIII dio como resultado la aparición de algunas leyes protectoras de los animales en el siglo XIX. Fue de Gran Bretaña que salieron las primeras leyes a tal efecto.

El primer proyecto de ley que surgió fue para evitar las peleas entre toros y perros, presentado en la Cámara de los Comunes en 1800. George Canning, Ministro de Relaciones Exteriores, lo consideró absurdo y fue rechazada por el hecho de que tendría que ser prohibida. luego el boxeo.[13] El tema merecía un editorial en The Times, que condenaba la intrusión de la ley en los derechos de propiedad y la forma en que las personas tenían su tiempo.

---

[12] KARDEC, Allan. Op. Cit. pg. 67 e 68.
[13] SINGER, Peter. *Liberation animal*. México: Cuzamil, 1985, p. 318.

En 1821, Richard Martin hizo un proyecto de ley para evitar el maltrato de caballos. Esta proposición fue igualmente rechazada.

Solo en 1822 Martin triunfó con la aprobación de la primera ley de protección animal. Prohibía a cualquiera maltratar al animal propiedad de otra persona. Por primera vez, la crueldad hacia los animales se convirtió en un delito punible.

Como principales interesados, los animales no podían postular en los tribunales, la ley no se estaba cumpliendo. La primera sociedad de protección animal, la *Royal Society for the Prevention of Cruelty to Animals,* fue fundada en Inglaterra bajo los auspicios de la reina Victoria. Surgió para postular en la ley el cumplimiento de la ley.

Pero fue principalmente en el siglo XX cuando el término sujeto de derecho amplió su alcance y los países aprobaron leyes de protección animal sucesivas.

El peregrino, el esclavo, el sirviente, el bastardo, el ciudadano, todos se convirtieron en sujetos de derechos. La ley hace que la distinción entre negros y blancos desaparezca. La mujer se emancipó. Los niños fueron protegidos.

Es natural, entonces, que el mismo hombre que simpatiza con sus semejantes haya simpatizado con el sufrimiento de los animales y haya aprobado leyes para su defensa.

Desde finales del siglo pasado, y especialmente a principios de este siglo, la legislación de varios países ha llegado a incluir la protección de los animales. Las primeras referencias al tema, que no dejaron de evolucionar, fueron:

● República Libanesa (bajo mandato francés) – Decreto del 2 de marzo de 1925, que regula la protección de los animales.

● Italia – Ley del 12 de junio de 1913: la regulación de la protección animal confirma y extiende las disposiciones del Código Penal, que prevé la crueldad, el exceso de trabajo, la tortura, los experimentos científicos, los animales de carga, la caza de aves migratorias y el maltrato.

● Bélgica – Ley del 2 de marzo de 1929: que trata sobre la crueldad, los malos tratos, los pájaros cantores ciegos, el trabajo doloroso y superior, la lucha contra los animales, la vivisección.

Código Penal belga – arts. 557, § 6, que prevé la matanza y el daño malicioso de animales:
– "Real Decreto de 28 de junio de 1929, que prevé el transporte y el sacrificio de animales.
– "Real Decreto del 25 de octubre de 1929, que trata de las aves insectívoras".
– "Real Decreto de 20 de noviembre de 1931, que prevé el transporte de caballos por ferrocarril.

● Luxemburgo – Código Penal, arts. 538 a 541 y 557 a 561, que se ocupa de la intoxicación animal y la contaminación del río, matanza de animales, conductores de vehículos, crueldad, maltrato, peleas de animales, espectáculos crueles.

● España – Real Orden de 26 de diciembre de 1925, que considera que en todos los países civilizados se deben hacer esfuerzos para tratar bien a los animales:

● Portugal: el Decreto de 16 de septiembre de 1886, que se incorporó al Código Penal, sobre envenenamiento, animales de carga, animales consumibles, matar y herir animales.
- Decreto 5.864, de 12 de junio de 1919, que se refiere al trabajo excesivo.

● Argentina – Desde 1891, Ley 2.786 del 3 de agosto, que protege a los animales.

● Inglaterra – Desde 1809, Lord Erskine ha intentado con el Parlamento obtener justicia a favor de los animales, pero fue en 1822 cuando Richard Martin obtuvo el primer acto a favor de los animales.

Los primeros actos en Inglaterra fueron 1849 (animales domésticos), 1854 (perros), 1876 (vivisección), 1906 (prohibiendo el uso de perros y gatos para experimentos científicos), 1921 (tiro de palomas), ley 1925 (encarcelamiento de pájaro en jaulas insuficientes).

●Alemania – La primera ley, el 26 de mayo de 1926, castiga con prisión y multa a quienes trataron al animal cruelmente.

●Austria – el castigo para quienes maltratan animales en público data de 1855.

Hungría – La Ley Fundamental XI de 1879, en § 86, castiga con prisión y multa a cualquiera que haya sometido a animales a maltrato.

● Suecia – Desde 1988 ha estado a la vanguardia de la protección animal con *la Ley de Protección Animal* del 2 de julio. La ley sueca se ocupa del bienestar de los animales de consumo, además de los animales de compañía, los animales utilizados para correr y exhibir, y los animales con fines científicos.

Este logro se debe principalmente a la escritora infantil Astrid Lindgren, quien publicó una serie de alegorías satíricas que revelan la difícil situación de los animales de granja. En una historia, Dios visita la tierra después de una ausencia prolongada y está profundamente decepcionado por lo que ve.

Con la nueva Ley, las bandadas tienen derecho a pastar, las gallinas no reciben hormonas ni drogas, y los criadores tienen 10 años para liberarlos de las cárceles. Los asesinatos deben ser humanitarios. De todos modos, es una de las mejores leyes sobre animales del mundo.

● Suiza – algunos cantones han estado castigando el abuso de animales desde finales del siglo pasado.

Hoy, la Ley Federal del 9 de marzo de 1978 es una de las más avanzadas del planeta. Se ocupa de los experimentos científicos con animales, el sistema de alojamiento de animales, la detención de animales. comercio, transporte de animales, transporte de animales y sacrificio.

Las disposiciones penales se refieren al maltrato animal, el abandono, la matanza cruel, la promoción de peleas de animales y la realización de experimentos dolorosos, que son crímenes punibles con prisión y una multa. Los procedimientos penales y los juicios son responsabilidad de los cantones. Esta Ley fue regulada por el decreto del 27 de mayo de 1981.

● Francia – se puede citar la Ley Grammont del 2 de julio de 1850 y el Código Penal de 1791, que caracterizan como delito el envenenamiento de animales pertenecientes a terceros y los ataques contra bestias y perros guardianes en el territorio de otro. Actualmente, Francia reconoce a los animales como seres vivos sensibles.

Desde entonces, la legislación de protección animal ha seguido evolucionando y mejorando cada planeta.

5.3 CRUELIDAD CONTRA LOS ANIMALES EN LA LEGISLACIÓN BRASILEÑA

La primera legislación brasileña con respecto a la crueldad hacia los animales fue el Decreto 16.590 de 1924, que regulaba las Casas de Diversión Pública. Prohibió la carrera de toros, garras y toros, gallos y canarios, entre otras diversiones que causaron sufrimiento a los animales.

El 10 de julio de 1934, inspirado por el entonces Ministro de Agricultura, Juárez Távora, el Presidente Getúlio Vargas, jefe del Gobierno Provisional, promulgó el Decreto Federal 24.645, que estableció medidas de protección animal. Tenía fuerza de ley, ya que el Gobierno Central se llamaba a sí mismo la actividad legible. El 3 de octubre de 1941, el Decreto Ley 3688, Ley de Delitos Penales (LCP), que, en su art. 64, prohibido la crueldad hacia los animales. En ese momento, surgió una controversia sobre si el PCL revocó o no el decreto de Getúlio. La jurisprudencia ha sido firmemente que "en resumen, los preceptos contenidos en el art. 64 comprenden casi todas las modalidades de crueldad animal contenidas en el art. 3 del Decreto 24.645 / 34. "

Con la marcha ascendente de la cultura y el progreso en Brasil, y la protección de los animales vinculada a varios ministerios, se hicieron necesarias nuevas leyes, como el Código de Pesca (Ley 221, 28 de febrero de 1967), Ley de Protección de Fauna (Ley 5,197 de 3 de enero de 1967, según enmendada y Ley 7,653 de 12 de febrero de 1988), Ley de Vivisección (Ley N ° 11,794 de 8 de octubre de 2008), Ley de Zoológicos (Ley 7,173 de 14 Ley de Cetáceos (Ley 7.643 de 18 de diciembre de 1987), Ley de Inspección de Productos de Origen Animal (Ley 7.889 de 23 de noviembre de 1989), Ley de Delitos Ambientales (Ley 9.605 de 12 de febrero de 1998).

En el ámbito penal, la ley no hace distinción entre la vida silvestre, exótica o doméstica, al establecer su alcance de protección:

La ley no. 9.605, del 12 de febrero de 1998,[14] subdividieron los delitos ambientales en cinco secciones, a saber: delitos contra la fauna (arts. 29-37); delitos contra la flora (arts. 38 a 53); contaminación y otros delitos (arts. 54-61); delitos contra la planificación urbana y el patrimonio cultural (arts. 62-65); y delitos contra la Administración del Medio Ambiente (arts. 66-69).

El sujeto activo de los delitos penales ambientales puede ser cualquier persona física o jurídica. El contribuyente es actualmente todo colectivo, después de que el Tribunal Superior de Justicia haya cancelado el precedente no. 91 / 93.[15]

---

[14] BRASIL. *Lei n. 9.605, de 12 de fevereiro de 1998*. Dispõe sobre as sanções penais e administrativas derivadas de condutas e atividades lesivas ao meio ambiente, e dá outras providências. Disponível em: <http://www.planalto.gov.br/ ccivil_03/leis/l9605.htm>. Acesso em: 28 jun. 2013.

[15] BRASIL. Superior Tribunal de Justiça. *Súmula n. 91, de 21/10/1993*. Compete à Justiça Federal processar e julgar os crimes praticados contra a fauna. DJ 26.10.1993 - Cancelada em 08/11/2000. Disponível em: <http://www.dji.com.br/ normas_inferiores/regimento_interno_e_sumula_stj/stj___0091a0120.htm>. Acesso em: 28 jun. 2013.

La acción penal es una iniciativa exclusiva del Ministerio Público, ya que es un delito de acción penal pública.[16]

Las principales referencias a la fauna en la Ley no. 9,605 / 98 están en los siguientes artículos:

- Aplicación de penalización agravante

Art. 15: Son circunstancias que agravan la pena, cuando no constituyen o califican el delito:

[...]

m) usar métodos crueles para sacrificar y capturar animales.

---

[16] No Conflito de Competência 114.798/RJ, o Superior Tribunal de Justiça assim decidiu em relação à competência para crime contra a fauna. Eis o voto da Rel. a Min. Maria Thereza de Assis Moura: Primeiramente, conheço do conflito, eis que nos termos do art. 105, I, "d", da Constituição Federal, compete ao Superior Tribunal de Justiça julgar, originariamente, os conflitos de competência entre juízes vinculados a tribunais diversos, como ocorre no caso em questão. O presente conflito versa sobre a competência para processar e julgar o crime tipificado no art. 29, § 1º, III, da Lei nº 9.605/98, em razão da apreensão, na casa do autor do fato, de um espécime da fauna silvestre (oryzoborus angolensis , nome vulgar: curió). O Juízo de Direito do Primeiro Juizado Especial de Nova Iguaçu/RJ determinou o encaminhamento dos autos ao Juizado Especial Federal com fulcro no disposto no enunciado nº 91 da Súmula desta Corte. No entanto, mister destacar que, conforme decisões reiteradas da Terceira Seção desta Corte, o mencionado enunciado, editado com base na Lei 5.197/67, foi cancelada com a entrada em vigor da Lei nº 9.605/98. [...]Afastado o disposto no citado enunciado, resta definir, à luz do caso concreto, a competência para processamento e julgamento do feito em questão. [...] Diante do exposto, conheço do conflito para declarar competente o Juízo do Primeiro Juizado Especial Criminal da Comarca de Nova Iguaçu/RJ, ora suscitado. (BRASIL. Superior Tribunal de Justiça. *Conflito de Competência 114.798/RJ.* Suste: Juízo Federal do Primeiro Juizado Especial de Nova Iguaçu - SJ/RJ. Susdo: Juízo de Direito do Primeiro Juizado Especial Criminal de Nova Iguaçu – RJ. Rel. Min. Maria Thereza de Assis Moura. J. 14.03.2001. Disponível em: <https://ww2.stj.jus.br/revistaeletronica/Abre_Documento.asp? sLink=ATC&sSeq=14442727&sReg=201002032280&sData=20110321&sTipo=91&formato=PDF>. Acesso em: 26 jun. 2013.)

n Delitos contra la vida silvestre

Art. 29: Matar, acechar, cazar, atrapar, usar especímenes nativos o migratorios de vida silvestre, sin el permiso, licencia o autorización de la autoridad competente, o en desacuerdo con lo obtenido.

Pena: detención de seis meses a un año, y multa.

Párrafo 1: Incurre las mismas sanciones:

I – quien impide la cría de la fauna, sin licencia, autorización o en desacuerdo con lo obtenido:

II – quién modifica, daña o destruye el nido, el refugio o la cría natural;

III – quien vende, exhibe para la venta, exporta o adquiere, mantiene, tiene cautivos o depósitos, usa o transporta huevos, larvas o especímenes de vida silvestre, ruta nativa o migratoria, así como productos y objetos derivados de ellos, de la cría. sin autorización o sin el permiso, licencia o autorización de la autoridad competente.

Párrafo 2. En el caso de una guardia doméstica de especies silvestres no consideradas en peligro, el Juez puede, considerando las circunstancias, no aplicar la sanción.

Párrafo 3 – Los especímenes de fauna silvestre son todos los que pertenecen a especies nativas, migratorias y de cualquier otra especie, acuáticas o terrestres, que tienen todo o parte de su ciclo de vida dentro de los límites del territorio brasileño o las aguas jurisdiccionales brasileñas.

n aumento de la pena

§ 4: La pena aumenta a la mitad, si se comete el delito:

I – contra especies raras o consideradas amenazadas de extinción, incluso solo en el lugar de la infracción;

II – en un período prohibido a la caza;

III – de noche;

IV – con abuso de licencia;

V – en la unidad de conservación;

VI – empleando métodos o instrumentos capaces de causar destrucción masiva.

§ 5. La pena se aumenta a tres veces si el delito es el resultado de la caza profesional.

§ 6: Las disposiciones de este artículo no se aplicarán a los actos de pesca.

A juicio de Passos de Freitas, § 2 del art. 29 de la Ley no. 9.605 / 98, ha dado lugar a una cierta liberalidad de la jurisprudencia con la guardia nacional:

> El apartado 2 del art. 29 de la Ley 9.605 / 98 está directamente relacionada con el caput. Admite, en caso de custodia doméstica del espécimen (la ley usa erróneamente la palabra especie) salvaje, no se considera en peligro que el juez ya no aplique la pena. La legislatura buscó resolver el viejo problema: el de miles de animales, especialmente pájaros, que se usan en los hogares como mascotas.[17]

En opinión de Luiz Régis Prado:

> Las expresiones "sin el debido permiso, licencia o autorización de la autoridad competente" y "en desacuerdo con lo obtenido" constituyen elementos normativos del tipo, en relación con la ausencia de una causa de exclusión de ilegalidad que, en la actualidad, legalice la conducta[18].

---

[17] FREITAS, Vladimir Passos de; FREITAS, Gilberto Passos de. *Crimes contra a natureza*: de acordo com a Lei 9.605/98. São Paulo: Revista dos Tribunais, 2006. p. 99.

[18] PRADO, Luiz Régis. *Direito Penal do ambiente*. São Paulo: Revista dos Tribunais, 2005. p. 231.

La Policía Ambiental solo puede acusar al delincuente si tiene una delegación de poder de la agencia ambiental; de lo contrario, solo puede emitir el Informe Policial (BO). Cuando tiene una delegación de poder, prepara el Aviso de Infracción (AI), impone la multa correspondiente y, según sea el caso, puede dejar al dueño como fiel depositario del animal, dada la dificultad de un lugar para albergar al animal incautado o proceder a la liberación.

Los adoctrinadores ambientales Passos de Freitas nos dicen que:

> No es raro que el agente sea atrapado practicando la caza de armas de fuego sin tener la autorización necesaria. En este caso, además del delito ambiental, el infractor incurre en las sanciones del art. 14 de la Ley 10.826, de fecha 12.22.2003, es decir, posesión ilegal de un arma de fuego, un delito que no se puede garantizar. [19]

Con respecto a la incidencia de la causa del aumento, decisión del Tribunal Regional Federal de la 4ta Región:

> Pena DELITO CONTRA LA FAUNA. ARTE 29 DE LA LEY 9.605 / 98. CAZA DE VIDA SILVESTRE. Ratas de batalla. Prueba completa. AUTORIDAD DEMOSTRADA. MAYOR Párrafo 5 ACTIVIDAD PROFESIONAL BENEFICIO SOLO. SENTENCIA CONDENATORIA TOTALMENTE MANTENIDA.
> 1. La evidencia mostrada mostró que los acusados promovieron la caza de depredadores cuando fueron atrapados por el control ambiental en posesión de 36 cadáveres de ratones chapados, 96 pieles extraídas de animales, municiones de calibre 22 y 14 trampas. 2. Sin duda

---

[19] FREITAS, Vladimir Passos de; FREITAS, Gilberto Passos de. *Crimes contra a natureza*: de acordo com a Lei 9.605/98. São Paulo: Revista dos Tribunais, 2006. p. 97.

con respecto a la ofensa, teniendo en cuenta la abundante evidencia documental y testimonial. 3. Restantes evidenciaron que la actividad tenía como objetivo obtener ganancias financieras, corregir la incidencia de la causa del aumento previsto en el § 5 del art. 29 de la Ley 9.605 / 98. 4. Apelación carente.

- Exportación e introducción de animales.

Art. 30: Exportación de pieles y pieles de anfibios y reptiles, sin el permiso de la autoridad ambiental competente:

Pena: prisión, de uno a tres años, y multa.

Artículo 31: Introducir muestras de animales en el país, sin opinión técnica favorable y licencia emitida por la autoridad competente.

Pena: prisión de tres meses a un año, y multa.[21]

El término "crudo" significa pieles y pieles que aún no han sido fabricadas por la industria. Luiz Régis Prado enseña que este delito "prevalece sobre el delito previsto en el artículo 334 del Código Penal, debido a su especificidad".[22]

La introducción en el país significa la introducción dentro de la jurisdicción nacional, ya sea en la superficie terrestre, como las aguas territoriales y

---

[20] BRASIL. Tribunal Regional Federal da 4ª Região. *Apelação Criminal 2003.04.01.030669-0/RS.* Apte: Antonio Renato Martins Costa. Apdo: Ministério Público Federal. Rel. Élcio Pinheiro de Castro. DJU 12.11.2003, p. 606. Disponível em: <http://www2.trf4.jus.br/trf4 controlador.php?acao= consulta_processual_resultado_pesquisa&txtValor=200304010306690&sel Origem=TRF&chkMostrarBaixados=&todasfases=S&selForma=NU&todaspartes= &hdnRefId= a3649b0c95657ea707fe622614745c1d&txtPalavraGerada =hzwd&txtChave=>. Acesso em: 26 jun. 2013.
[21] BRASIL. *Lei n. 9.605, de 12 de fevereiro de 1998.* Dispõe sobre as sanções penais e administrativas derivadas de condutas e atividades lesivas ao meio ambiente, e dá outras providências. Disponível em: <http://www.planalto.gov.br/ ccivil_03/leis/l9605.htm>. Acesso em: 28 jun. 2013.
[22] PRADO, Luiz Régis. *Direito Penal do ambiente.* São Paulo: Revista dos Tribunais, 2005. p. 243.

el espacio por aire, en bote o en avión.

Los maltratos

La primera legislación de protección animal, ya mencionó el Decreto no. 24.645 / 34, definió 31 figuras típicas de abuso en su art. 3ro La Ley de Delitos Penales, en su art. 64 (derogado), habla de crueldad y trabajo excesivo sin, sin embargo, definirlos. Decreto no. 6.514 / 08, que regulaba la *Ley de Delitos Ambientales* (Ley No. 9.605 / 08), no definió abuso o abuso. Por esta razón, defiendo la idea de que el Decreto no. 24.645 / 34 ha sido derogado solo en parte, y debemos buscar en su art. 3° estas definiciones. Aunque el sitio web de Planalto informa que este decreto está derogado, no estoy de acuerdo con esa derogación porque la ley (decreto con fuerza de ley) no puede ser derogada por decreto (esto ocurrió en la era de Collor - ver nota al pie de página) .23

En el ámbito penal, la Ley no distingue entre vida silvestre, exótica o doméstica, cuando establece su alcance de protección, cuando habla de crueldad. Esto se expresó en la ley.

---

[23] Inicialmente, os atentados contra os animais eram tipificados como contravenção penal, e, geralmente, ficavam impunes, protegidos que estavam pelo Decreto 24.645/34 e pelo art. 64 da LCP.

O Decreto 24.645/34, único diploma legal regulamentador da crueldade contra os animais, sempre teve existência polêmica e nunca teve a força necessária para coibir os delitos. Inicialmente, era alegada a sua revogação pelo art. 64 da LCP, tese rechaçada pela doutrina. Posteriormente, foi revogado pelo ex-Presidente Collor, no infeliz Decreto 11, de 18 de janeiro de 1991. Apesar de esse decreto ter sido revogado pelo Decreto 761, em 19 de fevereiro de 1993, o § 3°, do art. 2°, do Código Civil suscita dúvidas sobre a sua vigência. Apesar de entendermos que o mesmo argumento que levou a jurisprudência e a doutrina a concluírem que o art. 64 da LCP não revogou o decreto 24.645/34, uma vez que uma lei não pode ser revogada por um decreto, tornou-se cada vez mais urgente um novo diploma, cuja vigência fosse pacífica e que estabelecesse penas mais eficazes. Hoje temos a lei 9.605/98.

Quando, por fim, o Congresso Nacional aprovou a Lei de Crimes Ambientais — Lei 9.605, de 12 de fevereiro de 1998 —, acolheu-se a proteção indistinta dos animais, em seu art. 32, além de manter a proteção dos animais silvestres.

Art. 32. Practicar acto de maltrato, maltrato, herir o mutilar animales salvajes, domésticos o domesticados, autóctonos o exóticos: Pena - detención, de tres meses a un año, y multa.

§ 1 Se aplicarán las mismas penas a quien realice un experimento doloroso o cruel con un animal vivo, aunque sea con fines educativos o científicos, cuando existan recursos alternativos.

§ 1-A Cuando se trate de perro o gato, la sanción por la conducta descrita en el caput de este artículo será pena privativa de libertad, de 2 (dos) a 5 (cinco) años, multa y prohibición de custodia. (Incluida por la Ley N ° 14.064 , 2020)

§ 2 La pena se incrementa de un sexto a un tercio si el animal muere[24].

El 8 de octubre de 2008, la ley sobre el uso de animales en experimentos, la Ley no. 11.794, que regula el VII del § 1 del art. 225 de la Constitución Federal, que establece procedimientos para el uso científico de los animales y deroga la Ley no. 6.638, del 8 de mayo de 1979. La cría y el uso de animales en actividades de enseñanza e investigación científica en todo el territorio nacional deben cumplir con los criterios establecidos en esta Ley.

De acuerdo con la Ley no. 11.794 / 08, las actividades de investigación científica son aquellas relacionadas con la ciencia básica, la ciencia aplicada, el desarrollo tecnológico, la producción y el control de calidad de medicamentos, medicamentos, alimentos, inmunobiológicos, instrumentos o cualquier otro que se pruebe en animales, como se define en la regulación. propio Por lo tanto, para iniciar una acción criminal en el caso de experimentos con animales, es necesario describir el experimento realizado y demostrar la existencia de métodos alternativos correspondientes.

En una decisión pionera, en Public Civil Action no. 5009684-86.2013.404.7200 / SC, presentada por el Animal Abolitionist Institute, representado por la abogada Danielle Tetu Rodrigues, de la

---

[24]BRASIL. *Ley 9605 de 1998. Consultado el 20 de diciembre de 2020.* Establece sanciones penales y administrativas derivadas de conductas y actividades nocivas para el medio ambiente y otras medidas. Disponible en: <http://www.planalto.gov.br/ccivil_03/leis/l9605.htm>. Consultado en: 28 de junio. 2013.

Universidad de Federal de Santa Catarina (UFSC) no podrá usar animales en clases prácticas del curso médico, bajo la multa de $ 100,000 de multa por mal uso de animales. La decisión la toma el juez Marcelo Krás Borges, del Tribunal Federal de Medio Ambiente de Florianópolis. El juez dictaminó que UFSC no puede reclamar la falta de recursos para adquirir y emplear medios alternativos.

Según el juez Krás Borges, "el principio de la reserva de lo posible solo se puede aplicar cuando hay un activo legal para preservar" (fallo emitido el 27/05/2013). Para él "en este caso, la universidad está ahorrando sus recursos para, a su vez, dar un trato cruel a los animales, usándolos en experimentos científicos o terapéuticos". El juez también citó la jurisprudencia sobre peleas de gallos y espectáculos de circo con animales.

En su defensa, la UFSC afirmó que reemplazaría a los animales con otros equipos, pero que dependería de una asignación presupuestaria. En la apelación interlocutoria presentada por la Universidad en el Tribunal Regional Federal de la 4ta Región (TRF4), en Porto Alegre, Rel. Fed. Vivian Josete Pantaleão Caminha decidió que:

> Por lo tanto, atento a las normas presupuestarias, pero sensible a la necesidad de promover la protección de la vida silvestre, **en sus aspectos más amplios, mantengo la determinación de que el uso de animales vivos sea reemplazado por métodos alternativos en clases prácticas y pedagógicas en el Curso de Medicina. , pero defino el período de 90 (noventa) días para cumplir con**

---

[25] SANTA CATARINA. Justiça Federal do Estado de Santa Catarina. Vara Ambiental Federal de Florianópolis. *Ação Civil Pública 5009684-86.2013.404.7200/SC*. Autor: Instituto Abolicionista Animal. Réu: Universidade Federal de Santa Catarina – UFSC. Juiz Federal Marcelo Krás Borges. D. 27.05.2013. Disponível em: <https://eproc.jfsc.jus.br/eprocV2/controlador.php?acao=acessar_documento_publico&doc=72136968947092316024 0000000001&evento=7213696894709231602400000000001&key=899e7e741429 d9ff52b7f88c924b3e14a18d81bfe188f049444072e609432656>. Acesso em: 26 jun. 2013.

la orden judicial, después de lo cual se centrará multa de R $ 5,000.00 (cinco mil reales) por cada animal utilizado indebidamente, ya que la cantidad previamente arbitrada fue excesiva. (énfasis en el original).[26]

Otra ocurrencia que se está volviendo común en las universidades es exigir el derecho de objeción de conciencia para liberarse de los experimentos con animales en varios cursos que los practican. La objeción de conciencia es el derecho de uno a no cumplir obligaciones o realizar actos que entren en conflicto con la conciencia.

La primera demanda presentada por objeción de conciencia (Acción ordinaria No. 2007.71.00.0198820) fue presentada por un estudiante de biología de la Universidad Federal de Rio Grande do Sul. Esta fue la decisión, en apelación. Tribunal Regional Federal de la 4ta Región:

RESUMEN: CURSO DE CIENCIAS BIOLÓGICAS. PARTICIPACIÓN EN CLASES PRÁCTICAS CON USO DE ANIMALES. Objeción de conciencia.

No es razonable que, en el curso de ciencias biológicas, la Universidad dé un tratamiento diferenciado a los académicos que tienen objeciones de conciencia en el curso en el que están inscritos, y que adapten el plan de estudios de acuerdo con las convicciones personales de los estudiantes, de lo contrario, la institución de enseñanza, especialmente cuando no hay noticias de abuso del uso de animales para uso

---

[26] SANTA CATARINA. Tribunal Regional Federal da 4ª Região. *Agravo de Instrumento* 5012997-24.2013.404.0000. Agte: Universidade Federal do Rio Grande do Sul (UFRS). Agdo: Instituto Abolicionista Animal. Rel. Des. Fed. Vivian Josete Pantaleão Caminha. D. 21.06.2013. Disponível em: <https://eproc.trf4.jus.br/eproc2trf4/controlador.php?acao=acessar_documento_publico&doc=41372263488859941110000000358&evento=4137226348885994 1110000000202&key=4f6f36050b30621160e45d0f5d151e7c3985b1f500d94943 dee02c0c81fc742a >. Acesso em: 27 jun. 2013.

académico, solo y solo la obligación legal de la enseñanza competente, la investigación y la formación de graduados profesionales de clases universitarias de renombre como el solicitante.27

La jurisprudencia más famosa sobre crueldad no se dio en la corte penal. Entre los que se han vuelto históricos están los fallos del Tribunal Supremo (STF) sobre las peleas de gallos y las corridas de toros:

Pelea de gallos
RESUMEN: ACCIÓN INCONSTITUCIONAL DIRECTA - ESCRITURA DE POLLA (LEY DE FLUMINENSE No. 2.895 / 98) - LEGISLACIÓN ESTATAL QUE, CON RESPECTO A LA EXPOSICIÓN Y LA COMPETENCIA, ENTRE ESTA PRÁCTICA DURANTE LA CRIPLOSIS CON LA CUAL DE CRUELIDAD CONTRA LAS PISOS DE BRIGAS - DELITO AMBIENTAL (LEY Nº 9.605 / 98, ARTÍCULO 32) - MEDIO AMBIENTE - DERECHO A CONSERVAR SU INTEGRIDAD (CF, ART. 225) - PRERROGATORIO CALIFICADO POR SU DERECHO DE METAINDIVIDUALIDAD (O de una DIMENSIÓN) CONSULTANDO EL POSTULADO DE SOLIDARIDAD - PROTECCIÓN CONSTITUCIONAL DE LA FAUNA (CF, ART. 225, § 1, VII) - DESCARACTERIZACIÓN DEL GALLO

---

[27]SANTA CATARINA. Tribunal Regional Federal da 4ª Região. *Apelação/Reexame necessário n. 2007.71.00.019882-0*. Apte: Universidade Federal do Rio Grande do Sul (UFRS). Apdo: Róber Freitas Bachinski. Rel. Des. Federal Jorge Antonio Maurique. 4ª Turma. DE. 08.11.2010. Disponível em: <http://www2.trf4.gov.br/trf4/processos_visualizar_documento_gedpro.php?local=trf4&documento=3787484&hash=5a4c520b588edee3326da5a69b57478f>. Acesso em: 24 maio 2013.

MANIFESTACIÓN CULTURAL - RECONOCIMIENTO DE LA INCONSTITUCIONALIDAD DE LA LEY ESTATAL IMPUESTA - PROCEDIMIENTO DE ACCIÓN DIRECTA. LEY ESTATAL QUE AUTORIZA EXPOSICIONES Y COMPETICIONES ENTRE COMBATE DE RAZAS - LA INSTITUCIONALIZACIÓN DE LA PRÁCTICA DE CRUELIDAD CONTRA LA FAUNA - INCONSTITUCIONALIDAD.

Decisión

La Corte, por unanimidad, y de conformidad con el voto del Relator, rechazó las excepciones preliminares y, por mérito, también por unanimidad, confirmó la acción directa para declarar la inconstitucionalidad de la Ley N ° 2.895, del 20 de marzo de 1998, del Estado de Rio de Janeiro. El presidente, el ministro Cezar Peluso, votó. Justificablemente ausente, Sra. Ellen Gracie. Plenaria, 26 de mayo de 2011.[28]

Corrida de toros

CULTURA - MANIFESTACIÓN CULTURAL - ESTIMULACIÓN - RAZONABILIDAD - CONSERVACIÓN DE FAUNA Y FLORA - ANIMALES - CRUELIDAD. La obligación del Estado de garantizar a todos el pleno ejercicio de los derechos culturales, alentando la valorización y la difusión de las manifestaciones, no prescinde de la observancia de la norma del artículo VII del art. 225 de la Constitución Federal, que prohíbe la práctica de someter eventualmente a los animales a la crueldad. Procedimiento discreto de la norma constitucional denominada "farra do boi".

[28]BRASIL. Supremo Tribunal Federal. *Ação Direta de Inconstitucionalidade 1856/RJ*. Reqte: Procurador-Geral da República. Intdo: Governador do Estado do Rio de Janeiro. Intdo: Assembleia Legislativa do Estado do Rio de Janeiro. Rel. Min. Celso de Mello. Tribunal Pleno. J. 26.05.2011. Dje 14.10.2011. Disponível em: <http://www.stf.jus.br/portal/jurisprudencia/listarJurisprudencia.asp?s1=%281856%2ENUME%2E+OU+1856%2EACMS%2E%29&base=baseAcordaos&url=http://tinyurl.com/c7orrln >. Acesso em: 30 jun. 2013.

Juicio

Al haber visto, informado y discutido estos registros, los Ministros de la Corte Suprema Federal, en segunda clase, acuerdan, de acuerdo con el acta de la sentencia y las notas abreviadas, por mayoría de votos, escuchar la apelación y otorgarla, de acuerdo con el voto del ponente, derrotó al ministro Mauricio Corrêa. Brasilia y junio de 1997. Neri da Silveira.[29]

Otra decisión que vale la pena mencionar está relacionada con el caso del Centro de Zoonosis de Belo Horizonte - MG, acusado de matar a los animales recolectados con gas sofocante. En ese momento, el Ministerio Público de Minas Gerais presentó una Acción Civil Pública. En el caso de una apelación especial, presentada ante el Tribunal Superior de Justicia, se obtuvo la siguiente decisión:

CENTRO ADMINISTRATIVO Y AMBIENTAL - CENTRO DE CONTROL DE ZOONOSIS - SACRIFICIO DE PERROS Y Gatos callejeros incautados por
ADMINISTRACIÓN - POSIBILIDAD CUANDO ES INDISPENSABLE PARA LA PROTECCIÓN DE LA SALUD HUMANA - PROPORCIONADA PARA EL USO DE MEDIOS CRUDOS.

1. La solicitud debe ser interpretada de acuerdo con el reclamo hecho en el conjunto exordial, ya que la aceptación de la solicitud extraída de la interpretación lógica-sistemática de la obra inicial no implica un juicio extra petita.

2. La decisión en los embargos infractores no impuso una carga mayor al apelante, sino que simplemente aclaró y ejemplificó los métodos por los cuales la obligación podría

---

[29] BRASIL. Supremo Tribunal Federal. *Recurso Extraordinário 153531/SC*. Recte: APANDE-Associação Amigos de Petrópolis Patrimônio Proteção aos Animais e Defesa da Ecologia e outros. Recdo: Estado de Santa Catarina. Rel. Min. Francisco Rezek. Rel. p/ Acórdão: Min. Marco Aurélio. Segunda Turma. J. **03.06.1997**. Disponível em: <http://redir.stf.jus.br/paginadorpub/paginador.jsp?docTP=AC&docID=211500>. Acesso em: 29 maio 2013.

ser es por eso que no se violó el principio de prohibición de la reformatio in pejus.

3. El objetivo principal y prioritario de los centros de control de zoonosis es erradicar enfermedades que pueden transmitirse de animales a humanos, como la rabia y la leishmaniasis. Por lo tanto, las medidas para controlar la reproducción de los animales, ya sea a través de la inyección de hormonas o la esterilización, deben ser una prioridad, porque, de acuerdo con el 8° Informe Técnico de la Organización Mundial de la Salud, son más efectivas en el campo de las zoonosis.

4. En situaciones extremas, donde la medida se vuelve indispensable para la protección de la salud humana, se debe permitir el exterminio de animales. Sin embargo, en tales casos, el uso de métodos crueles está prohibido, bajo pena de violación del art. 225 del CF, del art. 3 de la Declaración Universal de Derechos de los Animales, arts. 1 y 3, I y VI del Decreto Federal no. 24.645 y art. 32 de la Ley no. 9.605D 1998.

5. No se puede aceptar que, según su criterio, el administrador realice prácticas ilegales. Incluso es posible tener libertad para elegir los métodos que se utilizarán, si existen medios equivalentes entre los menos crueles, que no es la posibilidad de ejercer el deber discrecional que implica la violación del propósito legal.

6. En casu, el uso de gas asfixiante en el centro de control de zoonosis es una medida de extrema crueldad, implica una violación del sistema regulador de protección animal y no puede justificarse como un ejercicio del deber discrecional del administrador público.

Característica especial improvisada.[30]

[30]BRASIL. Superior Tribunal de Justiça. *Recurso Especial n. 1.115.916-MG.* Recte: Município de Belo Horizonte. Recdo: Ministério Público do Estado de Minas Gerais. Rel. Min. Humberto Martins. 2ª Turma. J. 01.09.2009. Disponível em: <https://ww2.stj.jus.br/revistaeletronica/Abre_Documento.asp?sLink=ATC&sSeq=5764421&sReg=200900053852&sData=20090918&sTipo=91&formato=PDF>. Acesso em: 1° jun. 2013.

La penalización de la pesca está prevista en la Ley no. 9.605 / 98, en los siguientes casos:

Art. 33. Causar, mediante la emisión de efluentes o el transporte de materiales, la desaparición de especímenes de fauna acuática existentes en ríos, lagos, presas, lagunas, bahías o aguas brasileñas:

Pena: prisión de uno a tres años, o multa, o ambas acumulativamente.

Párrafo unico. Incurre las mismas sanciones:

I - aquellos que causan degradación en estanques de dominio público, estanques o estaciones de acuicultura;

II - quien explota los campos naturales de invertebrados acuáticos y algas, sin licencia, permiso o autorización de la autoridad competente;

III - quienes anclan embarcaciones o arrojan escombros de cualquier tipo sobre mariscos o bancos de coral, debidamente marcados en una carta náutica.

Art. 34. Pesca en un período en que la pesca está prohibida o en lugares prohibidos por el organismo competente:

Pena: prisión de un año a tres años o multa, o ambas sanciones acumuladas.

Párrafo unico. Las mismas sanciones se aplican a aquellos que:

I - especies de peces a preservar o especímenes más pequeños de lo permitido;

II - pescar cantidades mayores de lo permitido, o mediante el uso de equipos, equipos, técnicas y métodos no permitidos;

III - transporta, comercializa, beneficia o industrializa especímenes de la recolección, captura y pesca prohibidas.

Art. 35. Pesca utilizando:

I - explosivos o sustancias que, en contacto con el agua, producen un efecto similar;

II - sustancias tóxicas u otros medios prohibidos por la autoridad competente:

Pena: prisión de un año a cinco años.[31]

Por pesca se entiende (art. 36, Ley N ° 9.605 / 98) cualquier acto tendiente a retirar, extraer, recolectar, capturar, capturar o capturar especies de los grupos de peces, crustáceos, moluscos, vegetales hidróbicos. No importa si son económicamente ventajosas o no.

De acuerdo con lo dispuesto en el art. 2do del Decreto no. 221/67, Código de Pesca, la pesca puede ser comercial, deportiva o científica. La pesca comercial tiene el propósito de actos comerciales. El deporte es el que se practica con línea de mano, buceo u otros medios permitidos; el científico es únicamente para fines de investigación por parte de instituciones o personas autorizadas.

Las sanciones por pescar con explosivos y sustancias tóxicas son más severas, ya que estos crímenes pueden destruir la vida silvestre y la salud humana debido a las graves consecuencias ambientales.

Luiz Régis Prado cita la siguiente jurisprudencia sobre delitos de pesca:

Delitos contra el medio ambiente - art. 34 de la Ley 9.605 / 1998. Acusó que, en un período prohibido, usaba tarrafa, y sorprendió con solo cinco peces equivalentes a medio kilo. Configuracion Reconocimiento del principio de insignificancia - Imposibilidad: - configura la ofensa del art. 34 de la Ley 9.605 / 98, la conducta del acusado que, utilizando una red, es capturado en un período prohibido, con solo cinco peces equivalentes a medio kilo, siendo imposible reconocer el principio de insignificancia, ya que en tal caso se practica el

---

[31] BRASIL. *Lei n. 9.605, de 12 de fevereiro de 1998.* Dispõe sobre as sanções penais e administrativas derivadas de condutas e atividades lesivas ao meio ambiente, e dá outras providências. Disponível em: <http://www.planalto.gov.br/ccivil_03/leis/l9605.htm>. Acesso em: 28 jun. 2013.

agente delictivo contra el medio ambiente no importa cuántos peces se capturen, ni siquiera la captura. (TACrimSP-AC 1334243/5 - 2nd Cam. Rel. Oliveira Passos - j. 30.01.2003) [32]

Además de los delitos de pesca, los siguientes:

Pena DELITO MEDIOAMBIENTAL. PESCA PREDATORIA PARA UN PERÍODO Y UBICACIÓN PROHIBIDOS. ARTE 34, CAPUT, Y PÁRRAFOS I Y II. SOLO, DE LEY N ° 9.605 / 98. MAR TERRITORIAL. COMPETENCIA DE JUSTICIA FEDERAL. PRINCIPIO DE INSIGNIFICACIÓN. INAPLICABILIDAD

1. Los delitos perpetrados en el embarcadero / RS Barra de Río Grande, que se encuentran en la costa marítima territorial brasileña, ya que afectan bien a la Unión, están bajo la jurisdicción de la Justicia Federal, de conformidad con el art. 109, IV, de CF / 88 y art. 1 de la Ley N ° 8.617 / 93.

2. La pesca depredadora practicada en un momento y lugar prohibidos es independiente de la cantidad de especímenes capturados, es decir, de la relevancia del resultado, dado que el daño ambiental no puede cuantificarse y el Principio de insignificancia no es aplicable. [33]

La matanza del animal no se considera delito en los siguientes casos:

Art. 37: No es delito matar un animal cuando

---

[32]PRADO, Luiz Régis. *Direito Penal do ambiente*. São Paulo: Revista dos Tribunais, 2005. p. 287.

[33] RIO GRANDE DO SUL. Tribunal Regional Federal da 4ª Região. *Apelação Criminal 200471010027670/RS*. Apte: Ministério Público Federal. Apdo: Marco Antonio Fagundes de Araújo. Rel. Luiz Fernando Wowk Penteado. 8ª Turma. DJU 29.06.2005, p. 831. Disponível em: <http://www2.trf4.gov.br/trf4/processos/visualizar_documento_gedpro.php?local=trf4&documento=669020&hash=bc58f927ec5eda7cd8bfee16c209836d>. Acesso em: 25 maio 2013.

realizado:

I – en un estado de necesidad, para satisfacer el hambre del agente o su familia;

II – para proteger los cultivos, los huertos y los rebaños de la acción depredadora o destructiva de los animales, siempre que esté legal y expresamente autorizado por la autoridad competente;

III – vetado

IV – porque el animal es dañino, siempre que se caracterice por el organismo competente.

■Mortalidad animal

Art. 54: Causar contaminación de cualquier tipo que pueda causar o dañar la salud humana, o causar la muerte de animales o la destrucción significativa de la flora.

Pena: prisión, de uno a cuatro años, y multa.

Delito culpable:

Pena: detención de seis meses a un año y multa.

■ Difundir enfermedades o plagas.

Art. 61: Difundir enfermedades, plagas o especies que puedan causar daños a la agricultura, la ganadería, la fauna, la flora o los ecosistemas.

Pena: prisión, de uno a cuatro años, y multa.

5.3.1 Experiencia dolorosa en animales

Ley 9.605, de 12 de febrero de 1998, en su art. 32, § 1,

---

[34] BRASIL. *Lei n. 9.605, de 12 de fevereiro de 1998.* Dispõe sobre as sanções penais e administrativas derivadas de condutas e atividades lesivas ao meio ambiente, e dá outras providências. Disponível em: <http://www.planalto.gov.br/ccivil_03/leis/l9605.htm>. Acesso em: 28 jun. 2013.

tipifica como delito la conducción de experiencias dolorosas o crueles en un animal vivo, incluso con fines didácticos o científicos, cuando hay recursos alternativos disponibles[35].

La realización de experiencias dolorosas en animales vivos se llama vivisección, que consiste en el uso de seres vivos, principalmente animales, para estudiar los procesos y enfermedades de la vida, y todo tipo de manipulación que sufren los seres vivos en varios tipos de pruebas y experimentos. . Algunas prácticas son:

● *Prueba de irritación ocular Draize:* los champús, pesticidas, herbicidas, productos de limpieza y la industria química se prueban en los ojos de conejos conscientes. Esta prueba existe desde 1944. Las sustancias se prueban en los ojos de conejos albinos atrapados en un dispositivo de contención que no recibe analgésicos, y la prueba dura varios días, durante los cuales se examinan la córnea y el iris. revise si hay ulceración, sangrado, irritación, hinchazón y ceguera. La prueba Draize también está científicamente condenada, ya que los ojos de conejo son estructuralmente diferentes de los ojos humanos.

● *LD 50, dosis letal al 50%:* introducida en 1927, consiste en administrar a los animales una dosis de ciertos productos como pesticidas, cosméticos, medicamentos y productos de limpieza para verificar la toxicidad. La muerte ocurre en el 50% de las aplicaciones. La forma común es la ingesta oral forzada utilizando un tubo que va al intestino. Otras formas incluyen inyecciones, inhalación forzada de vapores y aplicación de sustancias en la piel. Los signos de intoxicación incluyen lágrimas, diarrea, sangrado de ojos y boca, convulsiones. No se administran medicamentos para aliviar el sufrimiento de los animales. Los resultados varían de una especie a otra y de un individuo a otro.

● *Pruebas de toxicidad de alcohol y tabaco:* aunque ya conozca los efectos nocivos del alcohol y el tabaco en su cuerpo, los

---

[35]Lei 9.605/98, art, 32, §§ 1º e 2º.

animales se ven obligados a inhalar humo, emborracharse y luego diseccionarse.

● *Experimentos de psicología:* muchos de los experimentos más crueles se realizan en el campo de la psicología en el estudio del comportamiento. Tales experimentos incluyen la privación de la protección materna y la privación social en la imposición del dolor para observar el miedo; el uso de estímulos aversivos, como descargas eléctricas, para aprender; y en la inducción de animales en estados psicológicos estresantes. Los animales también se someten a operaciones para extraer parte del cerebro para observar cambios de comportamiento. Las descargas eléctricas, el dolor, la privación de alimentos y el agua se utilizan para aprender. La inducción de estrés se usa para probar medicamentos conocidos como antidepresivos, ayudas para dormir, sedantes, estimulantes y tranquilizantes.

● *Experimentos con armamento:* los animales están sujetos a la radiación de armas químicas y biológicas, así como a descargas de armas tradicionales. También están expuestos a gases y se les dispara en la cabeza para estudiar la velocidad de los misiles. La excusa es que tales pruebas se realizan por razones defensivas, pero en realidad siempre se pueden usar con fines ofensivos. Y no hay justificación para el uso de animales para la guerra, cuya única responsabilidad recae en la especie humana. No está justificado infligir dolor al animal con el propósito de destruirnos a nosotros mismos.

Otras pruebas absurdas son aquellas que afirman demostrar hechos conocidos, utilizando métodos modernos como la computadora y el video. El uso de curare como anestésico también es muy cruel, ya que el animal está paralizado pero completamente consciente y sensible. También es habitual utilizar el mismo animal para más de un experimento, así como para experimentos prolongados, lo cual es inadmisible.

● *Investigación dental:* los animales se ven obligados a mantener una dieta dañina con azúcares y hábitos alimenticios erróneos para eventualmente desarrollar caries y desprendimiento de encías y arco dental eliminado Todo esto es después de que sabemos que la prevención y la higiene son la base de la salud dental.

● *Prueba de choque:* incluso sin poder obtener una licencia de conducir, los animales son arrojados contra paredes de concreto. En esta práctica, se rompen y matan hembras embarazadas y otros animales. Las pruebas con muñecas de última generación, junto con el sentido común del conductor, pueden ofrecer resultados mucho mejores.

● *Disección:* los animales se disecan vivos en las universidades y el mismo experimento se repite miles de veces cuando los videos y otros métodos audiovisuales están disponibles en la actualidad.

● *Prácticas médico-quirúrgicas:* aunque la cabecera es la mejor escuela, millones de animales se someten a cirugía en las escuelas de medicina. El servicio de zoonosis generalmente provee a estas universidades con perros y gatos, que serán utilizados por los estudiantes en el entrenamiento quirúrgico de fracturas, suturas y resección de órganos. Muchos mueren durante la cirugía (si sangran demasiado o debido a la incompetencia de los estudiantes), otros reciben una dosis insuficiente de anestesia y sufren todo el dolor de la operación.

5.3.2 Métodos alternativos

Cuando existen métodos alternativos, la vivisección se convierte en un delito bajo la Ley 9.605 / 98.

Las técnicas alternativas son aquellas que usan química, matemáticas, radiología, microbiología y otros medios para evitar el uso de animales vivos en experimentos de laboratorio.

Después de que se descubriera que era imposible ajustar al hombre la información obtenida de los experimentos con animales vivos, debido a la especificidad de la especie, se esforzó por encontrar métodos de experimentación más efectivos. Los métodos que reemplazan la vivisección utilizan una gran cantidad de disciplinas, que incluyenEstos incluyen biogenética, matemáticas, virología, bioquímica, radiología, microbiología y cromatografía de gases y espectrometría de masas. Podemos enfatizar; entre los métodos desarrollados: cultivo de tejidos, uso de microorganismos e invertebrados inferiores, elaboración de modelos matemáticos, encuestas públicas y estudios epidemiológicos. Los modelos informáticos, la ingeniería genética, los huevos de gallina, la placenta humana, los modelos mecánicos, los modelos matemáticos y el audio visual son métodos alternativos disponibles para la ciencia.

● *Cultivo celular:* los cultivos industriales son cada vez más utilizados por laboratorios industriales y de investigación (especialmente para vacunas) en la etapa de los primeros ensayos. El cultivo celular se llama la técnica de cultivar células aisladas fuera de su entorno normal. Estas células provienen de fuentes humanas, animales y vegetales. Los tejidos humanos pueden obtenerse durante operaciones quirúrgicas, biopsias y autopsias, o tomarse de fetos o placentas. Los tejidos animales se pueden obtener de mataderos o animales de laboratorio sacrificados de forma humanitaria. Las células pueden vivir, crecer y multiplicarse al recibir nutrientes fuera de su entorno natural. Algunos tienen un potencial de vida limitado, otros pueden vivir indefinidamente, lo que permite estudios de varios meses. Se requiere un solo donante. El cultivo celular también es menos costoso y produce resultados científicos más confiables. El inconveniente es que el medio de cultivo artificial puede causar transformaciones estructurales y bioquímicas en las células o la pérdida de alguna función específica. Se necesita más investigación para abordar este obstáculo.

● *Uso combinado de pruebas:* una segunda técnica que implica el cultivo de tejidos vivos es el cultivo orgánico. Como su nombre lo indica, requiere la conservación de parte o la totalidad de un órgano en vidrio para salvaguardar su estructura fundamental y sus caracteres bioquímicos. Los cultivos orgánicos son más difíciles de conservar y solo se pueden usar durante unas pocas semanas.

Las bacterias y los organismos unicelulares a menudo se usan como instrumentos experimentales.

El uso de estas pruebas en combinación con otros métodos tales como pruebas químicas, modelos matemáticos y encuestas epidemiológicas no solo reducirá la cantidad inaceptable de animales empleados en escuelas, laboratorios industriales y universidades en centros de investigación, sino que será beneficioso para los estudiantes, hombres de ciencia y público en general[36].

La farmacología cuántica puede utilizar la mecánica cuántica y, a través de la comprensión de la estructura molecular y la informatización, buscar explicaciones del comportamiento de los medicamentos en función de sus propiedades moleculares.

- *Investigación epidemiológica:* la alternativa principal, sin duda, es el estudio de la enfermedad humana en individuos infectados o poblaciones específicas. Este tipo de investigación utiliza voluntarios, estudios de casos clínicos, informes de autopsias y análisis estadísticos combinados con una observación más precisa. Permite observar los factores ambientales relacionados con la enfermedad, lo que no es posible en animales confinados.

- *Técnicas de imágenes no invasivas:* el desarrollo de técnicas no invasivas como CAT, MRI, PET y SPECT ha revolucionó

---

[36] Carta mundial dos estudantes por uma ciência e uma biologia sem violência
1. Como estudante, ser-me-ão reconhecidos o direito e a possibilidade de estudar e exercer uma ciência que não implique nenhuma violência.
2. Ser-me-á dada a possibilidade desta escolha materialmente, intelectualmente e moralmente.
3. Eu terei direito a uma cláusula de consciência para recusar práticas experimentais violentas que me sejam impostas e que infrinjam a Declaração Universal dos Direitos dos Homens e a Declaração Universal dos Direitos do Animal.
4. Não se poderá exercer sobre mim, em um estabelecimento de ensino, sanções disciplinares ou administrativas, porque eu invocarei esta cláusula de consciência.
5. Ser-me-á, também, reconhecido o direito de objetar contra aplicações violentas da Ciência nas quais tentem me implicar.
6. Eu agirei com dignidade na minha reivindicação do direito ao estudo e ao exercício de uma ciência não violenta.
7. Eu invocarei a presente Carta contra práticas experimentais violentas sobre o homem e sobre o animal que me sejam impostas nos meus estudos ou na minha profissão.
8. Eu defenderei e divulgarei o espírito desta Carta para que a Ciência seja um caminho de compreensão, de simpatia e de paz para a humanidade, o animal e a natureza.

la investigación clínica. Estos dispositivos permiten la evaluación de enfermedades humanas en pacientes. Por ejemplo, estos escáneres se han utilizado para hacer un diagnóstico temprano en la evaluación de la enfermedad de Alzhheimer, la enfermedad de Huntington, los tumores musculoesqueléticos, la enfermedad de Parkison y las enfermedades cerebrovasculares. También han contribuido al conocimiento del cuerpo en ciencias básicas.[37] CAT usa computadoras para reconstruir imágenes tridimensionales del cuerpo humano a través de rayos X. La resonancia magnética (MRI) le permite ver imágenes detalladas del interior del cuerpo. humano sin inyección de sustancias radiactivas. El tomógrafo de emisión de positrones (PET) y el tomógrafo computarizado de emisión de fotón único (SPECT) se utilizan en estudios de enfermedades cerebrovasculares y trastornos psiquiátricos.

• *Prueba AMES:* inventada por el Dr. Bruce Ames de la Universidad de California, Berkeley, esta prueba in vitro verifica la presencia de carcinógenos que usan la bacteria Salmonella, que produce cáncer en humanos y otros mamíferos. La prueba dura unos 2-3 días y es mucho menos costosa que el modelo animal.[38]

• *Placenta:* la placenta humana, que generalmente se desecha después del nacimiento de un niño, se puede usar para cirugía microvascular y para la prueba de toxicidad de productos químicos, medicamentos y contaminantes. No tiene costo, y el material es 100% humano.[39]

• *Quanta Farmacología:* es una técnica computarizada utilizada en la química teórica del estudio de la estructura molecular de las drogas y sus receptores en el cuerpo. Usando el conocimiento existente, es posible predecir a través de la estructura de la droga qué efecto sobre el órgano humano anterior.

---

[37] BASTOS, Rosely Acosta. *Frente brasileira da abolição da vivissecção*. Rio de Janeiro, 1999. mimeo., Inédito.
[38] BASTOS, Rosely, *Op. cit.*
[39] BASTOS Rosely, *Op. cit.*

- *Eyetex:* en lugar de la prueba de irritación ocular Draize, proporciona el uso de una proteína líquida que imita la reacción del ojo humano.

- *Cromografía y espectroscopía:* se utiliza para separar medicamentos a nivel molecular para identificar sus propiedades y detectar la trayectoria de los medicamentos y su daño a los humanos.

- *Corrositex:* esta es una prueba in vitro para evaluar el potencial de corrosividad dérmica de varios productos químicos. Desarrollado por In Vitro International Inc., la técnica permite probar una sustancia química o varias (drogas) en una barrera cutánea artificial hecha de colágeno. Debajo de esa capa hay un líquido que contiene un tinte indicador de PH, que cambia de color cuando entra en contacto con la química que se está probando. La corrosividad química está determinada por el tiempo que tarda en penetrar la piel artificial y provocar un cambio de color.

En Brasil, en 2014, el Consejo Nacional para el Control de Experimentación Animal (CONCEA), vinculado al Ministerio de Ciencia y Tecnología, reconoció 17 métodos alternativos. En 2012 se creó la Red Nacional de Métodos Alternativos.

Los métodos alternativos deben ser validados, y en Brasil la entidad responsable es el Consejo Brasileño de Métodos Alternativos-BraCVAM.

El Centro Brasileño de Validación de Métodos Alternativos (BraCVAM) es una institución fruto de la asociación entre Fiocruz y la Agencia Nacional de Vigilancia Sanitaria (Anvisa). Es el primero en América Latina en validar y coordinar estudios para reemplazar, reducir o refinar el uso de cobayas en las pruebas de laboratorio.[40]

---

[40] https://www.incqs.fiocruz.brindex.php?option=com_content&view=article&id=1152:concea-recebe-recomendacoes-do-bracvam-para-reconhecimento-de-metodos-alternativos-ao-uso-de-animais-emlaboratorios&catid=114&Itemid=166. Acessado em 20 de julho de 2018.

Declaración sobre Ética Experimental - El Instituto Internacional de Biología Humana de París y la Liga Internacional de Derechos de los Animales de Génova proclamaron, durante el Congreso Internacional, celebrado en Génova del 12 al 20 de junio de 1981, una Declaración sobre La ética experimental.

El documento proclama que todos los seres vivos nacen iguales. La desigualdad entre especies o especímenes, entre razas o racismo constituye crímenes contra la vida. El hombre de ciencia debe dedicarse al respeto por la vida humana o no humana y esa tecnología sustitutiva es la única compatible con los derechos del ser vivo.

5.3.3 Investigación policial

En los delitos cometidos contra la fauna, se procede según lo previsto en la Ley de Delitos Ambientales y en el art. 6, II, del CPP, aprehender los instrumentos y todos los objetos relacionados con el hecho. Este embargo puede hacerse antes de la acción de la autoridad judicial por parte de los agentes de la administración, con el apoyo del art. 25 de la Ley 9.605 / 98:

"Ley 9.605 / 98, art. 25: Una vez que se haya verificado la infracción, se incautarán sus productos e instrumentos y se elaborarán los registros respectivos".

Una vez que se verifique la infracción, se incautarán sus productos e instrumentos y se elaborarán los registros respectivos. El apoyo legal de la incautación se puede buscar en el art. 25 de la Ley 9.605 / 98 y en el art. 245, § 6 del CPP:

"Art. 245, § 6, CPP: El descubrimiento de la persona o cosa buscada, será inmediatamente capturado y puesto bajo custodia de la autoridad o sus agentes.

Los animales serán liberados en su hábitat o entregados a zoológicos, fundaciones o entidades similares, siempre que responsabilidad de técnicos calificados. Los productos perecederos serán donados a instituciones científicas, hospitalarias, criminales y otras instituciones benéficas. Los productos y subproductos de vida silvestre no perecederos serán destruidos o donados a instituciones científicas, culturales o educativas. Los instrumentos utilizados en la práctica de la infracción se venderán, garantizando su caracterización a través del reciclaje (Ley 9.605 / 98, art. 25 y párrafos).

Si la incautación no se realiza de inmediato, proceda en la forma del art. 240 y ss. Del CPP, que busca una búsqueda personal o en el hogar para confiscar armas, municiones e instrumentos utilizados en la comisión de delitos o destinados a fines delictivos; encontrar objetos de prueba necesarios; reunir elementos de creencia, etc.

Si es imposible liberar a los animales en su hábitat natural o entregarlos a zoológicos, fundaciones ambientales o entidades similares, los animales pueden ser confiados al administrador, en forma de arte. 2, § 6, a, del Decreto 6.514, de 22 de julho de 2008, que regula la Ley de Delitos Ambientales.

En el caso de la pesca, el consumo de su producto no está prohibido y el producto incautado puede ser donado. Sin embargo, la donación solo debe hacerse después de que el material haya sido enviado para su examen penal. La eliminación de equipos, equipos, instrumentos y equipos incautados (por inspección de IBAMA o agencias asociadas) en el uso de la pesca ilegal sigue las normas de la Ordenanza / IBAMA n. 44-N, del 12 de abril de 1994, para los siguientes propósitos: alienación, retorno, destrucción, donación o liberación. La devolución se aplicará cuando haya transcurrido el período de incautación temporal de los bienes incautados en los términos de devolución. La subasta (si es administrativa) seguirá la Ley 8.666 / 93, si corresponde, y se aplicará si los instrumentos incautados se utilizaron en la pesca no prohibida y si constituyen productos de comercio no prohibido, después de 180 días sin ser solicitados. , y no están en acción administrativa o judicial. La destrucción de los instrumentos se realizará mediante la elaboración en cada caso del término detallado de la ocurrencia. Solo en situaciones peculiares puede ocurrir en el acto. En Minas Gerais, además de la supervisión El IBAMA y su miembro, la Policía Forestal, realizan la inspección pesquera al mismo tiempo por el Instituto Forestal del Estado y la Policía Civil.

La evidencia en la determinación de los actos ilegales previstos en la legislación ambiental, en general, obedece las reglas del CPP (arts. 155 a 250).

5.3.4 Acción penal

En los delitos previstos en la Ley 9.605 / 98 la acción penal es pública e incondicional.

En los delitos de menor potencial ofensivo (prisión de hasta un año) la propuesta de aplicación inmediata de la pena restrictiva de derechos o multa, prevista en el art. 76 de la Ley 9.099, de 26 de septiembre de 1995, solo puede formularse mientras haya habido una composición previa del daño, a que se refiere el art. 74 de la misma ley, excepto en caso de imposibilidad comprobada. Cuando la pena no excede un año de prisión, el juicio competente es el de Causas Pequeñas. Aquí es necesario tener en cuenta el hecho de que en el caso de extinción del castigo, previsto en la Ley 9.099 / 95, esto, en casos de delitos ambientales, dependerá de la indemnización por el daño, salvo imposibilidad. Se realizará un informe confirmando el daño, y la fecha límite puede extenderse. La declaración de extinción del castigo también dependerá de dicho informe de encontrar una indemnización por el daño.

Cuando se prevé la sanción por más de un año, el tribunal estatal o federal tendrá jurisdicción, según sea el caso.

Tan pronto como se den cuenta del hecho, la Policía Civil redactará una declaración detallada del incidente y lo remitirá inmediatamente al Tribunal de Reclamaciones Menores, si este es el caso, con el demandante y la víctima, solicitando los exámenes periciales necesarios. La composición de los daños civiles también puede ser homologada en este Tribunal y será efectiva como título para ser ejecutada en el Tribunal Civil competente.

Debido a que es cruel con los animales de acción pública incondicional, cualquier ciudadano puede recurrir al Servicio de Fiscalía, que es el titular de la Acción Penal, a través de una representación. Tambien puedes solicite directamente al tribunal de reclamos menores (donde esté disponible) para presentar una representación oral, que se reducirá a término. La materialidad del delito se puede corroborar mediante un informe médico, testigos, fotos o evidencia equivalente. Cabe señalar que en casos de acción pública incondicional, se requiere que la autoridad actúe independientemente de una queja.

5.4 Historia de la criminalización del maltrato a los animales

Inicialmente, los ataques a animales se tipificaron como delitos menores y, en general, quedaron sin castigo, protegidos por el Decreto 24.645 / 34 y el art. 64 del LCP.

Podemos decir que la modernización de la legislación de protección animal se debe al compromiso del tercer sector, que, a través de asociaciones civiles, estableció contacto frecuente con agentes legislativos con el objetivo de incluir dicha protección en el sistema legal.

La Liga de Prevención de la Crueldad Animal (LPCA), desde su fundación en 1983, ha estado involucrada con el avance de la legislación ambiental en Brasil. Teniendo en cuenta que, por regla general, el castigo del maltrato animal y la agresión contra la vida silvestre no se realizó en la práctica, el objetivo de modernizar la legislación ahora ha ocupado la primera línea de la LPCA. Para lograr sus objetivos, la Liga ha trabajado continuamente con los medios, las autoridades y otras entidades ambientales en Brasil.

En 1984, como resultado de la reforma del Código Penal, buscamos al profesor Jair Leonardo Lopes, entonces presidente del Consejo de Política Criminal y Penitenciaria, para presentarle una propuesta para criminalizar los ataques de animales. Sin embargo, en esta ocasión, el Código Penal solo se modificó en su parte general, por lo que la propuesta no se pudo utilizar.

En 1988, los ataques contra animales salvajes nativos tipificados en las artes. 27 y 28 de la Ley N ° 5.197 / 67, hasta ahora como un delito menor, se modificó su redacción para convertirlos en un delito y disposición del art. 34, en un delito no ejecutable (BRASIL, 1967).

En 1989, la LPCA emitió un boletín con la propuesta de un proyecto de ley para penalizar las prácticas de lesiones animales, que fue entregado, personalmente, en Brasilia, a diputados de varias partes y al Ministro de Justicia Bernardo Cabral.

Cuando, en 1993, se creó una comisión en el Ministerio de Justicia para estudiar nuevamente la reforma de la parte especial del Código Penal, una vez más el proyecto LPCA fue entregado a sus miembros: Jair Leonardo Lopes, Evandro Lins e Silva , Wanderlock Moreira, Francisco Assis Toledo, Renée Ariel Dotti, y los consejeros de las subsecciones del Colegio de Abogados de Brasil (OAB), así como el Comité Federal de Medio Ambiente de la OAB.

Posteriormente, los abogados ambientales argumentaron que debido a que el derecho ambiental es una rama peculiar de la ley, las violaciones ambientales deben figurar en su propia legislación. Así, se formó una comisión interministerial compuesta por los más distinguidos abogados ambientalistas y penalistas, vinculados a los Ministerios de Medio Ambiente y Justicia. Bajo la presidencia del juez Gilberto Passos de Freitas, el relator fue el ministro del Tribunal Superior de Justicia, Antônio Hermann Benjamin.

La propuesta de incluir los delitos contra los animales en la ley fue enviada en 1996 por la LPCA al Juez Jefe de la Comisión. Cumplió rápidamente con la solicitud, trayendo la idea a discusión en la mencionada Comisión. Como el aval de Des. Gilberto Passos de Freitas, al que asistieron la Dra. Sônia Fonseca, como representante de LPCA, y la Dra. Vanice Orlandi, de la Unión Internacional para la Protección de los Animales (UIPA-SP).

El primer obstáculo a superar fue ofrecer elementos de convicción a los miembros de la Comisión, que estaban en contra de la inclusión de la protección animal en la Ley de Delitos Ambientales. El movimiento promovió un gran lobby y la LPCA editó el libro Animal Liberticide, que contiene informes de crímenes animales cometidos con más de cien fotografías ilustrativas con subtítulos explicativos. Este material se distribuyó no solo al comité legal, sino también a los diputados y senadores, que luego votarían el proyecto de ley. La victoria llegó con el arte. 32 de la Ley de Delitos Ambientales - Ley 9605 del 12 de febrero de 1998:

Artículo 32 - Practicando el abuso, maltrato, lesiones o mutilación de animales salvajes nativos o exóticos, domésticos o domesticados:

Pena: detención de tres meses a un año y multa.

Párrafo 1. Las mismas sanciones se aplican a aquellos que realizan experimentos dolorosos o crueles con animales vivos, incluso con fines didácticos o científicos, cuando existen recursos alternativos.

§ 2 - La penalización aumenta de un sexto a un tercio, si ocurre la muerte del animal. (BRASIL, 1998)

Podemos decir que la protección legal de los animales se originó en el derecho penal. En esta rama, los animales están protegidos incluso contra sus dueños si son maltratados. Su sensibilidad se tiene en cuenta.

Con respecto a la vida silvestre, en 1988, con la creación del programa *Our Nature*, los ataques contra animales salvajes se consideraron crímenes inasequibles. El programa criminalizó la caza y el comercio ilegal de animales salvajes, dejando a los animales salvajes definidos como aquellos que viven en libertad. La ley abandonó los animales salvajes durante la migración, así como los animales exóticos y domésticos. La ley no tenía la efectividad prevista. Como no se aplicó, el tráfico de animales se utilizó para encubrir el tráfico de drogas y el lavado de dinero.

De hecho, rara vez se han cumplido las enmiendas introducidas por la Ley 7.653 / 88 y la Ley 5.197 / 67, ya que las figuras típicas creadas han provocado una profunda revuelta en la sociedad, lo que ha llevado a bromas y a la denegación de jurisdicción por parte de muchos jueces. Los fiscales fueron los primeros en ser sensibles a la causa animal y al medio ambiente en general.

De 1988 a 1998, debido a un criterio de política penal establecido a discreción del legislador brasileño, se otorgaron diferentes sanciones por el maltrato de animales, según su clasificación: nativa, exótica o doméstica. Esto se unificó con la Ley 9.605 / 88.

5.5 Delitos del siglo XX

En Brasil y en todo el mundo, millones de animales son atacados por el hombre. El hombre primitivo atacó al animal cazando o defendiéndose. Hoy las formas de crueldad se han vuelto cada vez más refinadas, con la ayuda de la tecnología y la ciencia, y con la complacencia de las religiones.

Miles de animales son torturados fraudulentamente en laboratorios, donde son sometidos a todo tipo de vergüenza física y psicológica por probar armas, cosméticos, pesticidas, drogas, medicamentos, electrochoque y todo tipo de privaciones y castigos por estudios de comportamiento.

Miles de animales son condenados a cadena perpetua en circos y zoológicos, obligados a ejecutar números incompatibles con su naturaleza biológica.

Miles de aves y animales salvajes son atrapados en su país de origen y privados de su libertad con el único fin de obtener ganancias.

Miles de animales son cazados, asesinados o heridos, sufriendo y muriendo lentamente, atrapados o golpeados por el arma del hombre, sedientos, hambrientos, dolidos y gangrenos, en los bosques.

Millones de animales salvajes y domésticos son criados en sistemas de confinamiento, sin ver nunca la luz solar, excepto el día de su muerte, cuando el hombre usará su carne o piel.

Millones de animales son transportados a largas distancias en convoyes y jaulas abarrotados y mal ventilados, viviendo la vida diaria de estrés, hambre, miedo y muerte.

Millones de animales son sacrificados, desangrados y carnosos

Los días de consumo totalmente conscientes por métodos brutales. Los caballos tienen sus pies aserrados para que la carne pierda su olor con la sudoración inducida por el dolor y luego se sacrifique.

Millones de animales mueren en peleas sangrientas como peleas de gallos, peleas canarias y peleas de perros, o son torturados en rodeos, vaqueros y otros eventos solo para el disfrute del hombre. En el tiro al pichón, se matan animales, con el único propósito de que el hombre ejerza su puntería.

En Santa Catarina, cada año se ruega a los bueyes en una ceremonia llamada Farra do Boi.

Hay innumerables barbaridades cometidas por el hombre. Hemos seleccionado algunos de ellos para nuestro estudio: peleas de gallos, canarios y perros, rodeos y vaqueros, corridas de toros, corridas de toros, carreras de perros galgos y el uso de animales para la producción de suero y la caja de caballos 814 .

5.5.1 Crueldad en peleas de gallos y canarios

En Brasil, desde 1934, con la emisión del Decreto Federal 24.645, se prohibieron las peleas de gallos. El artículo 3, XXIX, de ese decreto dice:

"Art. 3 °: Los siguientes se consideran maltrato:
XXIX: Realizar o promover peleas entre animales de la misma o diferentes especies, simulacros taurinos y taurinos, incluso en un lugar privado ".

El Decreto 24.645 / 34 nació con fuerza de ley tal como fue redactado por el Gobierno Provisional. El decreto 19.398 / 30 dice en su art. 17:

"Los actos del Gobierno Provisional estarán contenidos en Decretos emitidos por el jefe del mismo Gobierno".

Resulta que el entonces jefe del Gobierno Provisional recurrió a la actividad diferente durante el período de tiempo en que prevaleció la situación generado por el Decreto 24.645 / 34. Lo que sucede, nos parece, es que en el momento de su aparición todavía era inusual usar el nomen juris decreto-ley, cuya figura surgió con la Constitución de 1936, tanto que en su texto la palabra ley aparece en su arte. 18, artículo XVII del art. 3 °, art. 8, 10, 13, 14, 16 y 17.

Para confundir a los eruditos gallegos menores, de mala fe, invocaron el Decreto 1.233 / 62 (respaldado por el primer ministro Tancredo Neves) para decir que este diploma había derogado la pelea de gallos. Resulta que el decreto derogado por el Decreto 1.233 / 62 fue el Decreto 50.620 / 61 (decreto del entonces presidente Jânio Quadros que prohibía las peleas de gallos). No pudo revocar, ya que no revocó el Decreto 24.645 / 34. Entonces, veamos el arte. 1 ° del Decreto 1.233 / 62:

"Se deroga el Decreto 50.620 / 61".

Cuanto más una ley no puede ser derogada por un decreto.

La Ley de faltas penales no revocó el Decreto 24.645 / 34 en ese momento, ya que sus disposiciones no chocaban: *Leges posteriores y anteriores pertinentes, nisi contrarias sunt.*

Con el mismo argumento de que una ley no puede ser derogada por un decreto, entendemos que hasta que la Ley 9.605 (Ley de Delitos Ambientales) tenga su art. 32 regulados, es decir, enumeran que las crueldades están protegidas por este artículo, el art. 3 del Decreto 24.645 / 34, que enumera 31 figuras típicas de maltrato en su texto.

El 26 de octubre de 1970, el abogado Sérgio Nogueira Ribeiro[41] se dirigió al Instituto Brasileño de Abogados - RJ informando que el 28/2/70 la policía había prohibido la sede del Centro Esportivo Carioca, ubicado en Rua Chantecler 76, en São Cristóvão, en Río de Janeiro, después de arrestar y acusar en el acto a personas que promovieron peleas de gallos e hicieron apuestas de dinero. Sin embargo, al remitir el caso a la corte, que recibió no. 51,402, y corrió

---

[41] RIBEIRO, Sérgio Nogueira. *Crimes passionais e outros temas.* Rio de Janeiro: Itambé,1975, p. 83-88.

EDNA CARDOZO DIAS ▌———

por el en el 17 ° Tribunal Penal, el juez, en una sentencia emitida el 29/8/70, desestimó la acusación y absolvió a los acusados por comprender que las peleas de gallos no constituyen crueldad hacia los animales. Y solicitó una opinión de ese Instituto.[42]

---

[42] Honrado por el nombramiento del Dr. Otto Vizzeu Gil, quien presidió la reunión de esta Casa Veneranda el 15 de este año, ahora me referiré a la nominación presentada por el abogado Sérgio Nogueira Ribeiro, fechada el 1 de agosto y firmada por nuestro colega Laércio. Pellegrino y Othon Sidou.

Según el proponente, del 7 al 9 de julio de este año, en las calles del Centro Deportivo Alcântara, municipio de São Gonçalo, Río de Janeiro, - a pesar de las protestas de las asociaciones de protección animal, con el Gobernador del Estado, Raymundo Padilha: un torneo nacional de peleas de gallos al que habrían asistido cerca de dos mil competidores.

Desarrollando con erudición y, por fin, los fundamentos de su propuesta, hasta los fundamentos de su propuesta, el Dr. Sérgio Nogueira Ribeiro se ha basado en altos precedentes éticos, doctrinales, jurisprudenciales y legislativos para concluir que la llamada pelea de gallos es ilegal en Brasil. y, por lo tanto, pide al Colegio de Abogados de Brasil que envíe al Ministro de Justicia una carta solicitando a Su Excelencia que recomiende a todos los gobernadores el cierre inmediato y definitivo de las peleas de gallos, de conformidad con la ley y el sentimiento de lástima que debe caracterizar a cada ser humano ".

A la luz de los debates que suscitó la propuesta cuando fue aprobada por mayoría en la sesión del día actual y aunque esta aprobación ya muestra que es legal, todavía entiendo que depende de mí, como Relator, aclarar, PRELIMINARMENTE, que en el punto 2 del § 1 del art. . 1, incluye entre los propósitos del Instituto, el de "colaboración con las autoridades públicas en la mejora del orden legal, mediante representaciones, indicaciones, solicitudes, sugerencias", etc.

De la mera lectura de esa disposición queda claro que la propuesta en cuestión está prevista en los Estatutos de esta Cámara. Dicho esto, pasemos al mérito de la propuesta:

No es la primera vez que este Instituto presenta asuntos basados ??en la Ley Juárez Távora, llamada así porque fue en el momento en que era Ministro de Agricultura e inspirado por este ilustre brasileño, que el Presidente Getúlio Vargas, entonces jefe del Gobierno Provisional, promulgó el Decreto 24.645 del 10 de julio de 1934, que establece medidas para proteger a los animales.

De hecho, el precedente se produjo cuando el firmante solicitó y obtuvo la protección de esta Cámara contra el intento previsto de derogar parcialmente esa ley, para que la tauromaquia pudiera ser legalizada. Fue entonces nuestro presidente, el difunto colega Justo Mendes de Moraes, siendo alcalde de la ciudad de Río de Janeiro (entonces Distrito Federal), su primo, o el general Ángelo Mendes de Moraes, muy comprometido a realizar las llamadas "carreras de toros". Le pareció que esto haría que las celebraciones del Cuarto Centenario de esta ciudad fueran más brillantes.

El proyecto de excepción de parte de la ley citada ya había sido aprobado por la Cámara de Representantes (número 763, 1950) y fue gracias al apoyo masivo de esta Cámara que en una carta enviada al Senador Melo Viana, entonces en la Presidencia del Senado, que El asunto fue reconsiderado y el Senado de la República no pudo aceptar el punto de vista de la Cámara de Representantes en una sesión memorable que tuvo lugar el 27 de julio de 1950.

Brillantemente informado por el senador Luiz Tinoco y con el apoyo de los otros miembros del Comité, a saber, los senadores Waldemar Pedrosa, Augusto Meira, Atílio Vivacqua, Joaquim Pires, Aluísio de Carvalho y Ferreira de Souza, este último eminente profesor de derecho y miembro de esta Cámara. , el proyecto fue rechazado en base a nuestra propuesta, así mencionada en la presentación del Senador Relator, en el siguiente pasaje:

'También es importante prestar atención a la importante decisión tomada por el Instituto Brasileño de Abogados, que, como miembro de la Legislatura, decidió enviar al Senado su contribución al respecto.

El plenario de ese respetable Sodalicius aprobó, por mayoría expresiva, la opinión de su Comité Permanente de Derecho Penal, contrario a las corridas de toros en Brasil.

¡Cualquier regla que imponga castigos o penas debe llamarse legalmente criminal! Sin embargo, la indicación de las corridas de toros fue remitida por el Instituto de Abogados a su Comité de Derecho Penal, de conformidad con la buena doctrina. He aquí, este organismo especializado y técnico ofrece al plenario su opinión en contra de esos juegos, una opinión reforzada por los componentes del más alto cuerpo de abogados brasileños '.

El Relator Senador continuó:

'Hemos recibido llamadas de todos los rincones del país para conocer la propuesta. Si la convicción legal y el humanitarismo no fueran suficientes, la sinceridad de estas exhortaciones necesariamente tendría que ser tomada en cuenta. Son asociaciones de protección animal; son otras entidades; Son patricios anónimos y desconocidos que apelan a nuestro entendimiento y equilibrio.

Estamos disgustados por concebir la simple hipótesis de que el hombre mismo puede servir como un objeto al despertar de los instintos inferiores, latente por la civilización y el sufrimiento por la cultura.

En conclusión, la Comisión decidió:

March La marcha ascendente de la cultura y el progreso de Brasil no puede verse obstaculizada por tales iniciativas, que constituyen la mala práctica de los principios de generosidad y nobleza inherentes a nuestro pueblo. Y como representante de este pueblo, de quien hemos recibido el mandato legislativo, preferimos defender sus deseos. Por lo tanto, respondemos a las llamadas que nos han sido enviadas y que aún nos son enviadas a través de una cantidad considerable de mensajes.

En consecuencia, por razones legales y morales, ofrecemos una opinión contraria al Proyecto.

Por el rechazo.

Ruy Barbosa Hall el 27 de julio de 1950. '

Anexo, como parte integral de este informe, p. 6.071 del Diario del Congreso Nacional del 2 de agosto de 1950, que contiene la opinión del Comité del Senado, transcrita anteriormente.

La historia también fue ampliamente publicitada por la prensa, como se ve en la 2da p. *Del Diário de Notícias* del 22 de julio de 1950, bajo el título: El Instituto de Abogados de Brasil está en contra de la tauromaquia, que transcribe la propuesta del firmante, fortalecida con el apoyo que recibió de nuestros difuntos colegas Baltazar da Silveira. , Pena e Costa, Letacio Jansen y otros, quienes también recibieron la opinión favorable de la Comisión de Derecho Penal, que estaba compuesta por los abogados Serrano Neves, Dario Almeida Magalhães y Dyonisio da Silveira, que votaron al abogado Evandro Lins e Silva, posteriormente Ministro. del Tribunal Supremo También se adjunta una copia de esta publicación como parte integral de esta Mis archivos contienen docenas de publicaciones, incluida una deliciosa carga de Pericles (El amigo del jaguar), en la revista O Cruzeiro, 5 de agosto de 1950 (Apéndice 3).

Decenas me enviaron cartas y expresiones de apoyo de asociaciones de protección animal y personas de todos los ámbitos de la vida, enojados por la posibilidad de las corridas de toros en Brasil.

Por supuesto, aunque existe una analogía entre este viejo caso de las corridas de toros y el de las peleas de gallos, a veces planteadas, hay diferencias que deben destacarse. En el caso de las corridas de toros, tenemos un hombre (o un grupo de hombres) que lucha contra un animal con todas las ventajas que les da racionalidad y con todos los refinamientos de malicia que les dan las llamadas armas cuerpo a cuerpo para sangrar y acariciar al pobre animal. atrapado, conducido a una actitud desesperada de agresión, en una lucha inútil por la supervivencia, porque su muerte es segura.

En el caso de los gallos tenemos dos pájaros de la misma especie que luchan por el instinto, estimulados por la ilusión del premio que no se les otorga, es decir, la posesión de la hembra ideal, como sucede en la mayor parte de la escala zoológica donde el macho lucha por el Hembra Nada se asemeja a las corridas de toros, que es una pelea provocada artificialmente sin la más mínima recompensa o ilusión de recompensa sexual para el pobre toro. Además, también debemos considerar que las corridas de toros eran un hábito claramente anti brasileño. Contradecía nuestras tradiciones e intentaba infiltrarse en los hábitos deportivos de Brasil, con todos los refinamientos de su típica perversión y sadismo. Las peleas de gallos, aunque también son éticamente objetables, en mi opinión no logran la delicadeza de la crueldad que la música taurina y la puesta en escena no son suficientes para disipar. La pelea de gallos, sin embargo, se implanta ampliamente como una adicción y un hábito de nuestra gente, especialmente el hombre rural con menos opciones de diversión que el hombre urbano, y tal que el presidente Jânio Quadros, que en un mínimo de tiempo logró alcanzar un ridículo, fue criticado burlonamente por haber, como nuestros tres colegas que firman el retiro de la propuesta relacionado, promulgó el Decreto 50.620 del 18 de mayo de 1961, que prohibía innecesariamente el funcionamiento de las peleas de gallos ". Este decreto fue derogado por n. 1. 233 del 22/6/62, dada la presión ejercida por los llamados Galistas sobre el gobierno parlamentario de la época. Pero esta revocación de ninguna manera cambió el art. 3 del mencionado Decreto 24.645, del 10/7/34, sobre protección animal, que considera que las peleas de gallos son maltratadas.

Así, este Instituto, convocado nuevamente para hablar en defensa de los animales y esta vez provocado por la sensibilidad de una patricia ilustre, talentosa y digna, la Sra. Lya Cavalcanti, Presidenta de la Asociación de Protección Animal, que - por cierto de agradecimiento tardío: tanto ha cooperado con nosotros cuando ocurrió el episodio de la tauromaquia, no puedo, en mi opinión, llegar a lo siguiente

CONCLUSIÓN

Dado que la llamada ley Juárez Távora está en vigencia, el mencionado Decreto no. 24,645, del 10 de julio de 1934, que coloca a todos los animales existentes en el país bajo la tutela del Estado (art. 1) y, en consecuencia, los ayuda en la corte por representantes del Ministerio Público, sus sustitutos legales y miembros. las sociedades de protección animal (§ 3 del art. 2); definiendo la ley como maltrato (art. 3), una serie de actos, tales como:

'Yo, realizo un acto de abuso o crueldad en cualquier animal;
: ....

IV, golpear, herir o mutilar voluntariamente cualquier órgano o tejido salvador que no sea castración solo para animales domésticos, u otras operaciones realizadas únicamente en beneficio del animal y aquellas requeridas para la defensa del hombre, o en interés de la ciencia;

....

VI, no dar muerte rápida, libre de sufrimiento prolongado, a ningún animal cuyo exterminio sea necesario para el consumo o no;

....

XXIX, conducir o promover peleas entre animales de la misma o diferentes especies, simulacros taurinos y taurinos, incluso en un lugar privado;

....

XXX, arrojando pájaros y otros animales a las salas de conciertos y mostrándolos para tener suerte o acrobacias.

También se establece la Ley de infracciones penales (Decreto Ley N ° 3.688 de 3 de octubre de 1941):

'Art. 64 - Tratar cruelmente a un animal o someterlo a un trabajo excesivo:
Pena: prisión simple, de diez días a un mes, o una multa de diez a cincuenta centavos.

....

Párrafo 2: la pena se aplicará con un aumento medio si el animal es sometido a un trabajo excesivo o recibe un trato cruel, en exhibición o en exhibición pública.

Todo esto demuestra lo contrario que las peleas de gallos son ilegales y, por supuesto, también anti-caritativas.

En consecuencia, me parece bien fundado y, por lo tanto, doy todo mi apoyo personal a la propuesta de los tres colegas mencionados anteriormente, aceptando como buena, válida y oportuna la sugerencia final de la indicación de que solicitan a la Cámara que envíe su carta al Honorable Ministro. Justice, pidiéndole, con el apoyo de los textos legales citados, una recomendación a todos los Gobernadores de los Estados (y agregaría a Su Excelencia el Gobernador del Estado de Río de Janeiro, en particular, para el "Torneo Nacional" que se celebra allí. de las peleas de gallos "), el cierre inmediato y definitivo de las peleas de gallos en todo el territorio nacional, en cumplimiento de la ley y el respeto por el sentimiento de piedad, sin el cual el homo sapiens, además de perder su sabiduría, deja de ser humano y transforma, en este modo de adoración y apreciación de la lujuria de la violencia y el mal, el ser más peligroso y vil en la escala zoológica.
Río de Janeiro, 17 de agosto de 1973. Thomas Leonardos - Relator ''.

En 1990, la Ley Municipal 4.149 / 90, que permitía la ejecución de peleas de gallos en ese municipio, fue aprobada por un período de tiempo en Salvador.

Dicha ley daña frontalmente el art. 214, punto VII, de la Constitución del Estado de Bahía, como sigue:

"El Estado (de Bahía) y los municipios están obligados, a través de sus órganos de administración directa e indirecta:

VII - proteger la fauna y la flora, especialmente las especies en peligro de extinción, supervisando la extracción, captura, producción, transporte, comercialización y consumo de sus especímenes y subproductos, prohibiendo, según la ley, prácticas que pongan en peligro su uso. función ecológica, provocar su extinción o someter a los animales a crueldad ".

Si el Estado y los municipios tienen la obligación de proteger a los animales, para que no sean sometidos a crueldad, está prohibido editar leyes que fomenten todo lo contrario.

Con estos argumentos, la Liga para la Prevención de la Crueldad contra los Animales dirigió la representación a la Oficina del Fiscal General de ese Estado, y luego el Fiscal General Carlos Alberto Dutra Cintra presentó una ADIn ante el Tribunal de Justicia de ese Estado el 30 / 1/91, por la declaración de inconstitucionalidad de la ley municipal de Salvador 4.149 / 90.

El ADIn fue confirmado en el Pleno de la Corte de Justicia de Bahía. Jatahy Fonseca, y el siguiente menú:

"Acción directa de inconstitucionalidad. Peleas de gallos. Procedencia

La ley municipal que rige las peleas de gallos es inconstitucional porque somete a los animales a la crueldad (art. 214, VII, de la Constitución del Estado y art. 225, § 1, ítem VII, de la Constitución Federal) "[43].

[43] Tribunal de Justicia de Bahía
Cancha completa.
Acción directa de inconstitucionalidad 880-8 (Salvador)
Solicitante - Fiscal
Requerido - Ayuntamiento de Salvador
Ponente de opinión: Des. Jatahy Fonseca

> Acción directa de inconstitucionalidad. Pelea de gallos Procedencia
> La ley municipal que rige las peleas de gallos es inconstitucional porque
> somete a los animales a la crueldad (art. 214, VII, de la Constitución del
> Estado y art. 225, § 1, ítem VII, de la Constitución Federal).

Juicio
Habiendo visto, examinado, informado y discutido el presente caso de la Acción Directa de Inconstitucionalidad no. 880-8 (Salvador), donde el fiscal es el solicitante y se solicita la ciudad de Salvador,
ACUERDAN los jueces miembros del tribunal superior del Estado de Bahía, en sesión plenaria, por unanimidad, declarar inconstitucional la Ley Municipal no. 4,149/90.
El Ministerio Público del Estado de Bahía, en el uso de sus atribuciones legales, por su Procurador General, ha presentado ante el Tribunal de Justicia atroz la presente Acción Directa de Inconstitucionalidad de la Ley Municipal no. N° 4.149 / 90 que "permite las peleas de gallos y otros arreglos".
Esta ley fue aprobada por el Ayuntamiento de Salvador, aprobando la sanción del Ejecutivo Municipal por un período de tiempo.
La demandante afirmó que la referida Ley Municipal lesiona frontalmente el art. 214, punto VII, de la Constitución del Estado y el art. 255, § 1, punto VII de la Constitución Federal.
El solicitante argumentó que, según dichas disposiciones constitucionales, es obligación del Estado y del Municipio actuar en la protección de los animales, de modo que no sean sometidos a crueldad, por lo tanto, está prohibido emitir leyes que fomenten lo contrario, es decir, crueldad hacia los animales.
También agregó que la mencionada Ley Municipal también perjudica el arte. 64 de la Ley de delitos penales y el art. 3, XXIX, del Decreto Federal no. 24,645 / 34.
En conclusión, el solicitante dijo que la práctica de las peleas de gallos es ilegal e inconstitucional, que merece el repudio de todos, porque no es otra cosa que alentar la crueldad y la ganancia fácil.
Acompañando a la inicial, vino el proceso administrativo n. 380/91 - PGJ, que contiene varios documentos de las Sociedades de Protección Animal enviadas a la Fiscalía General de la Nación, denunciando la práctica contraventiva de la Sociedad Gallega, respaldada por la Ley, declarada inconstitucional y solicitando medidas apropiadas.
Se otorgó un requerimiento judicial por la suspensión de dicha Ley.
El Ayuntamiento de Salvador proporcionó la información solicitada (páginas 18/35 v.).
El Ayuntamiento no proporcionó la información solicitada.
La Fiscalía General de la Nación dictaminó que esta acción estaba bien fundada

(páginas 37/38). Examinados, los registros se incluyeron en la agenda del juicio.
Es el informe.
Como se vio, la Oficina del Fiscal General dictaminó que la acción fue fundada (ver páginas 37/38).
El Procurador General del Estado de Bahía ha propuesto la presente Acción Directa de Inconstitucionalidad de la Ley Municipal No. 4,149 / 90, aprobada por el Ayuntamiento de Salvador.
El solicitante afirmó que dicha ley daña frontalmente un dispositivo insertado en el Estado (art. 214, ítem VII) y constituciones federales (art. 225, § 1, ítem VII) que obligan a los Estados y Municipios a proteger la fauna y la flora, prohibiendo prácticas que ponen en peligro su función ecológica, provocan su extinción y someten a los animales a la crueldad.
El solicitante tiene razón al decir que la práctica de las peleas de gallos es ilegal e inconstitucional y merece el repudio de todos, ya que fomenta la crueldad y la ganancia fácil.
Sin embargo, establece el art. 214, inciso VII, de la Constitución del Estado, en repetición de lo establecido en el art. 225, § 1, punto VII, de la Constitución Federal que:
'El Estado y los municipios se comprometen, a través de sus órganos de administración directos o indirectos, a: VII proteger la fauna y la flora y las especies en peligro de extinción mediante la supervisión de la extracción, captura, producción, transporte, comercialización y consumo de sus especímenes. y subproductos, prohibidos por la ley, prácticas que ponen en peligro su función ecológica, causan su extinción o someten a los animales a crueldad.

En contraste con el precepto constitucional antes mencionado, la Ley Municipal No. 4,149 / 90 permite que se lleven a cabo peleas de gallos (art. 10) e, ingeniosamente, intenta modificar el concepto moral y legal al establecerse en el art. 2 ° que "no constituyen apuestas en peleas de gallos, ni significan trato cruel a los animales".
Ahora, una ley que es frontalmente contraria al precepto constitucional no puede sostenerse. Del mismo modo, las normas constitucionales, cuando sea necesario, se harán explícitas, reguladas por una ley complementaria que nunca se puede confundir con una ley municipal simple.
Por lo tanto, la Constitución prohíbe prácticas que sometan a los animales a la crueldad. Por lo tanto, la Ley Municipal no. 4.499 / 90 no puede afirmar que las peleas de gallos no son un trato cruel a los animales o que apostar en apuestas no es una apuesta.
La inconstitucionalidad de esta Ley Municipal es tan evidente que el propio Ayuntamiento, en su información, vuela. 18/19, lo reconoce diciendo que será responsable de resolver la inconstitucionalidad alegada por el Ministerio Público.
Por estos motivos, se toman medidas para declarar inconstitucional la Ley Municipal N° 4.149 / 90.
Sala de Sesiones del Tribunal de Justicia del Estado de Bahía, en sesión plenaria, el 12 de junio de 1992. "

En 1998, el gobernador del estado de Río de Janeiro sancionó una ley similar, con la intención de liberar peleas de gallos en ese estado.

Los ecologistas protestaron y enviaron una representación al Fiscal General, solicitando la Declaración de inconstitucionalidad de esa ley.[44]

---

[44]La Liga para la Prevención de la Crueldad contra los Animales, una entidad civil de protección del medio ambiente, firmada con multa está ante usted. para exponer y requerir lo siguiente:

El 20 de marzo de 1998, el Gobernador del Estado de Río de Janeiro, Marcello Alencar, sancionó la Ley no. 2.895, escrito por el Diputado José Godinho Sivuca (PPB) -RJ, autorizando la creación y celebración de exhibiciones y concursos entre aves combatientes en todo el territorio de ese estado.

Ahora, las peleas de gallos y las peleas canarias están implícitamente prohibidas por la Constitución Federal, en su art. 225, § 1, punto VII, que prohíbe las prácticas que someten a los animales a la crueldad, otorgando al Gobierno y a la sociedad la tarea de proteger la flora y la fauna.

La referida ley también perjudica la Constitución del Estado de Río de Janeiro en su art. 258, § 1, IV, que impone a todos y al Gobierno el deber de 'proteger y preservar la flora y la fauna, las especies en peligro de extinción, las especies vulnerables y raras, y las prácticas que someten a los animales a la crueldad, por ejemplo. la acción directa del hombre sobre ellos.

Según las leyes ordinarias, la Ley 2.895 / 98 viola la Ley Federal 9.605 del 12 de febrero de 1998, que establece sanciones penales y administrativas derivadas de conductas que dañan el medio ambiente.

En tu arte 32 La Ley 9 605/98 tipifica como delito "cometer un acto de abuso, maltrato, lesión o mutilación de animales salvajes nativos o exóticos nativos o domesticados".

También enfrentamos un delito contra la administración ambiental (art. 67 de la Ley 9.605 / 98), que consiste en otorgar la autorización de un funcionario público, en desacuerdo con las normas ambientales.

Según la teoría kelsiniana, una norma legal encuentra su fundamento de validez en la norma inmediatamente superior, formando una cadena vertical cuya parte superior es la Constitución, que es la base fundamental de todo orden positivo. La incompatibilidad de la Ley Estatal RJ 2.895 / 98 con la Constitución Federal y la Constitución del Estado de Río de Janeiro es evidente.

Además de ser inconstitucional, es ilegal porque viola la Ley Federal 9.605 / 98, ya que todas las leyes deben ajustarse a categorías superiores. Así, se perjudicaron dos principios fundamentales del derecho: constitucionalidad y legalidad, que constituyen la inconstitucionalidad directa e indirecta del derecho en cuestión.

La crueldad de la pelea de gallos es evidente. Veamos: (descripción de las peleas de gallos como se indicó anteriormente).

Dicho esto, y demostrado en la medida de la inconstitucionalidad e ilegalidad de la Ley 2.895 del 20 de marzo de 1998, está garantizado que usted. presentar una acción directa de inconstitucionalidad de dicha ley ante el Tribunal Supremo Federal ".

POR QUÉ PELEAS DE GALOS SON CRUELLES

En un año, el gallo está listo para la pelea y pasará 69 días de tratos. En el tratamiento, se arroja al animal, lo que significa que se ha cortado las plumas del cuello, los muslos y debajo de las alas, se opera las púas y los párpados. Comenzó una vida de sufrimiento con entrenamiento básico. El entrenador, sosteniendo al animal con una mano en el chat y la otra en la cola, o sosteniéndolo por las alas, lo arroja y lo deja caer al suelo para fortalecer sus patas. Otro procedimiento es tirar de él por la cola, arrastrándolo en forma de ocho, entre sus patas separadas. Luego, el gallo se suspende por la cola para fortalecer sus uñas en la arena. Otro ejercicio es empujar al animal alrededor de su cuello, haciéndolo girar en un círculo como una parte superior. Luego, el animal se cepilla para desarrollar músculo y aclarar el color de las plumas, se baña en agua fría y se coloca al sol para abrir el pico, tan cansado. Esto es para aumentar la resistencia.

Luego llega el momento del entrenamiento de colación, cuando el gallo se enfrenta a otro, solo para entrenar, usando casquillos de esporas y puntas de goma en el pico. La puntera que sostiene las dos boquillas es para entrenar los pies, y la puntera que sostiene la boquilla superior es para que el gallo pueda atrapar a su oponente sin lastimarlo. La puntera se retira para obtener rendimiento, pero en esta etapa los animales se separan antes de la lesión.

El gallo pasa su vida encerrado en una pequeña jaula, que solo circula en un espacio más grande durante las temporadas de entrenamiento, cuando se coloca en la cinta de correr, que mide 2 m de largo y 1 metro de ancho.

Ha llegado el momento de llevar al gallo a la lucha. Después del par (elección de pares) viene el primero, que es la apuesta entre los dos propietarios. Luego se abren las apuestas y las pollas. Los gallos entran en la escobilla de goma con zapatos hechos de espuelas de metal y boquillas plateadas (la boquilla plateada sirve para doler más o reemplazar la boquilla ya perdida en la pelea). La pelea dura 1h15, con cuatro refrescos de 5m. Si el gallo es tocado (golpe mortal) o *medio tocado* (golpe de gracia), el público histérico apuesta lamidas, que son apuestas ventajosas para el oponente.

Si el gallo se cae durante 1 minuto, el juez autoriza al propietario a calcular el gallo (trate de pararse). Si puede soportar 1m, la lucha continúa. Acostarse es un perdedor. El gallo puede asustarse cuando recibe un golpe muy doloroso y abandona la pelea.

Si la pelea dura 1h15 sin que uno de ellos caiga, hay un empate y la parte superior pierde su validez. Las apuestas incluso se colocan en refrescos.

El *gallo de carrera* es el que corre el rasero corriendo hasta cansarse del otro que corre tras él, y luego lo mata. Un yugo es aquel que cruza su cuello con el cuello del otro, forzando hacia abajo hasta que el oponente pierde la posición de lucha. El gallo rebelde es el que, en medio de la pelea, entra bajo las plumas del oponente cuando es atacado y luego lo embosca.

Todo esto demuestra que las peleas de gallos son crueles y solo pueden ser disfrutadas por individuos perversos y sádicos.

Además, es apropiado explicar por qué la lucha canaria es cruel. El argumento principal de los ganaderos para justificar estas disputas es el hecho de que los canarios luchan espontáneamente en la naturaleza.

El pájaro tiene, de hecho, el sentido de propiedad de la tierra, que se manifiesta a través de la canción. El territorio será mayor a lo largo del canto. La canción del canario tiene una amplia gama y, en consecuencia, en la naturaleza vive en un amplio territorio y en parejas. En estado salvaje, estas aves solo luchan para defender el territorio donde se aparearán y tendrán su descendencia. Nunca por instinto de lucha. Por lo tanto, las peleas solo ocurren en el momento de la reproducción, a partir de agosto y septiembre, y terminan con el escape inevitable del perdedor. Durante finales de otoño e invierno, viven en manadas sin territorio, y no hay nada que los haga luchar.

Además, cuando hay una invasión de territorio, la lucha no siempre ocurre. Los animales tienen un código de comunicación que permite un diálogo antes de la disputa. Las aves levantan sus plumas para intimidar al oponente, quien también puede hacer signos de

---

[45] DIAS, Edna Cardozo. *SOS Animal.*Belo Horizonte: Liga de Prevenção da Crueldade contra o Animal, 1996.

apaciguamiento y abandono el territorio, terminando la disputa.

Otro argumento utilizado por los ganaderos es que las competencias tienen como objetivo refinar la raza y defender a la especie de la extinción.

Todo lo contrario de lo que dicen, en la naturaleza el animal está mejor conservado, porque un canario que escapa o pierde su territorio puede ser un nuevo y un buen criador, independientemente de si es una buena pelea o no. Teniendo en cuenta que no todos los canarios son para luchar y que el cautiverio no es necesario para preservar la especie, ¿qué están mejorando las granjas? Nadie mejora una raza cautiva por el bien de la raza misma. En el fondo, esto siempre se hace para beneficio del hombre. Una de las cosas más difíciles es criar una especie en cautiverio y reintroducirla en la naturaleza, no solo por la dificultad de adaptar la especie sino también por la falta de áreas apropiadas.

Los canarios que luchan se alimentan con semillas de cannabis y el remedio Melhoral se disuelve en agua. Además, la estimulación sexual, causada por la presencia de la hembra y el masaje del pecho de los animales, se usa para alimentar a los animales contra otro pájaro. El perdedor no tiene perdón: si sobrevive a la ira de su adversario, muere aplastado a manos del creador, disgustado con su derrota; y si gana, no se queda con la hembra, porque se guarda para otro perro.

De hecho, el propósito de la lucha es ganar dinero con el juego y la comercialización de aves, un negocio multimillonario donde los canarios son un instrumento cruel de explotación financiera.46

Examinando el significado etimológico de la palabra crueldad, podemos deducir que, en cualquier caso, las peleas de gallos y las peleas canarias son ilegalmente:

● CRUEL: persona que se deleita en causar daño a otro ser; uno que es insensible al dolor que causa a otros. (Hailing Encyclopedia of Law, v. 22 p. 14).

● CRUELDAD: cualidad o carácter de lo que es cruel, que se deleita en hacer el mal, atormentar o dañar.[47]

---

[46] DIAS, Edna Cardozo. *SOS Animal. Op. cit.*
[47]FERREIRA, Aurélio Buarque de Holanda. *Novo Dicionário da Língua Portuguesa.* 1.ed., Rio de Janeiro: Nova Fronteira, 1986

Dicho esto, y demostrado en la medida de la inconstitucionalidad e ilegalidad de la Ley 2.895 del 20 de marzo de 1998, está garantizado que usted. de presentar una acción directa de inconstitucionalidad de dicha ley, ante la Suprema Corte Federal.

P.D.

Edna Cardozo Dias

OAB / MG 10 450

Fiscalía General de la Nación

SGAS - Q 603, lote 23

70 200-901 - Brasilia - DF

La ley fue declarada inconstitucional por el STF. Las leyes estatales de Santa Catarina y Río de Janeiro han sido declaradas inconstitucionales. En Acción Directa de Inconstitucionalidad No. 2,514 / SC, el relator Ministro Eros Grau, juzgado el 29 de junio de 2005, fue declarado ley inconstitucional del Estado de Santa Catarina por autorizar "prácticas que someten a los animales a la crueldad". En Acción Directa de Inconstitucionalidad No. 1,856 / RJ, del Relator del Ministro Celso de Mello, evaluado el 26 de mayo de 2011, la Corte restableció la inconstitucionalidad de la regla - Ley No. 2,895 / 98 - que permitió la "competencia galáctica".

5.5.2 Crueldad en rodeos y vaquejadas

La práctica del rodeo comenzó en granjas en el oeste americano, cuando los trabajadores, después de leer, presumieron y disputaron que tenían más agilidad. Los colonos transportaron ganado hacia el sur después de que Estados Unidos conquistó México e hizo paradas de descanso. En su tiempo libre en el trabajo, los vaqueros jugaban a caballo y con lazo. Lo que fue solo una broma más tarde se convirtió en una disputa amateur y luego profesional (DIAS, 2000).

En Brasil, esta práctica se ha informado desde la década de 1950, y comenzó en la ciudad de Barretos / SP, cuya actividad principal es la agricultura y donde se encuentran varios refrigeradores. Mientras los peatones transportaban ganado de las granjas a los congeladores, decidieron competir entre ellos montando.

El primer evento de repercusión nacional fue la Festa do Paão, celebrada en Barretos / SP, en 1956:

[...] la fiesta se celebró en 2 días, con actuaciones de Catira, Danzas folclóricas brasileñas, Conjuntos de violeiros, Quema de ajo y desfile típico con carretas de bueyes y conjuntos folclóricos y Pau de Sebo. No hubo elecciones para la Reina, el club eligió a una chica de la ciudad como representante del partido. Las primeras fiestas se celebraron en circos alquilados, Patativa y Fubeca (propietarios de circos). En esta década, el rodeo, que reemplazó a las "Caballeros" que simbolizaban la lucha de los cristianos contra los moros, ya era la atracción principal de la fiesta que entusiasmó a los espectadores que se identificaron con el evento que combina el deporte con el trabajo diario en las granjas.

[...]

La internacionalización del rodeo se produjo con el comienzo del toro en 1983. La 30ª edición de la fiesta, 1985, se celebró en el nuevo espacio y recibió miles de visitantes de todo el país. En 1989, se inauguró el Rodeo Stadium Oscar Niemeyer, con una capacidad de 35,000 espectadores sentados (INDEPENDENTES, 2014).

El Festival de Peones Boiadeiro de 1956 se convirtió en un modelo para todas las fiestas desde entonces en el país. Hasta el día de hoy Barretos sigue siendo uno de los principales lugares para rodeos, y es donde se encuentra el Parque de Peone Boiadeiro, diseñado por Oscar. Niemeyer

DESCRIPCION

El rodeo de Brasil es ligeramente diferente del estadounidense. Aquí se inventó una modalidad llamada cutian. En el cutian, el peón también necesita permanecer en el caballo durante 8 segundos, pero lo que cuenta son las espuelas que le da al animal. Cada uno de los jueces, que son tres, otorga puntajes de 0 a 100, y el puntaje medio es el que es válido para la clasificación. Los peatones afirman que las espuelas no tienen puntas y, por lo tanto, no lastiman a los animales. En cuanto al sedem (la cuerda hecha con el pelo de la melena o la cola del buey y utilizada para manipular al animal), unida a la ingle del animal, es el mismo tipo utilizado por los estadounidenses (DIAS, 2000, p. 198).

El modo de rodeo más antiguo practicado en los Estados Unidos es el sillín bronc, donde el peatón descansa sobre los estribos, sentado en una silla de montar, sujetando un cable de 1,20 m de largo (DIAS, 2000, p. 199).

Ya el *bareback* es una prueba sin estribos, teniendo el peón como soporte de un solo mango. Casi está acostado sobre una pequeña silla con un brazo en el aire y, sin embargo, no puede dejar de estimular al animal (DIAS, 2000, p. 199). Al final, el peón es salvado por el padrino (o madrina), una especie de peón que tiene una función de salvavidas; Su misión es ingresar a las arenas para garantizar la seguridad de los peatones, evitando que se caigan y acelerando el regreso de los animales. Además de la misión de liberar al peatón de la caída, estos profesionales también son responsables de acelerar el regreso de los animales a las ratas (SPODACULAR SPORT RODEO , 2007).

El evento más peligroso es el toro, el que reemplazó al caballo con el buey. El peón tiene que aguantar durante 8 segundos en un animal flotante para obtener un puntaje de 0 a 100. Cuanto más estimule el toro de caza y el peón, mayor será el puntaje. El buey tiene sus órganos sexuales apretados por el sedem, lo hace saltar. Se ata una cuerda de nylon al toro para que el peón lo sostenga con una mano. Las espuelas no pueden tener puntos. Las distensiones musculares en peatones y animales son frecuentes, e incluso pueden producirse fracturas. Al final de la carrera, el peón elige el mejor momento para saltar, mientras que una madrina, a menudo vestida como un peón de payaso, distrae al animal después de que el peón desmonta (DIAS, 2000, p. 199).

Las razas de caballos más comúnmente utilizadas en los rodeos son árabes, criollos, de mango y de un cuarto de milla. Los bueyes más utilizados son las razas Nelore, Dutch, Caracu y *Red Bull* (DIAS, 2000).

También hay pruebas del lazo de la pantorrilla, que es capturado por el cuello o cuerda de la pantorrilla. El caballero montado en un caballo cruza la puerta persiguiendo a un ternero de solo tres o cuatro meses de edad. El peón rodea la cabeza del animal, lo tira hacia atrás y deja de correr. Luego baje del caballo y levante el cachorro a la altura de la cintura y con la soga en la boca ata tres de sus patas. Tres jueces cronometraron el tiempo de la carrera, y vale la marca intermedia. No pueden excederse de 2 (dos) minutos. El tirador no puede salir de la caja antes de la pantorrilla, de lo contrario será penalizado con cinco (5) segundos más en el conteo final de tiempo (DIAS, 2000, 199-200).

Una variante de este modo es *dos contra uno, o roping*. Son dos caballeros persiguiendo a un buey joven. El looper es la cabecera, y debe tomar la cabeza del animal. Es el primero en salir. La máquina de pesaje tiene la tarea de atar los pies traseros del animal. Con los bucles uno frente al otro, el animal es atado y tirado por la cabeza y los pies. Cuando termina la carrera, ambos peones levantan los brazos (DIAS, 2000, p. 2000).

La prueba de bucle, según lo descrito por Anaiva Oberst, se incorporó a los rodeos de Barretos / SP:

El rodeo de Barretos recientemente incorporó nuevas atracciones a la "fiesta": el bucle de ternera y el bucle doble. En la primera prueba, un lazo de pantorrilla, un ternero mal separado que pesa menos de 60 kg se enrolla alrededor del cuello, atado y arrastrado por un peón, mientras que en la segunda prueba, un lazo doble, dos peones, uno a cada lado, enrolla el extremos de una novilla, tirando del animal en direcciones opuestas a alta velocidad. Las consecuencias son contusiones, fracturas, distensiones, parálisis y, a veces, incluso la muerte (OBERST, 2012, p. 64).

También hay pruebas de velocidad, *bulldogging*. Cuando un asistente rodea al buey para obligarlo a seguir la ruta planificada, los peatones se acercan y saltan sobre el buey, sujetándolo por la cabeza. Gira el cuello del animal hasta que esté completamente inmovilizado. La carrera termina cuando el buey es derribado. (Dias, 2000, p. 200).

Para las mujeres, existe la prueba de tres tambores. Los tambores están dispuestos en la arena en forma de triángulo. Después de que el árbitro comienza, el jinete rodea el primer tambor, después del segundo y el tercero en sucesión. Luego corre a la línea de meta. La victoria es la que logra el desafío en menos tiempo.

El tambor no se puede soltar, de lo contrario se agregarán 5 segundos a la marca de tiempo final del competidor (Dias, 200).

Según los promotores de rodeo, los rodeos no implican crueldad y los animales son tratados bien. Afirman que las espuelas no puntiagudas no hacen daño, pero ese no es el caso. Con o sin puntas, las espuelas están destinadas a dar golpes que lastiman al animal. Los petos generalmente causan lesiones a los animales. En algunos rodeos, se colocan clavos y piedras y otros objetos afilados debajo de la silla de montar, o se aplican descargas eléctricas y mecánicas a las partes sensibles del animal antes de ingresar a la arena. Sedem se aplica al área de la ingle, que es muy sensible porque es de piel delgada, pero principalmente porque es el área de localización de los órganos genitales. Agregue a eso el transporte en malas condiciones y el estrés en el confinamiento en el brete antes de las carreras.

Los estudios veterinarios han argumentado que, además del dolor físico sufrido por los animales, el ruido, las luces y las cuerdas utilizadas causan estrés. También afirman que la repetición de los impactos de la caída del peatón sobre la columna vertebral del animal puede ejercer presión sobre los discos de gel que separan las vértebras, especialmente en la parte inferior de la espalda. En este sentido, la opinión técnica de Julia Matera, Presidenta del Comité de Ética de la Facultad de Medicina Veterinaria y Zootecnia de la Universidad de São Paulo:

El uso de sedem, pinzas, descargas eléctricas o mecánicas y espuelas genera estímulos que producen dolor físico en los animales, correspondiente a la intensidad de los estímulos. Además del dolor físico, estos estímulos también causan angustia mental a los animales, ya que tienen la capacidad neuropsíquica de evaluar que estos estímulos son agresivos para ellos, es decir, peligrosos para su integridad.

---

[48]"descorna: o chifre dos bovídeos, para a realização de determinadas provas, é "aparado" com a utilização de um serrote, sem anestésico, e causando sangramentos e dor aos animais;" (MARTINS, 2009, p. 372).

EDNA CARDOZO DIAS

(MATERA, 2009 apud MARTINS, 2009, p. 377).

Esta es la misma comprensión expresada en un informe técnico de la Dra. Irvênia Luiza de Santis Prada, profesora emérita de anatomía de la Facultad de Medicina Veterinaria y Zootecnia de la USP:

> El sedem se aplica en la región de la ingle, ya bastante sensible porque es de piel delgada, pero principalmente porque es el área de localización de los genitales. En el caso del ganado, el sedem pasa sobre el pene y, en los caballos, al menos compromete la porción más anterior del prepucio.
> [...]
> En cuanto a la posibilidad de producir dolor físico mediante el uso del sedem, la identidad de la organización de las vías neuronales del dolor en humanos y animales sugiere bastante su dolor físico. Lo contrario es que no se puede decir, es decir, no hay nada en la ciencia que demuestre que los animales no sienten dolor con tal procedimiento.
> [...]
> "La identidad de la organización morfofuncional existente entre el sistema nervioso del hombre y los animales es muy sugerente de que los animales experimentan sufrimiento físico y mental cuando se someten a los llamados procedimientos completos de rodeo". (PRADA, 2000 APT MARTINS, 2009, p. 377).

Al confirmar el maltrato y el sufrimiento atribuidos a los animales en las pruebas de bucle, más de 100 (cien) veterinarios expresaron su opinión en la opinión técnica titulada "Evaluación técnica de la prueba de bucle: evaluación del daño potencial en terneros utilizados en las pruebas. "(Martins, 2009, p. 378).

Vânia Tuglio enseña que:
Un estudio reciente titulado "Bases metodológicas y neurofuncionales del dolor / evaluación de la ocurrencia de sufrimiento

en animales "afirma que a pesar de la complejidad del tema, dado que la experiencia del dolor es subjetiva y que los animales, como los bebés humanos, no verbalizan sus sentimientos, es posible hacer una evaluación basada en los parámetros establecidos por LASA - Asociación de Ciencia de Animales de Laboratorio.

> Por lo tanto, como existe evidencia de similitud de organización morfofuncional entre humanos y animales, particularmente mamíferos, es posible aplicar los principios de homología y analogía (TUGLIO, 2006, p. 234).

Demostrado a la posibilidad de la ocurrencia de dolor y sufrimiento a los animales en los rodeos, es necesaria una supervisión rigurosa para que la Ley no. 10.519 / 2002 cumple su propósito, a saber, garantizar el bienestar total de los animales utilizados en los rodeos.

LEGALIDAD

Al comienzo de la práctica en Brasil, los rodeos se realizaban de manera amateur y no había legislación sobre quién practicaba la práctica o los animales involucrados en ella.

El primer paso hacia la legalización de los rodeos en Brasil se dio en 2001, bajo el gobierno de Fernando Henrique Cardoso, cuando la Ley no. 10.220, que clasificó la actividad peatonal de rodeo como un atleta profesional, regulando así la profesión. La ley establece el derecho a contrato y remuneración. Además de la compensación, los peatones ahora tienen derecho a un seguro de vida y accidentes, reembolso de gastos médicos y hospitalarios en caso de accidentes, así como terapias necesarias para la recuperación de los heridos. La Ley prohíbe el trabajo del menor sin autorización del tutor y establece un día laboral máximo de 8 (ocho) horas de trabajo para el peatón, pero no establece límites a las horas de trabajo de los animales (BRASIL, 2001). Fue el primer paso hacia la legalización de los rodeos en todo el país.

La Ley considera un peón para realizar pruebas de destreza en la espalda de equinos o bovinos en torneos a los que asisten entidades públicas o privadas. También incluye entre las actividades los vaqueros y las pruebas de corbata (art. 1 y único párrafo).

Las vaquejadas son de origen brasileño, habiendo nacido en los estados del noreste. Un espectáculo genuinamente brasileño, la vaquejada nació en la ciudad de Santo Antão, Pernambuco. Dos vaqueros, un llamado *tirador* y el otro *transportador* montado en un caballo, acompañan a un buey desde la salida del sangrado (Caja hecha para el inicio del acusado) hasta la pista del juicio. Allí deben tirar el buey al suelo, arrastrándolo brutalmente hasta que muestre las cuatro patas. Si desea aumentar los puntos con la hazaña, en el momento de la tala, el buey debe caer de pie (DIAS, 2000, p. 201).

Los llamados *apartamentos,* que se hicieron hasta mediados del siglo XX en el interior del noreste, fueron presenciados por multitudes, que viajaron desde grandes distancias para ver las atrocidades impuestas a los animales. Esto se hizo en el momento en que el ganado se crió en campos abiertos. Después de las temporadas invernales, los criadores se reunieron y pastorearon el ganado para hacer un reconocimiento adecuado de la propiedad por la marca registrada del agricultor (hecha con hierro caliente). La tala se realizó al final de la operación, cuando las crías ya habían sido reconocidas por sus madres. Cada mes que fue mutilado en el otoño fue sacrificado para servir como comida para los participantes. Los *apartamentos* ya no existen hoy después de que el ganado fue criado en tierras rodeadas de terratenientes. Sin embargo, las vaquejadas continúan realizándose, más frecuentemente con cada año que pasa (DIAS, 2000, p. 201).

Los animales utilizados en el ganado se dislocan y sufren hemorragias internas debido a la manipulación brusca y la caída. Incluso existe la mala costumbre de algunos peatones del noreste de llevar una cuchilla o un pedazo de hueso afilado escondido en el guante para cortar la cola del buey en este momento donde cae Y no es solo el país que participa en el derrocamiento del buey. A estos eventos asisten empresarios, profesionales y otras categorías profesionales (DIAS, 2000, p. 201).

El 17 de julio de 2002, la Ley no. 10.519, que "prevé la promoción y supervisión de la protección de la salud animal cuando se realiza el rodeo y otras medidas". La ley conceptualiza a los rodeos como:

Artículo 1 [...]
Párrafo unico. Los rodeos de animales se consideran actividades de conducción o cronometraje y eventos de bucle, en los que se evalúa la capacidad del atleta para dominar al animal con habilidad y el rendimiento del animal en sí. (BRASIL, 2002).

La Ley creó las siguientes obligaciones para los promotores de rodeo:

Artículo 3. El promotor de rodeo deberá, a su cargo, proporcionar:
I - infraestructura completa para la atención médica, con ambulancia de guardia y equipo de primeros auxilios, con presencia obligatoria del médico general;
II - veterinario calificado, responsable de garantizar el buen estado físico y sanitario de los animales y de cumplir con las normas disciplinarias, prevenir abusos y lesiones de cualquier tipo;
III - transporte de animales en vehículos apropiados e instalación de infraestructura para asegurar su integridad física durante su llegada, alojamiento y alimentación;
IV - arena de competiciones y bretes rodeados de material resistente y con arena u otro material

acolchado, adecuado para amortiguar el impacto de cualquier caída del ganado peatón o animal montado. (BRASIL, 2002).

Aduz Fiorillo que

[...] los profesionales del rodeo, a saber, los peatones vaqueros, madroniros, socorristas (también conocidos como peatones payasos), domadores, porteros, jueces y locutores, tienen algunos beneficios, esto debería ser apoyado económicamente por los organizadores / promotores de rodeo, dentro de una visión legislativa que consolide las actividades aludidas no solo culturalmente sino principalmente económicamente (FIORILLO, 2014, p. 321).

La ley prohíbe que el equipo de conducción y arnés utilizado cause lesiones o lesiones a los animales. Establece que las correas, fajas y vientres están hechas de lana natural, para evitar molestias a los animales. También prohíbe el uso de espuelas de roseta puntiagudas, electrodomésticos que causan golpes e instrumentos que causan lesiones. Las cuerdas de lazo deben contener dispositivos para reducir el impacto en el animal enrollado (BRASIL, 2002).

En caso de violación de la Ley, se establecen las sanciones de advertencia, suspensión temporal y definitiva que debe aplicar el órgano administrativo competente.

Antes de la aprobación de esta ley, varios municipios del Estado de São Paulo habían prohibido, a través de las leyes municipales, los rodeos, con el apoyo del art. 225, § 1, inc. VII de CR / 88, considerándolos una práctica llena de inconstitucionalidad. Con la promulgación de la Ley no. 10.519 / 2002, los defensores de los rodeos se basaron en ella para argumentar la inconstitucionalidad de dichas leyes municipales que prohíben la actividad, ya que los rodeos fueron autorizados por la ley federal.

[...] con la llegada de la Ley Federal Nº 10.519 del 17/07/02, que prevé la promoción y supervisión de la protección de la salud animal al realizar rodeos, que incluso agregó la Ley Federal 10.220 del 11/11. 1/4, quedó claro que la práctica de los rodeos, siempre que se realice bajo la ley es una actividad legal que no puede ser prohibida por la Ley Municipal (CNAR, 2014a)

Sin embargo, para Anaiva Oberst, la Ley llegó a poner fin a la crueldad practicada contra los animales. Para el autor, solo mire un rodeo o vea las fotos adjuntas al asesoramiento técnico para concluir que no se cumplen dichas reglas (OBERST, 2012, p. 66).

Con la regulación de la profesión de peatones, en 2001, se fundó la Confederación Nacional de Rodeo (CNAR) para representar al rodeo nacional ante el Ministerio de Deportes y el Gobierno Federal. La entidad tiene como objetivo organizar, dirigir y alentar en todo el territorio nacional, la práctica del rodeo, supervisar y promover eventos y campeonatos nacionales y estatales en todas las modalidades de rodeo, realizando un trabajo en conjunto con sus Federaciones Estatales de Rodeo (CNAR, 2014b).

El Fiscal General del Servicio de Fiscalía del Estado de São Paulo, Dra. Vânia Tuglio, hablando sobre el rodeo, nos muestra que:

[...] los animales utilizados en los rodeos son en su mayoría mansos y necesitan ser picados y atormentados para demostrar un salvajismo que no tienen, pero que en realidad es una expresión de desesperación y dolor. Para falsificar la realidad y mostrar un espíritu violento inexistente, los peatones usan varios dispositivos que, vinculados a los animales o al peatón que los monta, o no, causan dolor e incomodidad a los animales, revelando insensibilidad humana cruel e intolerable (TUGLIO, 2006, p. 237).

Entre los instrumentos capaces de causar sufrimiento, Tuglio (2006) menciona el sedem, cinchas, cinturones o cinturones, espuelas puntiagudas o romas, petos. Las descargas eléctricas también se aplican a los animales para estimular su valentía. El autor entiende que, además de este sufrimiento directo, los animales también sufren sufrimiento indirecto, ya que llegan mucho antes que el público al lugar y sufren lesiones cuando se descargan o se expulsan del vehículo que los transporta. Suelen esperar todas las noches sin agua ni comida. Ella informa que se mantienen en espacios reducidos, están sujetos al ruido del micrófono de fiesta y los fuegos artificiales (TUGLIO, 2006, p. 237-238).

La abogada de São Paulo Renata de Freitas Martins, en una opinión elaborada el 30 de junio de 2009, en la ciudad de Santo André / SP, sobre el uso de animales en rodeos, describe los instrumentos más utilizados para que los animales monten:

Sedem: una especie de faja, pelo de caballo y pelaje que se ata a la ingle del animal y hace que salte.

Espuelas: objetos puntiagudos o no, acoplados a las botas peatonales, que sirven para golpear al animal.

Coraza: cuerda o correa de cuero atada y atada alrededor del cuerpo del animal, justo detrás de la axila.

Polaco: se colocan campanas en el peto, que hacen un ruido molesto al animal, haciéndolo aún más intenso con cada salto.

Choques eléctricos y mecánicos: aplicados a las partes sensibles del animal antes de ingresar a la arena;

La trementina, la pimienta y otras sustancias abrasivas se introducen en el cuerpo del animal antes de colocarlo en la arena para que se enfurezca y rebote.

Descorna: El cuerno del ganado para ciertas pruebas se corta con el uso de una sierra de mano.

Brete: es donde están confinados antes de la carrera y donde están preparados para montar (MARTINS, 2009, p. 312).

Tuglio (2006, p. 317) agrega que "durante todas las monturas, el peón golpea sin cesar las espuelas en el cuello del animal, con el riesgo constante de llegar a los ojos del animal y herirlo o cegarlo".

Sin embargo, la Confederación Nacional de Rodeo (CNAR) afirma que

Los animales utilizados en el rodeo trabajan solo 8 segundos al día y menos de 5 minutos al año. Se les paga de 500 a 1000 reales por su presentación. En algunos casos valen 100 mil reales en su comercialización, mientras que en el matadero se venden alrededor de 75 reales por arroba, llegando a unos 1.500 reales por animal. Tienen tratamiento estrella con derecho a nadar, dieta equilibrada, monitoreo veterinario y retiro con sombra y agua dulce. (CNAR, 2014a)

Utilizan como elemento de persuasión el hecho de que ningún propietario que paga tanto por un animal le permitiría ser sometido a malos tratos, y que llevan como lema "ama el rodeo que no maltrata a los animales" (CNAR, 2014a)

Sobre el sedem, dice CNAR:

Los animales que nacen con este instinto no están hechos para serlo, y el sedem no puede simplemente convertir a un animal manso en un jorobado. A veces, en una selección de 1000, menos del 1 por ciento se llaman puentes. Para el animal naturalmente inclinado a la joroba, el sedem simplemente estimula esta reacción, alentando al caballo o al toro a patear las patas traseras en el aire para deshacerse de un objeto extraño en su lomo, los llamados animales indomables (CNAR, 2014a).

Para obtener la aprobación pública y apuntar a acelerar las acciones de orientación, supervisión y control de sus actividades, CNAR creó la Certificación LEGAL Green Seal RODEO - "SU RODEO DENTRO DE LA LEY", que se otorgará de acuerdo con las reglamentaciones. El objetivo sería garantizar a los patrocinadores y gobiernos locales la aplicación de la ley y la adecuación a las normas de defensa sanitaria (CNAR, 2014c).

Para Tuglio (2006), al contrario de lo que afirma CNAR, los animales sufren humillación y dolor durante el entrenamiento y las exhibiciones diarias. Según el autor, los animales jóvenes se utilizan en la prueba de bucle, a menudo animales de 40 días, y además de los minutos en la arena, las horas de entrenamiento aún no se han considerado (TUGLIO, 2006, p. 238). Cuando está contenido por la cola a la salida del brete, el animal puede sufrir lesiones y fracturas de las vértebras coccígeas, lo que puede provocar una afección llamada "síndrome de la cola equina" (TUGLIO, 2006, p. 238).

En la prueba de bucle, según Tuglio (2006, p. 239):

> [...] se alcanza la estructura ósea del cuello, dentro de la cual se aloja una porción de la médula espinal, lo que puede causar dislocación y fractura y la consiguiente tetraparesia (pérdida parcial de la función motora) o tetraparálisis (pérdida total de la función motora) o incluso en ocurrencia de "shock espinal" y muerte.

De la Ley no. 10.519 / 2002 se permitió a los organizadores promover los rodeos, pero sujeto a las condiciones establecidas por la ley, incluidas las establecidas en la RC y la Ley de Delitos Ambientales, que tipificaba el delito de abuso animal.

Una descripción / visualización de los rodeos y los numerosos informes técnicos nos llevan a sospechar que, muchas veces, los rodeos caen en la norma punitiva de la ley brasileña.

LEY

El hecho es que si se prueba la crueldad en un rodeo, está claro que el crimen previsto en el art. 32 de la Ley no. 9.605 / 1998, conocida como Ley de Delitos Ambientales.

> Art. 32: Practicando maltrato, maltrato, daño o mutilación de animales salvajes nativos o exóticos, domésticos o domesticados:
> Pena: prisión, de tres meses a un año, y multa (BRASIL, 1998).

Con gran propiedad, el ministro Herman Benjamin afirma que:

> [...] si la Ley Penal es, de hecho, la relación última, en la protección de los activos individuales (vida y patrimonio, por ejemplo), su presencia se impone más correctamente cuando se trata de valores relativos toda colectividad, ya que están estrechamente relacionadas con la compleja ecuación biológica que garantiza la vida humana en el planeta (BENJAMIN, 1998, p. 391).

Las personas físicas o jurídicas que causan daños a los animales pueden responder administrativamente (art. 7, I a III, de la Ley N ° 10.519 / 2002), penalmente (art. 32 de la Ley N ° 9.605 / 1998), independientemente de la responsabilidad. (Art. 225, § 3 del CR / 1988).

Es importante destacar que la responsabilidad civil impuesta por la Ley no. 6.938 / 1981, que incluye entidades e individuos que promueven el rodeo, es objetivo, ya que está relacionado con otros daños ambientales. Esta es también la comprensión del reconocido adoctrinador Fiorillo:

Por lo tanto, es importante tener en cuenta que la llamada responsabilidad civil de los promotores de rodeo, especialmente en relación con los profesionales responsables de las actividades indicadas en el único párrafo del art. 1, es objetivo, como resultado de ocuparse de asuntos relacionados con el derecho ambiental brasileño (FIORILLO, 2014, p. 323).

Desde la perspectiva de la Constitución de la República de Brasil (BRASIL, 1988), que prohíbe las prácticas que someten a los animales a la crueldad (art. 225, § 1, VII), ante numerosas opiniones técnicas e informes veterinarios que prueban la crueldad en el rodeo, se puede decir que la Ley no. 10.519 / 2002 es inconstitucional. Esto sin olvidar el principio de la prohibición del retroceso legal, previsto en inc. XL del art. 5 de CR / 1988.

La Dra. Vânia Márcia Nogueira cree que "el agente estatal más activo y conocido para la implementación en la defensa de los animales es el Ministerio Público. Con un desempeño constante, esta institución se establece como un portavoz importante para la vida" (NOGUEIRA 2012 , p. 325). Citando a la promotora Vânia Tuglio, la defensora pública Vânia Nogueira plantea algunos problemas que podrían optimizar el trabajo del fiscal.

Para ella (Vania Tuglio), carecería de sectores especializados (fiscales y comisarías) que actuaran en defensa de los animales. Vânia explica que existe un enjuiciamiento ambiental en el área civil, pero que también debe existir en el área penal, de modo que los instrumentos para combatir el crimen organizado puedan usarse en delitos de menor potencial (NOGUEIRA, 2012, p. 333).

En los estados del noreste se adopta una fiesta similar, la vaquejada, un espectáculo genuinamente brasileño, que nació en la ciudad de Santo Antão, en Pernambuco. Dos vaqueros, un llamado extractor y el otro *transportador* montado en un caballo, siguen a un buey de desangrarse (Caja hecha para el inicio del terreno) hasta el rango de juicio. Allí deben tirar el buey al suelo, arrastrándolo brutalmente hasta que muestre las cuatro patas. Si desea aumentar los puntos con la hazaña, en el momento de la tala, el buey debe caer de pie.

Los llamados *apartamentos,* que se hicieron hasta la primera mitad de este siglo en el noreste del país, fueron presenciados por multitudes que viajaron desde grandes distancias para ver las atrocidades impuestas a los animales. Esto se hizo en el momento en que el ganado se crió en campos abiertos. Después de los inviernos, los criadores se reunían y ganaban ganado para hacer un reconocimiento adecuado de la propiedad del animal por la marca registrada del agricultor (hecha con hierro caliente). La tala se realizó al final de la operación, cuando las crías ya habían sido reconocidas por sus madres. Cada mes que fue mutilado en el otoño fue sacrificado para servir como pasto para los participantes. Los apartamentos ya no existen hoy después de que el ganado se crió en mangos de tierra rodeados de propietarios.

Sin embargo, los vaqueros continúan con más frecuencia con cada año que pasa. En Ceará hay un calendario oficial del gobierno estatal, según el periodista Dutra Oliveira, de *Tribuna do Ceará, en el artículo Panorama das vaquejadas,* publicado el 26/06/96.

Los animales utilizados en los pastores sufren dislocaciones y hemorragias internas debido a la caída. Y no es solo el país que participa en el derrocamiento del buey. Hoy en día, empresarios, profesionales liberales y otras categorías profesionales ya están entrando en escena, como si esta práctica fuera un deporte. Todo este tormento sufrido por los animales es ganar premios de la distribución pagada por el vaquero. En 1991, el primer premio para las 250 parejas que competían en la *XIV Vaquejada del Parque Napoleão Bonaparte Viana*, celebrado en Fazenda Garrote, en Caucaia, fue de R $ 1,5 millones.

Según el abogado ambientalista Dr. Geuza Leitão de Barros, en Ceará se encuentran los propios municipios que promueven las vaquejadas con el patrocinio de grandes empresas.

Un mal hábito de los peatones del noreste es llevar una cuchilla, o un poco de hueso afilado, escondido en el guante para cortar la cola del buey cuando cae.

La Constitución Federal y la Ley 9.605 / 98 prohíben las prácticas que someten a los animales a la crueldad, lo que concluye que los rodeos y el ganado son prácticas ilegales.

Ya en 1934, los rodeos y los rodeos habían sido prohibidos por el Decreto Federal 24.645 / 34, que dice textualmente en su art. 3er:

"Se considera crueldad:
"XXIX: Realizar o promover peleas entre animales de la misma especie o de diferentes especies, simulacros taurinos y taurinos, incluso en un lugar privado".

Los rodeos y los rodeos, sin duda, constituyen simulaciones taurinas que violan el Artículo 225, VII de la Constitución de la República. *Así decidió la Corte Suprema en ADI 4923 En octubre de 2016, la Corte Suprema dictaminó como inconstitucional la ley del estado de Ceará que reconocía a la vaquejada como patrimonio deportivo y cultural (ADI4983). Val recuerda que la acción de inconstitucionalidad fue provocada por el Dr. Geuza Leitão, quien dirigió la representación de la PGR, contra la ley Ceará 15299/2013, que pretendía regular y autorizar a las mujeres vaquejada en ese estado.[2]*

ADI tuvo como relator al Ministro Marco Aurélio, quien agregó en su votación:

Junto con los problemas morales relacionados con el entretenimiento a expensas del sufrimiento animal, mucho más graves en comparación con los que involucran experimentos científicos y médicos, la crueldad intrínseca hacia la vaquera no permite la prevalencia del valor cultural como resultado del sistema de derechos fundamentales de la Carta. 1988. El significado del término "crueldad" en la parte final del punto VII del párrafo 1 del artículo 225 del Diploma Superior se extiende indudablemente a la tortura y los malos tratos al ganado durante la práctica impugnada. si es intolerable, si no impotente, la conducta humana autorizada por la norma del estado atacado. En el marco de la composición de los intereses fundamentales involucrados en este proceso, se debe resaltar el reclamo de protección ambiental. A la luz de lo anterior, considero la solicitud hecha inicialmente para declarar la Ley inconstitucional No. 15.299, del 8 de enero de 2013, del Estado de Ceará. Es como un voto.[3]

---

[2]JANOT, Rodrigo. ADI n. 227.175/2017. Revista Brasileira de Direito Animal, [S.l.], v. 12, v. 3, 2017. Disponível em: <Disponível em: https://portalseer.ufba.br/index.php/RBDA/article/view/24399/15025>. Acesso em: 26 mar. 2018. [Links

[3]*SENADO FEDERAL;* http://www.stf.jus.br/arquivo/cms/noticiaNoticiaStf/anexo/ADI4983relator.pdf, Acessado em 25 de outubro de 2019

La crueldad y el maltrato de estos eventos se consagraron en una opinión técnica de los veterinarios de la USP, emitida a solicitud de las entidades ambientales.[50]

---

[50] Solicitud de opinión

REF: Opinión técnica sobre el uso de sedem en rodeos y el tipo de estimulación provocada por este instrumento en animales.

Señor rector.

Las entidades medioambientales que se enumeran a continuación le solicitamos. Promover los procedimientos necesarios para que los profesionales competentes de la USP den una opinión técnica sobre el uso del sedem en actividades de rodeo, respondiendo las preguntas:

1) ¿El uso de sedem causa tormento al animal?

2) ¿Cuál es la naturaleza del estímulo que causa el sedem?

3) Nos tomamos la libertad de enviar fotos tomadas en el rodeo del País del Festival de São Paulo celebrado el pasado enero, en el Gimnasio Ibirapuera, para que su observación pueda ayudar a estos profesionales a formarse una opinión al respecto.

Unión Internacional de Protección de Animales

TUCUXI - Grupo de protección de botones

SEIV - Grupo de Ecología Seiva

LPCA - Liga de Prevención de Crueldad Animal

Gran movimiento de defensa de la vida ABC

Asociación de Protección Animal de São Francisco de Assis

Servicio de Rescate Aéreo y Protección Ecológica

SOZED - Educational Zoophile Society

CAEETE - Grupo Ecológico Santo André

Asociación de animales SOS

Asociación de apoyo animal

La opinion

'A solicitud del Rector de la Universidad de São Paulo, y en respuesta a su consulta, a través de su carta del 20 de febrero de 1991, le presentamos las siguientes respuestas recomendadas por el Consejo Técnico Administrativo de esta Facultad.

1) ¿El uso de sedem causa tormento al animal?

A. si.

2) ¿Cuál es la naturaleza del estímulo que causa el sedem?

R. Causa estimulación dolorosa.

Culo Prof. Dr. João Palermo Neto. 29 de abril de 1991 "

Opinión de la Facultad de Medicina Veterinaria de la USP

"En respuesta a su solicitud, el uso de sedem en animales está destinado a promover estímulos, que son dolorosos, determinando así cambios en su comportamiento".

Prof. Dra. Julia Maria Matera.

Sao Paulo, 15 de octubre de 1996.

EDNA CARDOZO DIAS ▌

5.5.3 La bestia del toro

Farra do Boi es una de las mayores atrocidades cometidas contra animales en Brasil. Causó una conmoción nacional, movilizó a la prensa, fue objeto de varias tesis de maestría en diferentes disciplinas, y hasta el día de hoy ha sido un gran problema social y legal.

Cada *Semana Santa* en el estado de Santa Catarina, los descendientes de azorianos, asociando el buey con entidades paganas, rogaban a este animal hasta la muerte, linchando la victoria del cristianismo sobre los moros.

Armados con palos, piedras, látigos y cuchillos, hombres, mujeres, ancianos y niños participan en la fiesta. Tan pronto como se libera el buey, la multitud lo persigue y lo golpea sin cesar. El primer objetivo son los cuernos, rotos a golpes. Luego se perforan los ojos. La tortura solo termina cuando el animal, horas después, ya con varios huesos rotos, ya no tiene la fuerza para correr a ciegas, sin duda es sacrificado y carne para una barbacoa.

> "El animal salta y grita, trata de enredar el más cercano, pero la afilada hoja de mil cuchillos e incluso navajas lo convierten en un pedazo de sangre. Abriendo camino, corre ... y tropieza y cae. Los abrazos más salvajes, los más salvajes, ya manchados con la sangre de la víctima, se ejercitan hasta la muerte del indefenso. La 'mordida del toro' está terminada ".[51]

Farra tiene lugar en al menos 12 municipios costeros cerca de la capital de Santa Catarina: Garoba, Paulo Lopes, Palhoça, Santo Amaro da Imperatriz, Biguaçu, Gobernador Celso Ramos, Tijucas, Porto Belo, Itapema, Caboriu, Penha, Barra Velha.

Todo salió al público con una carta de la escritora Urda Klueger al periódico *O Globo* en 1986, una copia de la cual llegó al periodista Dagomir Marquezzi de *O Estado de São Paulo* por Renata, socia de la Liga de Prevención de la Crueldad Renata Maria perez Dagomir Marquezzi

---

[51]Descrição de João Manito, *Revista de Brasília. Apud* MARQUEZZI Dagomir, Campeões de sadismo, *O Estado de S. Paulo:* Caderno 2, 30/3/1987.

encabezó una campaña en su columnaEcológico, que ha alcanzado prominencia internacional. Esta pregunta es difícil de resolver, porque detrás de este tumor nacional, como Dagomir Marquezzi lo llamó con razón, hay una mafia de criadores de ganado (en ese momento el precio del buey aumenta), los dueños de restaurantes en la costa de Santa Catarina (comprar buey y entregar a los pescadores a cambio de un suministro preferencial de pescado), empresarios (que ofrecen el buey como un brindis a la fiesta) y refrigeradores (que alquilan el buey para la prueba).

Con la gran campaña que se desarrolló contra la *Farra do Boi*, el gobernador Pedro Ivo la prohibió en 1988. Sin embargo, descubrió que no tenía poder sobre esta mafia: se volvió y liberó a la Farra en los Mangueirões.

En 1988, un séquito de ambientalistas[52] fue a Santa Catarina, junto con los diputados Fábio Feldman y el jurista Adilson Abreu Dallari, para llevar al Gobernador a liberar a *Farra*. En la audiencia, el gobernador Pedro Ivo, bajo presión, nuevamente lo prohibió, incluso en los Mangueirões.

La policía militar reprimió una juerga en la colonia Hook en una sangrienta batalla entre pescadores y soldados, heridos en ambos lados. En Porto Belo, los pescadores amenazaron con apedrear las casas de los vacacionistas que denunciaron la fiesta.

Un séquito formado por ecologistas, periodistas y autoridades acudió a la Colonia de Ganchos, en el municipio de Celso Ramos, luego del enfrentamiento con la policía, para dialogar. A la delegación se unieron el congresista Fernando Gabeira y la artista Lucélia Santos. El grupo visitó las localidades de Swamp South, Armação y Lagoa, donde se encontraba la *Farra do Boi*. En Mangueirões, que está abierto a la prensa, la aventura consistía en alimentar al buey con bofetadas y golpes para salvarse de su furia. En un ejercicio de machismo y perversidad, los pescadores practicaron los pasos del torero y se enfrentaron al animal por hasta tres metros. El buey babeó, resopló, bajó el tronco y lo encendió. El granjero se desvió, subió la

---

[52]Liga de Prevenção da Crueldade contra o Animal-MG, Sociedade Zoofila Educativa-RJ, Liga de Direito dos Animais-RJ e várias entidades de Santa Catarina.

EDNA CARDOZO DIAS ▮

cerca e incluso pateó al animal en la cabeza.

El representante Fernando Gabeira, diciendo que recordaba los tiempos en que fue torturado en las cárceles, cambió el propósito del viaje, que era defender a los bueyes, y se aprovechó de los prisioneros encarcelados. Se subió al techo / terraza de una casa para dar un discurso y pidió la liberación de los juerguistas encarcelados. La multitud, en delirio, quería llevar al ayudante en sus brazos, casi arrastrando el camión en el que estaba. El gobernador Pedro Ivo, confundido y bajo presión por todos lados, ordenó que se eliminara la aparente policía, y el Farra sucedió en su apogeo. Esto ocurrió en 1988, con la muerte de varios animales.

El Spree no se detuvo, pero los ecologistas tampoco desanimaron a la prensa.

El programa *Fantástico* de la Red Globo ha mostrado repetidamente escenas de *Farra:* un buey desesperado que huye al mar desde donde fue arrastrado nuevamente hacia la paliza; un buey saltando de un acantilado para escapar del tormento; hombres muertos y heridos; casas invadidas por animales asustados ... Y los animales continuaron siendo torturados y asesinados.

El 25 de noviembre de 1988, la Liga para la Prevención de la Crueldad contra los Animales envió una petición a la Fiscalía del Estado de Santa Catarina para una medida de precaución y una Acción Civil Pública contra el Gobierno de Santa Catarina, así como una petición a la Asamblea Legislativa a que el gobernador debe ser juzgado por un delito de responsabilidad. No se ha tomado ninguna medida.

Fue el 26 de abril de 1989 que el gobierno de Santa Catarina fue activado por las entidades de Río de Janeiro: Asociación de Amigos de Petrópolis, Patrimonio, Protección Animal y Defensa de la Ecología (APANDE), Liga de Defensa Animal, Sociedad para la Zoofilia Educativa y Asociación de Protección Animal (SOZED), que presentó una Acción Civil Pública, confirmada en una Apelación Extraordinaria por la Corte Suprema Federal, ya que no tenía una decisión favorable en Santa Catarina. El ministro relator, Francisco Resek, emitió una opinión favorable a la prohibición de *Farra do Boi,* pero dejó la Corte Suprema Federal para ser representante de Brasil en la Corte Internacional de La Haya. El ministro Mauricio Corrêa solicitó puntos de vista sobre el proceso, lo que retrasó el juicio. Al final, la Corte Suprema consideró que Farra do Boi era un evento cruel y resolvió su prohibición.[53]

---

[53] Servicio de Jusrisprudence
Apelación extraordinaria No. 153531-8
Ponente de la sentencia. Ministro Marco Aurelio
Recte.: Apande - Asociación de Amigos de Petrópolis Patrimonio Protección Animal y Defensa de la Ecología y otros
Adv .: José Thomaz Nabuco de Araújo Filho y otros.
Recdo.: Estado de Santa Catarina
Adv .: Ildemar Egger.

Costumbre - Manifestación cultural - Razonabilidad del estímulo - Preservación de la fauna y la flora - Animales - Crueldad. La obligación del Estado de garantizar a todos el pleno ejercicio de los derechos culturales, fomentando la valorización y difusión de las manifestaciones, no prescinde del cumplimiento de la norma del artículo VII del art. 225 de la Constitución Federal, que prohíbe la práctica que termina sometiendo a los animales a la crueldad. Procedimiento discreto de la norma constitucional denominada "juerga de bueyes".

ACORD

Después de haber visto, informado y discutido estos registros, los Ministros de la Corte Suprema Federal, en segunda clase, acuerdan, de acuerdo con las minutas del juicio y las notas abreviadas, por mayoría de votos, escuchar la apelación y otorgarla, de acuerdo con el voto del Relator, derrotó al Ministro Mauricio Corrêa.

***

6/3/97 - Segunda clase
Llamamiento extraordinario no. 153531-8 Santa Catarina

VOTAR

Sr. Marco Aurélio - Señor Presidente, una cosa es el aspecto formal; otra es la costumbre transportada desde las Azores a Brasil. Te lo confieso No tengo forma de examinar si esta costumbre, discrepante o no, de razonabilidad, es otra cosa que la realidad brasileña, como hemos visto en los últimos años por los medios de comunicación sobre la práctica perpetrada en Santa Catarina.
Si, por un lado, como señaló el eminente ministro Mauricio Corrêa, la Constitución Federal revela que corresponde al Estado garantizar a todos el ejercicio pleno de los derechos culturales y el acceso a las fuentes de manifestaciones culturales, y la Constitución Federal es un todo amplio, por otro lado. mano, en el Capítulo VI, bajo el título 'Del Medio Ambiente', ítem VII del art. 225, tenemos una prohibición, un deber asignado al estado:
'Art. 225 (...)
VII - para proteger la fauna y la flora, prohibidas, según la ley, las prácticas que ponen en peligro su función ecológica, provocan la extinción de especies o someten a los animales a la crueldad.

El 12 de abril de 1990, la Unión para la Defensa de la Naturaleza envió una queja al Dr. Romeu Tuma, entonces Secretario de Ingresos Federales y Director de la Policía Federal, sobre los delitos de evasión de impuestos relacionados con *Farra do Boi,* con la declaración de uso. de la casilla 2 para la compra y donación de bueyes por parte de los políticos de Santa Catarina.54

El 23 de marzo de 1992, las organizaciones Quintal de San Francisco, Unión Internacional de Protección de Animales (UIPA), Asociación de Protección de Animales de São Francisco de Assis (APASFA), (TUCUXI) Grupo de Protección de Botones, Asociación de Amigos de Petrópolis Heritage Protection of Animals and Defense of Ecology, League for the Prevention of Cruelty to Animals (APANDE), Union in Defense of Nature, Association of Animal Protection, North American Mining Society for the Protection of Animals, dirigió una queja al Dr. Aristides Junqueira, entonces Fiscal General de la República, solicitando disposiciones legales del Ministerio Público.

El congresista Fábio Feldman propuso un proyecto de ley que especifica como delito la celebración de las celebraciones de la

---

Señor Presidente, es precisamente crueldad lo que vemos año tras año en lo que sucede como alegría estacional. Se debe alentar la manifestación cultural, pero no la práctica cruel. Admitido a la llamada "borrachera de bueyes", en la que una chusma loca persigue al animal por procedimientos aterradores, como hemos visto, no hay poder policial que pueda frenar este procedimiento. No veo cómo llegar a la posición media. La distorsión ha llegado a tal punto que solo una medida que obstaculiza por completo la práctica puede evitar lo que vemos este año 1997. Jornal da Globo mostró un animal ensangrentado y cortado que invade un hogar e hiere a los que están dentro.
Entiendo que la práctica ha llegado a un punto para atraer realmente la incidencia de las disposiciones del punto VII del art. 225 de la Constitución Federal. Este no es un evento cultural que merece la calidez de la Carta de la República. Como dije al comienzo de mi voto, se ocupa de una práctica cuya crueldad es única y se deriva de las circunstancias de las personas que se dedican a pasiones represibles a toda costa en busca del sacrificio del animal.
Señor Presidente, me inclino ante el Ministro Mauricio Corrêa para que acompañe al Ministro-Relator Francisco Rezek, conociendo y presentando el llamamiento. Es mi voto (DJ, 13/03/97).
54 Archivo PINHEIRO Ana María, Presidenta de la Unión en Defensa de la Naturaleza.

muerte animal, que no él acaba de pasar por todos sus procedimientos de regimiento.[55]

Hubo varios viajes realizados por ecologistas a Santa Catarina y Brasilia para frenar a *Farra*. En abril de 1997, la artista plástica de Santa Catarina, María Cristina de Oliveira, invadió su casa con un buey de 500 kg, todo ensangrentado. Estaba desayunando con su familia cuando entró el buey, seguido de una multitud que golpeó al animal para que muriera lentamente de dolor y cansancio. Su casa fue destruida y sus hijos fueron magullados porque el buey rodó sobre ellos empujados por la multitud. Alguien sugirió cortar las patas del buey allí para que no se escapara.

En vista de este hecho, María Cristina fue personalmente a Brasilia para hablar con los ministros de la Corte Suprema Federal, antes del juicio del caso *Farra do Boi,* después de haber jugado un papel importante en su decisión.

En el mismo año, el gaucho Márcio Jucewics hizo que su automóvil fuera aplastado por un animal. Estaba haciendo turismo en Santa Catarina. Al salir del albergue donde se alojaba, en la playa de Bombinhas, en la avenida principal, un buey, seguido de trabajadores del grupo, se dirigió hacia su automóvil. El animal, desesperado, arrojó su cabeza contra el parabrisas, subió al auto y resbaló. Márcio

---

55 Proyecto de Ley no. 607 - B, 1991.
"Define el acto de herir, mutilar o matar a un animal con fines de entretenimiento como un delito penal, sanciones penales para los infractores y otras medidas.
El Congreso Nacional decreta:
Art. 1. Es un delito herir, mutilar o matar a un animal en competiciones o fiestas populares con fines de entretenimiento:
Pena: detención de 1 (uno) a 6 (seis) meses y pago de 10 a 50 días de multa.
Art. 2 La misma pena se aplica a aquellos que:
I - ser el dueño o el cuidador del animal, lo ha provisto para tal propósito;
II - es responsable del área donde se consumió el crimen;
III - tener por ley el deber de cuidado, protección de la vigilancia de los animales, por acción u omisión, consiente o acepta la práctica de la infracción.
Artículo 3 La presente ley entrará en vigencia en la fecha de su publicación.
El artista plástico pide el fin de la juerga de bueyes. Hora cero, Porto Alegre, 1 de abril de 1997, pág. 38

presentó una denuncia ante la policía, pero fue inútil.

Hasta la fecha, incluso el fallo de la Corte Suprema no ha podido contener la furia de la multitud sedienta de sangre y el sadismo latente en el hombre. El Gobierno de Santa Catarina creó una Comisión de Estudio que consideraba a *Farra do Boi* como un movimiento cultural. Incluso los Mangueirões para la presentación del espectáculo no fueron suficientes para hacer eficiente la vigilancia policial.

Se practican actos criminales de vandalismo y martirio atroz contra animales inofensivos, todo con el consentimiento de las autoridades, gobernantes y religiosos, que han otorgado este salvajismo a la cultura: la vergüenza nacional por excelencia, el pasaporte de la inferioridad moral e intelectual de un pueblo. ¿Podemos llamarlos ciudadanos pacíficos que, por diversión, matan vacas y bueyes pateados, apedreados y afeitados? ¿Podemos llamar a demagogos rebeldes pacíficos que liberan el derecho de torturar animales en violación de la ley? ¿Puede un país civilizado seguir ignorando estos crímenes y ataques a los derechos de cualquier ser vivo? Podemos clasificar a *Farra do Boi* como la neocultura brasileña en todo su esplendor, una celebración que el gobierno de Santa Catarina, que afirma ser democrático, describió como una manifestación de la cultura popular de Santa Catarina ...

Un concepto auténtico de cultura es solo aquello que eleva al hombre por encima del instinto y lo lleva a vivir en armonía con la ética, rechazando del pasado cualquier cosa que atávicamente lo mantenga brutal y grosero.

5.5.4 Tauromaquia en Brasil?

El primer intento de introducir las corridas de toros en Brasil fue con motivo de las celebraciones del 4° centenario de Río de Janeiro. Se pretendía derogar parte del Decreto 24.645 / 34, que prohíbe expresamente las corridas de toros. Pero el proyecto, que

[57]Gaúcho teve carro amassado por animal. *Zero Hora*, Porto Alegre, p. 38 1° de abril de 1997.

recibió el número 763 // 50, fue derrotado en el Senado, bajo la presión del Instituto Brasileño de Abogados de Río de Janeiro, asociaciones de protección animal y personas de todos los ámbitos de la vida.

En julio de 1984, Tomazeli Industria e Comercio de Novidades Ltda., Con sede en Lisboa, tenía la intención de celebrar una corrida de toros portuguesa también en Río de Janeiro, con el objetivo de difundir este tipo de entretenimiento nacional ibérico en el país.

El reclamo fue revocado, por opinión legal de la Procuraduría General de la Nación y la Procuraduría General de Justicia del Estado de Río de Janeiro, que concluyó que, incluso bajo el disfraz de la tauromaquia, este evento está expresamente prohibido en nuestra ley positiva (Decreto 24.645 / 34, art. 3, XXIX). [58]

---

58 Fiscal General de la Oficina RJ.
   Caso no. E-12/1176 / 8L
   Opinión
   Tomazeli Industria e Comercio de Novidades Ltda., Con sede en Lisboa, Portugal, tiene la intención de actuar en esta ciudad, el 8 y 10 de junio próximo, un espectáculo de "Bullfighting à Portuguesa", con el objetivo de difundir este tipo en el país. de diversión nacional hiberica. Con esto sería el promotor del evento celebrando el *Día de Portugal* y dando al pueblo brasileño y a la colonia portuguesa enraizados en este estado el conocimiento de un espectáculo mencionado como único en el mundo.
   Una apreciación más amplia del contenido del proyecto es innecesaria, dada la claridad de los términos de la proposición, así como el análisis adicional innecesario de la hipótesis frente a la ley positiva vigente en el país, por la exhaustiva y difusa ubicación del asunto en la opinión competente y concluyente de los pgs. . 19/11, la minería del lúcido Fiscal Estatal Dr. Eugênio Noronha Lopes, con la aprobación del eminente Fiscal General del Estado.
   No hay nada que agregar, desde el punto de vista penal y jurídico, a esta manifestación del órgano consultivo del Gobierno del Estado. La sola audiencia de esta Fiscalía General de la Nación, a sugerencia del juez, habría constituido simplemente una deferencia al organismo estatal que posee el proceso penal, como noticia del hecho de que eventualmente afectaría su área funcional en la corte. Nada más, no solo por el valor inequívoco del pronunciamiento legal emitido en el área consultiva de la Administración, sino también por la razón misma de que es ese órgano, en la estructura organizativa de nuestro Estado, el que posee y realiza, con dominio proclamado, la atribución de emitir juicios abstractos propios. valor en la aplicación de normas legales dentro del alcance de la actividad administrativa del gobierno.
   Por estas razones y considerando la urgencia con que se ha postulado la manifestación de la postulación de este Fiscal General, simplemente respaldamos el pronunciamiento legal mencionado anteriormente, incluso pensando que en Maracanãzinho o Passarela do Samba, como se imagina solicitante, el alma del pueblo de Río de Janeiro no vibraría en sintonía con las mejores tradiciones portuguesas, al observar el pequeño espectáculo edificante

En 1996, la colonia española en São Paulo intentó llevar las corridas de toros a Brasil, celebrando, en São Paulo, *la Primera Reunión Hispano-Brasileña de Tauromaquia.*

São Paulo acogió, del 23 al 25 de febrero, *el 1er Encuentro Hispano-Brasileño de Tauromaquia.* El evento pretendía ser el punto de partida para la creación de la Asociación Brasileña de Aficionados y Criadores de Bravo Bull, hoy con quinientos miembros. La colonia española en Brasil y, principalmente, el torero Fernando Marsel tiene la intención de llevar las corridas de toros a Brasil, con claras intenciones de lucro, con la excusa de difundir su cultura en nuestro país.

• *La tauromaquia y sus personajes principales:* considerada una fiesta nacional en España, la tauromaquia es una lucha que se originó en la época clásica y oriental, incluida la era paleolítica, como lo demuestran las pinturas rupestres. En Portugal y Francia, se desarrolla con sus propias modalidades. En la América española, México domina el movimiento taurino. Colombia, Ecuador, Perú y Venezuela son los países sudamericanos donde también se practica la tauromaquia. A veces las carreras tienen lugar en las *Plazas Mayores* del pueblo, cuyas salidas están obstruidas, pero los lugares más utilizados son las *Plazas de Toros*. El de Sevilla data de 1707, y el primero construido en Madrid es de 1743. La disposición del anillo, o redondel, es similar a la de un circo romano, con un espacio circular de arena en el centro, donde se desarrolla la lucha, rodeado de un tribuna más o menos alta para los asesinos. Las corridas de toros fueron practicadas primero por personajes aristocráticos, ayudados por páginas. Luego fue practicado por gente grosera. Cada torero tiene la picadora, que viene a caballo, y los *banderillos*. Toreros

de las corridas de toros, aunque bajo la apariencia de falsificación o simulación engendrada por el solicitante. El espectáculo, de hecho, dañaría el espíritu de la ley brasileña, ya que, como mínimo, sería una incitación o sugerencia a la práctica real del hecho definido como un delito penal, y eso, incluso bajo el disfraz de la tauromaquia, está expresamente prohibido en nuestra ley. positivo (Decreto N ° 24. 645/34, Art. 3, XXIX)
Es la opinión sub censura.
Para el agradecimiento del Fiscal General
El 23 de abril de 1984, Roberto Bernardes Baroso.

rezan ante un altar privado antes entra en la arena. Los mineros y otros subalternos van por las calles en autos abiertos, los clarines anuncian la entrada del *escuadrón* y el circo está armado, de donde el buey solo sale muerto.

● *Preparación:* antes de la carrera, el buey se prepara de la siguiente manera: se colocan mechones de papel mojado en las orejas, se cortan los cuernos para que se desoriente, se coloca vaselina en los ojos para nublar su visión, Se coloca algodón en las fosas nasales para obstruir la respiración, se pasan soluciones irritantes en las piernas para tropezar, se insertan agujas en los genitales. Sus cuernos están lijados para hacerlo más indefenso. Una vez drogado, está confinado en un cubículo oscuro, *el chiquero;* para infundir terror en él. El día anterior se administran laxantes fuertes para que se desvanezca y se coloquen sacos de arena a la altura de los riñones. Así es como se prepara un toro para la valiente pelea.

Los caballos también se arreglan. Sus cuerdas vocales están cortadas, sus orejas cubiertas con tampones de papel mojado y sus ojos tienen los ojos vendados.

La lucha valiente: cuando se suelta al toro y camino a la arena, el primer arpón ya está clavado en él. El animal entra en la arena desorientada, buscando una salida. La picadora golpea el cuello del toro con una lanza. Teóricamente, solo debe penetrar la punta de acero de 3 centímetros, pero también clavar siempre el 11 centímetros, que se extiende hasta la base del tallo, que representa una herida de 14 centímetros de profundidad y hasta 40 centímetros de largo. Algunos picadores tuercen la lanza para aumentar la penetración, apoyarse en el mango o lesionar el costado para causar sangrado abundante o dañar el pulmón. Cada toro recibe un promedio de 3 a 4 golpes de lanza.

Los *banderillos* entierran arpones metálicos afilados de 5 centímetros o más en punta y cables adornados en las mismas heridas abiertas por o cerca de las lanzas. Las banderas se balancean como que el animal corre y ataca a los picadores, aumentando aún más el área lesionada. Estas heridas y *banderillas* unidas al cuello evitan que el toro levante la cabeza. Si el toro mantenía la cabeza erguida, el asesino tendría que subir una escalera para matarlo, lo que no sería muy práctico.

El *asesino* apuñala la espada de cinco pies para tratar de dañar el corazón o algún vaso sanguíneo importante. Esto casi nunca ocurre. De hecho, siempre se golpea el pulmón, y el animal cae, vomitando sangre, sofocado en su propia hemorragia. A estas alturas, el toro está casi muriendo, orinando salvajemente, con sus funciones vitales colapsando. Acosada ferozmente, la bestia aterrorizada cae no solo sangrando, sino llorando. Finalmente, se golpea para cortar la médula espinal. Si la médula no está seccionada sino que solo está dañada, el animal se paraliza, sigue vivo. Esto no evita que le corten la oreja, le corten la cola y la arrastren mientras aún está viva para ser descuartizada.

● *Las vaquillas* - En España se llevan a cabo corridas de toros cómicas, en las que enanos y payasos reemplazan a los asesinos y los terneros entran en el lugar del toro. Los bebés sufren una muerte prolongada y agonizante. En algunos eventos, los chimpancés se visten de asesinos. Este es uno de los espectáculos más deprimentes de la tierra.

En México, los terneros se utilizan en las escuelas de toros, donde los estudiantes de 14 a 20 años matan al pobre animal. Este ritual cobarde es más para el vudú y el hitlerismo que para el deporte o la cultura. [59]

El evento que pretendía ser el primer paso para importar las corridas de toros en Brasil fue un fracaso. Aunque se creó la Asociación Brasileña de Aficionados y Criadores de Tauro Bravo, el

---

[59]Participam desta campanha: Associação de Amparo aos Animais, Associação Beneficente Quintal de São Francisco, Associação Protetora dos Animais São Francisco de Assis, Associação SOS Bichos, Liga de Prevenção da Crueldade contra o Animal, Sociedade Mundial de Proteção Animal, Sociedade Zoofila Educativa, União em Defesa da Natureza e União Internacional Protetora dos Animais.

la sociedad brasileña, la prensa y las autoridades rechazaron la idea, y el plan de los españoles residentes aquí, hasta ahora, no ha tenido éxito.

5.5.5 Crueldad en las carreras de perros

En septiembre de 1992, se fundó la Asociación Brasileña de Criadores de Perros Galgos en Belo Horizonte. Al mes siguiente, treinta galgos, perros utilizados para las carreras, llegaron a Brasil desde los Estados Unidos y fueron llevados al sitio del comprador. Días después, se llevó a cabo en Shopping Del Rey, por la asociación, la *Fórmula Greyhound,* una demostración de carrera de perros.

● *Correr para salvar vidas:* el término *carrera* de galgos es profundamente engañoso, dando al lector la impresión de que los galgos ágiles hacen lo que más les gusta: correr en una pista. Sin embargo, los hechos detrás de la imagen que la industria del galgo está tratando de proyectar indican otro lado siniestro. Se estima que al menos el 90% de los entrenadores de galgos en los Estados Unidos creen que el uso de cebos vivos es necesario para enseñar a sus animales a seguir la mecánica de la pista. Cada año, miles de pequeños animales se utilizan repetidamente como cebo hasta que los galgos que están aprendiendo a correr los matan. El inventor del cebo artificial *Jack-a-lure, Keith Dilon*, ha declarado que algunos galgos necesitan conejos reales para ser buenos en las carreras.

El número de galgos asesinados anualmente en los Estados Unidos varía de 30 a 50,000. Además del número desconocido de perros muertos al nacer, el 50% de los animales nacidos son destruidos antes de que lleguen a las pistas, ya que no muestran potencial para la raza. Miles de otros son destruidos cuando dejan de ganar en las pistas. También los perros retirados son asesinados o abandonados al hambre.

---

[60]THE ANIMALS Agenda. *Revista da Royal Society for the Prevenction of Cruelty to Animals, Londres,* maio 1986.

Salvados por breves períodos de agotamiento físico extremo mientras corren, estos perros en el Primer Mundo pasan la mayor parte de su corta vida en jaulas o jaulas que apenas les dan espacio para pararse, caminar o acostarse. Corren una vez cada cuatro días a lo largo de sus carreras y están sujetos a una gran variedad de lesiones. Además, pasan la vida amordazados. Cuando se retiran, los muertos vivientes se venden a laboratorios de investigación.

● *La intervención de los ecologistas:* el 10 de febrero de 1993, sesenta y tres entidades de Brasil y del exterior, representadas por la Unión para la Defensa de la Naturaleza, la Liga para la Prevención de la Crueldad contra los Animales y la Sociedad Metropolitana para la Protección de los Animales, las entregaron al Servicio de la Fiscalía. Un dossier que demuestra que las carreras de galgos en países donde es la práctica más percusiva implica el confinamiento, el hambre, el sacrificio indiscriminado y el uso de cebos vivos para el entrenamiento. En el mismo documento informaron que estaban a punto de ser perpetrados en Brasil y que la Asociación Brasileña de Criadores de Perros Greyhound ya había promovido carreras de perros en pistas de carreras improvisadas.[61]

---

[61] Este es el dossier completo:
"Considerando la existencia, en Belo Horizonte, de la Asociación Brasileña de Criadores de Perros Galgos - ABCCRG, fundada el 18 de septiembre de 1992, con sede en Rua Rio Grande do Norte, n. 1.164, tienda 2, en esta Capital (xerox de los Estatutos y recorte del periódico O Globo del 10/04/91 incluido);
Teniendo en cuenta que los perros galgos son criados con el único propósito de correr, y el primer evento de este tipo se celebró en Belo Horizonte del 17 al 25 de octubre del año pasado en Shopping Del Rey, según Xerox folletos y recortes de Jornal de Casa, 11-17 / 10/92;
Teniendo en cuenta que en otros países donde se realizan carreras similares, es público y notorio que la gran mayoría de los entrenadores (90%) usan cebos vivos (generalmente conejos) en el entrenamiento, creyendo que 'sangriento' es una condición sine qua non para condicionar al Greyhound a perseguir el cebo mecánico en la pista;
Teniendo en cuenta que solo los perros que sobresalen a gran velocidad se usan en cada camada, y en los Estados Unidos de América se estima que cada año se matan de 30,000 a 50,000 perros para la práctica de este deporte

como desperdicio;

Mientras que los animales, aunque están condicionados al movimiento y la velocidad, se mantienen al mismo tiempo en jaulas estrechas, desde donde salen para entrenar o competir, llevando una vida miserable de confinamiento y, a menudo, con un hocico (promedio de estancia diaria en la jaula 22: 00h);

Considerando el problema del abandono frecuente, sin agua, comida o cuidados básicos, a veces incluso en confinamiento, de estos perros, como se muestra en la cinta de video incluida, un hecho que en sí mismo ya representa una crueldad extrema;

Considerando que un gran número de perros corriendo, después de disminuir el rendimiento, son enviados a laboratorios experimentales, donde son brutalmente torturados hasta la muerte (se incluyen pruebas de apoyo);

Teniendo en cuenta el fracaso de un programa de adopción para estos perros cuando se considera inútil, dada la desproporción entre la gran cantidad de camadas de los animales desafortunados que produce esta industria, agregando los animales adultos en la fase de descarte y el número infinitamente menor de individuos. dispuesto a adoptarlos;

Considerando la posibilidad de la formación de una pasión colectiva en torno a las grandes apuestas, en detrimento de la sociedad y la formación de una cultura con el objetivo de respetar la naturaleza y los animales, un tema de este final de siglo;

Considerando la nocividad de la importación de entretenimiento nocivo, el juego cruel en el que el animal es una simple máquina tragamonedas, que no tiene un aspecto educativo, sino todo lo contrario y no es parte de la cultura brasileña;

Teniendo en cuenta que el material de video incluido (*The Canine Connection, National Geographic* Explorer, emitido en la televisión estadounidense el 3 de enero de 1993 y otros), así como los textos adjuntos traducidos del inglés por el Dr. Marcello Augusto de Oliveira Borges , Sao Paulo - The Spokane Review, Spokane, WA, 13 de octubre de 1989, The Animal's Agenda, mayo de 1986, y The Animals Agenda, marzo de 1992, demuestran que las carreras de galgos someten a los animales a la crueldad no solo contra los propios galgos, así como contra los pequeños animales (100.000 muertos por año en los Estados Unidos) que se utilizan como cebo vivo, prácticas que están prohibidas por la Constitución Federal, en su art. 225, § 1, punto VII, así como por la legislación ordinaria, como el artículo 64 de la Ley de delitos menores y el Decreto federal 24.645, de 10 de julio de 1934 (documentos incluidos);

Teniendo en cuenta la afirmación de la Greyhound Breeders Association de realizar carreras en todo el país, su objetivo real;

Las siguientes entidades firmadas y relacionadas, por las razones de hecho y de derecho establecidas anteriormente, solicitan que la Oficina del Fiscal General del Estado y Minas Gerais, propongan una Interpelación Judicial, para que dicha asociación renuncie a sus intenciones de conducir nuevas carreras. , bajo pena de presentar una Acción Civil Pública y una Contrademanda (64 entidades firmadas) ".

El Fiscal a cargo del caso consideró apropiado firmar un Acuerdo de Compromiso para ajustar la conducta con esa asociación, que estaba obligado, entre otras cosas, a presentar un registro de todos los perros adquiridos por él, así como los términos de negociación con respecto a la Perros citados.

El empresario promotor de la raza, sintiéndose amenazado por sus intenciones, ha presentado una Interpelación Criminal contra los Presidentes de la Unión para la Defensa de la Naturaleza y la Liga de Prevención Cruel. Entre otras explicaciones, pidió a los ecologistas que confirmen si los animales que importó fueron descartados del país de origen y si promovió apuestas. Como los ambientalistas presentaron como evidencia de las supuestas declaraciones del empresario, en una entrevista dada a *The Boston Globe*, el 11/11 1992.62 la disputa murió con el interrogatorio.

Transcribimos las preguntas contenidas en la Interpelación y sus respuestas:

El demandante, que alega que las entrevistas concedidas por ecologistas a los periódicos de Minas Gerais se rebelaron contra él, pregunta si los encuestados confirmaron las entrevistas.

Los encuestados confirman el contenido de la parte inicial del expediente entregado al Fiscal General del Estado de Minas Gerais, Dr. Castellar Modesto Guimarães, el 10/02/93 (documento adjunto, presentado con el número 001165, cuya copia entregaron a la prensa para escribir sus informes).

El interlocutor pregunta si es el presidente de la Asociación Brasileña de *Criadores de Galgos*.

"Quien puede responder mejor es el propio interlocutor". Los encuestados nunca han afirmado ser el presidente interrogador de la Asociación Brasileña de *Criadores de Perros Galgos*. Pero, según un artículo publicado en el periódico O Globo, con fecha 4/10/92 (documento adjunto), el interpelante es uno de los directores de la entidad referida y, según los informes de la prensa

---

62TYE Larry e MILLER Rick Concerns follows dogs to Brazil. *The Boston Globe*, Boston, USA, 1992, p. 83, 10 nov. 1992.

nacional e internacional (documento adjunto), el tu portavoz y líder. Esto probablemente llevó a la opinión pública a inferir que el presidente de la entidad anterior era el orador.

El interlocutor pregunta si los animales importados pertenecen a la Asociación Brasileña de *Criadores de Perros Galgos* y quién los importó:

"Quien también puede responder con confianza es el propio interrogador, pero el informe publicado en O Globo el 10/04/92 (documento adjunto) establece que 30 perros galgos fueron traídos de Boston por la Asociación Brasileña de Criadores de Perros". Raza de galgos, y fueron llevados a la perrera del interpelante en Brumadinho ".

En una entrevista con *The Boston Globe* el 10/11/92, en el informe Las preocupaciones siguen a los perros a Brasil, por *Larry Tye y Rick Miller,* (documento adjunto), el orador dice que se convirtió totalmente hechizado por las carreras de galgos hace ocho años cuando trabajaba para entrenadores y criadores en California y Pensilvania. Su interés se renovó durante una visita a los Estados Unidos el verano pasado cuando conoció al criador y operador de perreras Jerry Olson. Además, según el informe, Olson persuadió a los criadores de perros de Green Mountain, Seabrook y Ebro para que renunciaran a 30 perros. Resulta que lo que se sabe es lo que proviene de las propias declaraciones del orador ".

El interlocutor pregunta si los animales importados fueron descartados por su país de origen, lo que lleva a la comprensión de que no son aptos para el propósito previsto.

Una vez más, los encuestados utilizan el informe "Las preocupaciones siguen a los perros a Brasil", del periódico *The Boston Globe,* donde los encuestados responden a este problema, incluido el propio interpelante.

El Sr. Olson dijo en ella que "no ganará dinero a menos que la empresa de juego despegue". Continúa diciendo que los perros que Olson envió a Brasil seguramente habrían sido asesinados, "en parte porque son tan lentos, que no hay otro lugar para que corran".

Otro ciudadano entrevistado, el Sr. Kuper, declaró que no se opuso a la llegada de su perro Hot Jet a Brasil porque "no podía competir con los perros más rápidos aquí" (Estados Unidos).

De la misma opinión fue Michael Repole, refiriéndose al perro *Run Away Kat*. En el informe, dijo que no veía ningún problema con la llegada del perro "porque no le gusta ver a un perro sacrificado porque no es bueno para correr en los Estados Unidos". Por lo tanto, confirma que los perros que no están en condiciones de correr están realmente muertos.

El propio interlocutor responde a su pregunta en este informe, cuando reconoce que "Jerry fue honesto con él y le advirtió que su dinero no era suficiente para comprar perros de primer nivel, sino perros medianos, suficientes para la exhibición e introducción de la raza galgo". Brasil ".

Como dice *Darren Rig, de Greyhound Pets of America,* un grupo de adopción estadounidense, "es injusto que los entrenadores estadounidenses utilicen los países del Tercer Mundo como basura".

Es el Sr. Randazzo, otro entrevistado, quien agrega, diciendo que enviar perros de baja calidad para iniciar una "industria de carreras brasileña" es un gran error. Cada vez que envían este tipo de perro a nuevos países, intentan tirar su basura ".

El interlocutor pregunta si él o su personal cometen el maltrato que los ecologistas afirman haber sido sometidos a perros.

Simplemente leyendo la parte inicial del dossier dirigida al Fiscal General del Estado de Minas Gerais (Adjunto doc.) Se puede concluir que en ningún momento el acusado hizo ninguna acusación al destinatario. Está claro que el archivo de abuso tiene fama en los sitios de reproducción de los EE. UU., Donde tales actos son rutinarios, según el abundante material adjunto.

Para corroborar la verdad de la acusación, los encuestados deben adjuntar una Declaración de Declaración al Servicio de Fiscalía en Belo Horizonte, donde destacan la naturaleza preventiva de la alerta que guía su conducta. La evidencia de lo alegado está contenida en el Plazo retro de la Declaración, que en sí dispensa más consultas.

El interlocutor pregunta si en la perrera donde se alojan los perros importados se usa cebo vivo para su entrenamiento.

Los encuestados no afirmaron que el retador usaría cebo vivo para entrenar a sus perros. Sin embargo, en los Estados Unidos, como se informa en revistas (documento adjunto), Fotos (documento adjunto), el 90% de los animales son entrenados con cebo vivo. Según un informe, "Corriendo para no morir", publicado en The Animals Agenda, mayo de 1986 (anexo doc.), "Se estima que al menos el 90 por ciento de los entrenadores de galgos creen que el uso de señuelos o cebos vivos es necesario para Enseñe a sus animales a perseguir los señuelos mecánicos en las pistas. Los entrenadores creen que los animales que no están entrenados con cebo vivo no pueden competir con aquellos que están entrenados con cebo vivo ". Incluso el inventor de cebo artificial de *Jack-a-lure, Keith Dillon,* piensa que" algunos galgos necesitan conejos. realmente se convierten en buenos perros ". Por lo tanto, parece que en Brasil, en el futuro, difícilmente será diferente. De ahí la iniciativa de los encuestados de alertar al digno Ministerio Público.

El interlocutor pregunta si los ecologistas confirman que el interlocutor promueve, en sus presentaciones, apuestas y, por lo tanto, disfruta de ventajas.

Los encuestados no alegaron que el retador había realizado carreras de apuestas, sino que en los países donde se llevan a cabo dichas apuestas, las apuestas estaban relacionadas con la importación de esta moda (véase el Plazo de la Declaración).

Además, es el retador mismo, una vez más, quien puede responder esto presumiendo ser verdaderas declaraciones suyas a *The Boston Globe* (documento adjunto), donde se lee que el retador y *Jerry Olson* planearon el abordaje de perros para el Brasil, primero en realizar espectáculos y correr pruebas, como el que promovió en Shopping Del Rey (Belo Horizonte), y luego, "si Brasil legaliza las apuestas, para formar una estructura de *apuestas mutuas (las pari-mutuales* son apuestas que involucran un cierto tipo de distribución), ya que el modelo de Estados Unidos irá a las apuestas ".

Por cierto, con respecto a las apuestas en las apuestas, le instamos a que transcriba un folleto de *la Institución de los Estados Unidos Ciudadanos del Condado de Washington* contra las carreras de galgos sobre el tema: "Los directores Webster y Sessions del FBI advirtieron sobre la atracción que las apuestas Parututes tienen para el crimen organizado. Es la mayor fuente de ingresos para el crimen organizado y conduce a apuestas ilegales y apuestas *"(American Legion Magazine 1/85 y Dallas News Conference* 11/87).

El periódico estadounidense continúa diciendo que el orador tiene grandes planes para sus *nuevos galgos*. Primero, irá a Brasilia, luego a la costa noreste, hasta que las carreras de perros arraiguen en la psique nacional. Veintiún perros más podrían haber venido a fines del año pasado o principios de este año y, "si se legaliza el juego", que el orador dice "espera que suceda en 1993", le pedirá a Olson que asista. unos doscientos galgos. El interrogador afirma además que se importarán mejores perros "después de que el juego esté bien" y que sueña: "un día enviaré un perro nacido en Brasil para ganar dinero en los Estados Unidos" (Interpelación Criminal presentada en 10th Rod Belo Horizonte, 16 de febrero de 1993).

La acción de los ecologistas fue capaz de detener a tiempo la importación de otra barbarie a nuestro país.

5.5.6 Crueldad en peleas de perros

Un perro criado para una pelea vive refugiado en la oscuridad, acostado sobre sus propios excrementos. Para descargar la tensión constante, muerde la correa que lo ata. Su entrenamiento es terrible: en primer lugar, se ve obligado a correr durante horas, largos viajes o en cintas de correr. Se ve obligado a superar obstáculos y, para fortalecer los músculos de la mandíbula, a tirar con sus bogies de hierro de 800 libras. Esto por horas. Esta es la vida de un *pit bull* entrenado para peleas.

Su alimento está formado por animales heridos pero vivos, lo que lo hace más feroz. La mayoría de las veces la víctima es un gato herido a propósito. El perro lo recibe como recompensa después del entrenamiento diario. Este perro está entrenado para atacar y matar después de recibir ciertas señales, como tener una colilla de cigarrillo apagada en la frente.

El entrenamiento de combate somete al perro a varias torturas, como collares eléctricos. Cada vez que no satisface a su instructor es castigado con una descarga eléctrica.

Una pelea de perros consiste en colocar dos perros *pit bull terrier* previamente entrenados para enfrentarse en una pelea sangrienta. La regla es simple: vencer al animal que sobrevive 30 minutos de asalto. Si ambos se rinden, el juez decide quién ganó. Una pelea dura de dos a tres peleas. El perro campeón, después de ser cosido, está preparado para otra pelea, que generalmente es fatal, ya que el *pit bull* ataca a la víctima mordiendo su yugular y la libera después de la muerte, si no hay intervención. La capacidad de nunca retroceder por miedo, desarrollada en la raza a través de la selección de cría, prepara un espécimen bien criado para seguir luchando durante dos o más horas, independientemente de la deshidratación, el agotamiento, la fatiga muscular o cualquier otra sensación de desgaste. Dependiendo de su determinación de pelear con un perro puede valer miles de dólares. El criterio para seleccionar un perro es siempre probarlo en combate.

En la primera mitad del siglo pasado, las peleas entre perros y toros eran comunes en Europa. Es por eso que la raza *bull terrier* inglés, el mestizo del *bulldog,* el viejo terrier inglés blanco y el puntero español, dio a luz a este nuevo perro, que puede haber instigado su agresión y es lo suficientemente valiente como para morir en lugar de dejar caer a su presa. . Según los criadores, su mordisco puede ascender a una tonelada, y es capaz de triturar cualquier animal.

En Asia, las peleas entre estos perros y osos son comunes. La diversión es atar un oso a una cuerda y luego liberar a los *bull terrier* para atacarlo. Debido a que los dientes y las garras de los osos están arrancados, no pueden defenderse de los perros que muerden y desgarran los pedazos. Un solo oso puede pasar por esta terrible prueba tres veces al día y cientos de veces a lo largo de su vida.

El primer proyecto de ley en defensa de estos animales fue en 1822, en Inglaterra. Escrito por *Richard Martin* con la intención de prohibir las peleas de pit bull-bull. No obtuviste aprobación. Estas peleas crecieron principalmente después de 1835, cuando se prohibió la arena de toros.

Se sabe que en Brasil las peleas de perros, aunque están prohibidas, se llevan a cabo bajo tierra y que la promoción de estos perros ya ha llegado a Minas Gerais y, especialmente, a Bahía, que tiene lugar en hogares privados. Son ilegales y no dejan rastro de existencia organizada en Brasil, aunque hay noticias de ellos en todo el noreste y sur del país.

La mayoría de las veces, cuando un *pit bull* es adoptado como mascota, se vuelve dócil. Sin embargo, ante la más mínima muestra de agresión, sus dueños se asustan y lo condenan a vivir en corrientes y cubículos cortos o lo eliminan. Se lo devuelven a los creadores o lo donan a los sirvientes que los llevan a la difícil vida de la favela.

En nuestro entendimiento, la cría de perros para peleas y la promoción de peleas de perros tipifican situaciones de crimen que pueden enmarcarse en la Ley 9.605 / 98.

5.5.6 Crueldad en la producción de suero y el caso del caballo 814

En 1990, *Jornal do Brasil* informó sobre la triste y conmovedora historia de un caballo del Instituto Butantã utilizado para la fabricación de suero. Como todos los demás, no tenía nombre sino solo un número: 814.

La historia de 814 conmocionó tanto a la opinión pública que el periódico recibió cientos de cartas, y el tema merecía una serie de informes y numerosas medidas de los ecologistas, incluso llegando al Consejo Regional de Medicina Veterinaria.

Cuando se descubrió el 814, el Instituto Butantã ya lo estaba utilizando durante catorce años para la producción de veneno venenoso.

El promedio de vida de estos animales en los institutos de producción de suero es de cuatro a cinco años, pero 814 resistieron mucho más que eso, nadie sabe cómo. Su espalda sangraba continuamente, ya había perdido un ojo, sufría terribles calambres en sangrado, como todos los demás.

Representantes de diversas entidades, como la Liga para la Prevención de la Crueldad Animal, el Grupo Humanitario Tucuxi, APASFA y UIPA, visitaron la Granja São Joaquim, con la esperanza de apoderarse del animal y llevarlo a una granja. Pero estaba tan débil cuando llegaron allí que no pudo resistir el viaje.

Los ambientalistas trataron amigablemente de sacar al caballo del Instituto y llevarlo a una granja donde pudiera retirarse en paz. Los experimentadores no aceptaron el diálogo y no admitieron haber sometido al animal a maltrato.

Por esta razón, los ecologistas acudieron al Consejo Regional de Medicina Veterinaria para su intervención.[63] Esta fue la única vez que los científicos parecieron sentirse intimidados para aceptar el diálogo.

63Belo Horizonte, 29 de marzo de 1990
   Estimados consejeros
   Con nuestros cumplidos, enviamos a este Consejo Egipcio la siguiente queja: El 11/1/90, Jornal do Brasil publicó el artículo "Los caballos sangran para producir vacunas", donde anunció que en la granja de São Joaquim, perteneciente al Instituto Butantã, el caballo conocido como 814 había sido utilizado durante 14 años en la fabricación de suero antiphid. , cuando la vida media del animal en estas condiciones es de 4 años. Su espalda sangraba continuamente, ya había perdido un ojo y sufría terribles calambres en el hígado. También informa sobre las terribles condiciones de vida de los animales utilizados por Vital Brasil, en Niterói.
   Representantes de varias entidades buscaron a Butantã para rescatar al animal, que viviría libre en una granja en el estado de São Paulo.
   Los líderes del instituto no solo impidieron que el animal fuera rescatado, sino que también afirmaron que el caballo 814 estaba produciendo anticuerpos específicos satisfactorios.
   Sorprendentemente, el 26/3/90, los directores de Butantã informaron que el caballo 814 había muerto, sin informar sobre el paradero del cuerpo y la causa de la muerte.
   Teniendo en cuenta que el evento perjudica el art. 1 de la Resolución no. 332 del 15/1/81, que aprobó el Código de Ética y Ética Profesional del Veterinario, que establece que el veterinario debe ejercer sus deberes con dignidad y conciencia, y de conformidad con la legislación vigente;
   Y eso duele el arte. 22 del mismo Código, que establece que el veterinario es responsable civil y penalmente de los actos profesionales que por negligencia, imprudencia, negligencia o violaciones éticas dañan al animal;
   Que el Código de Ética en cuestión establece que el trabajo colectivo o en equipo no disminuye la responsabilidad de cada profesional por sus actos o funciones, y los principios deontológicos que se aplican al individuo son superiores a los que rigen las instituciones;
   Considerando, sobre todo, que el hecho que ocurrió con el caballo 814 lesiona

El CRMV Federal remitió el caso al examen del CRMV / SP, que llamó al Instituto Butantã para proporcionar aclaraciones, lo que motivó a la OF.: 05/90, del 13 de marzo de 1990, de Butantã, proporcionando aclaraciones sobre el estado del caballo. 814, donde estaban justificados al decir que no había otro método efectivo para producir sueros y que el estado de salud del caballo era bueno, estaba bien alimentado y no era económicamente viable para retirarse.[64]

---

el Decreto 24.645 / 34, en su art. 3, ítem X, que prohíbe el uso en servicio de animales ciegos, heridos, enfermos, débiles, exhaustos;
Ese caballo 814 es solo un símbolo de que todos los demás están siendo torturados en la producción de sueros, solicitamos:
1. Regulaciones para el uso de animales para la producción de sueros, con un período máximo de un año para el uso de cada animal. Sugerimos un acuerdo con los criadores de caballos y las asociaciones de agricultores que prestarían a los animales para un solo uso. Los animales serían inmunes y abaratarían el costo del suero.
2. Un incentivo de este organismo para investigar el uso de plantas para curar picaduras venenosas, para buscar vacunas y suero sintético.
3. Oficiar el Instituto Butantan y los veterinarios que trabajan en él solicitando que expliquen la desaparición de 814 y las condiciones de los animales del Instituto.
4. Oficiar a los otros establecimientos que fabrican sueros, recordándoles sus deberes en cumplimiento de la ética y la ley, y solicitando información sobre la condición de los animales.
Sig. Liga de Prevención de la Crueldad contra el Animal ".
[64] Aclaraciones sobre la jubilación de caballos productores de suero
Inicialmente deberíamos informarle que el caballo no. 814 ha estado en servicio de producción de suero durante 4 años, como lo muestra su hoja de control, y no hace 14 años como servicio. Con el tiempo de servicio mencionado anteriormente, el animal se encuentra en una fase satisfactoria de producción de anticuerpos específicos. Algunos adquieren caballos de razas finas para someterse a un entrenamiento intenso, cargando a hombres pesados ??sobre sus cuerpos, obligándolos de varias maneras a ganar carreras en la pista, y así satisfacer financieramente a sus dueños y alegrarse. o incluso entristecer a las masas de espectadores. Otros los compran para sacrificarlos y alimentar al hombre. ¿Los animales entrenados en la raza no son lesionados por su propio entrenamiento? Si por supuesto. Roturas de tendones, fracturas de extremidades, dilataciones cardíacas, diversas abrasiones causadas por caídas y otras que podrían ser enumeradas por especialistas veterinarios.
En todo el mundo, las instituciones para la producción de sueros anti-veneno, suero antitetánico, suero antidiférico, suero anti-biotina y otros utilizados para la profilaxis, así como en el tratamiento de estas enfermedades humanas, todas las cuales son mortales si no se tratan con el suero específico. por sus producciones, el caballo como animal donante. No hay productos farmacéuticos, ya sean antibióticos u otros, que sean activos para neutralizar el veneno de animales como serpientes otorxinas producidas por el tétanos, la difteria, los

Sin embargo, el 22 de marzo, curiosamente, el Instituto anunció la muerte de 814 y dos animales más, diagnosticando "un estado degenerativo avanzado". Con la muerte de 814 se esperaba silencio, pero 814 siempre será un símbolo del mal humano.

El suero antibiótico es actualmente el único fármaco para el veneno de serpiente. La producción de ampollas en el país es realizada por tres institutos de investigación: Butantã - SP, Fundación Ezequiel Dias - MG y el Instituto Vital Brasil - RJ.

El proceso de fabricación del suero consiste en inyectar veneno de serpiente, escorpión o araña en los caballos para la reproducción de anticuerpos. El impacto del veneno es tan fuerte que necesita ser

---

gérmenes del botulismo. ¿Qué hacer entonces? ¿Simplemente dejar que aproximadamente 25,000 brasileños, en su mayoría trabajadores agrícolas, mueran cada año cuando son víctimas de mordeduras de serpientes, por ejemplo?

En una carta que constituye la hoja no. 1 el presidente de la Liga para la Prevención de la Crueldad contra los Animales, se refiere a la provisión de un "tratamiento humanitario" a los caballos productores de suero. Todos los animales en Fazenda São Joaquim, sean o no productores de suero, están bajo control veterinario ejercido por cuatro profesionales especializados durante los 365 días del año. La alimentación es rica y comparable a la que se da a los animales que practican deportes o a los animales de razas refinadas que se encuentran en la fase de reproducción.

La pérdida de un ojo del caballo mencionado en esa carta puede no haber sido necesariamente causada por el servicio al que el animal ha sido sometido sino por un accidente. Los accidentes de esta naturaleza ocurren con relativa frecuencia incluso en granjas de cría de razas nobles. En cuanto a los `` calambres '' mencionados anteriormente, pueden no ser de origen hepático, sino solo calambres intestinales, la patología es muy común en los caballos, especialmente entre aquellos ricamente alimentados, como sucede con los animales productores de suero de este Instituto.

Teniendo en cuenta lo anterior, creemos que desafortunadamente, durante mucho tiempo, los animales deberían ser utilizados en beneficio del hombre. Estamos de acuerdo en que los animales productores de suero deben ser considerados como enfermos crónicos y, por lo tanto, debidamente atendidos como lo son en este instituto. La jubilación anticipada de estos animales conduciría inevitablemente a una crisis de producción, ya que es económicamente inviable satisfacer la necesidad de estos inmunobiológicos en el país que usan cada caballo por un tiempo limitado. Sin embargo, su retiro siempre se determina cuando el animal, incluso con una dieta fortalecida, no puede mantener una capacidad de respuesta inmune adecuada o entra en un estado de debilidad física general.

Sinceramente

Culo. Dr. Isaias Raw.

Coordinador de la Comisión de Producción Hyperinmune Soros.

EDNA CARDOZO DIAS ▌────

recibido. en tres puntos fuertes Los caballos están atados a un tronco sin posibilidad de defensa y reciben dosis de veneno cada dos días. Llenos de dolor, se arrastran hacia el recinto, donde descansan durante unos días y regresan al tronco para ser desangrados. Unos días de descanso y martirio comienzan, que solo termina con la muerte del animal.

a) El Instituto Vital Brasil - En 1991, el Instituto Vital Brasil fue denunciado por *Jornal do Brasil:*

"El Instituto Vital Brasil en Niteroi, el único laboratorio en el país que fabrica suero antirrábico, detuvo su producción hace un año y 10 meses debido a problemas financieros". Falta dinero para comprar sustancias y viales para la producción y almacenamiento de suero. y también para adquirir las ovejas necesarias para obtener el antígeno.

Los caballos en los que el antígeno, que generará los anticuerpos contra la rabia, se adelgaza y muere durante aproximadamente un año, no han recibido alimentos ni medicamentos adecuados. "En abril de 1990, tenían 80 años; hoy solo quedan 35. "(Jornal do Brasil, 19/10/1991).

Esta noticia provocó una representación de varias entidades de protección animal, que fueron recibidas por el Fiscal del Estado de Río de Janeiro, pero cuyos procedimientos no tuvieron éxito.[65]

---

[65]Exmo.Sr. Promotor de Justiça da Promotoria do Meio Ambiente
A Liga de Prevenção da Crueldade contra o Animal, entidade civil sem fins lucrativos, declarada de utilidade pública a nível municipal e estadual, respectivamente, pelas leis n. 3.926/85 e 9.217/86, representada pelo seu advogado *in fine* firmado, vem requerer se digne V.Exa. propor medida cautelar inominada, nos termos do art. 4º da Lei 7.347/85, combinado com o art. 796 e seguintes do CPC, contra o Instituto Vital Brasil pelas razões de fato e de direito que passa a expor:

DOS FATOS E FUNDAMENTOS

1. Em 18 de outubro de 1991 a *TV Globo* noticiou em seu jornal RJ/TV que os cavalos utilizados para a produção de soros no Instituto Vital Brasil não estão sendo alimentados. Por esta razão estão ingerindo até papel e papelão, na tentativa de sobreviver.

A pesar de las numerosas investigaciones que se están realizando para tratar las mordeduras de serpientes con plantas, la situación no ha evolucionado y los caballos todavía se están sacrificando para la producción de sueros. Quizás en un futuro lejano,

---

Según informes de prensa, el abuso de caballos en el Instituto Vital Brasil se produce desde 1987, cuando el Instituto compró una granja en São Gonçalo para la producción de sueros.

Informó al Jornal do Brasil del 11 de febrero de 1991 (documento adjunto) que los animales fueron abandonados y vivían en pequeños establos. Además, los técnicos del establecimiento han descubierto que la tierra no es apta para la reproducción porque es montañosa, con suelo húmedo y alta salinidad.

2. La crueldad hacia los animales es una práctica prohibida bajo nuestra ley positiva y la Constitución Federal, que dice:

'Art. 225, § 1, punto VII: corresponde al Gobierno proteger la fauna y la flora prohibidas, según la ley, las prácticas que ponen en peligro su función ecológica, causan la extinción de especies o someten a los animales a la crueldad.

La crueldad hacia los animales también se tipifica en el art. 64 de la Ley de delitos penales.

3. Gracias a las publicaciones de la literatura especializada actual, se sabe que el uso de caballos para la producción de sueros es un proceso costoso y complicado y ya puede considerarse superado.

Varios científicos de productos naturales, iniciados por el Dr. Walter Mors, del Centro de Investigación de Productos Naturales de la UFRJ, ya han demostrado que al menos seis plantas brasileñas son efectivas como antídoto contra la picadura de animales venenosos (documento adjunto).

APLICACIÓN

Teniendo en cuenta que el Instituto Vital Brasil ha practicado la crueldad con los animales, que es un delincuente reincidente en violación de las normas vigentes del derecho positivo, es digno de su honor. tomar medidas para instituir la Acción Civil Pública con medidas cautelares para cumplir con las obligaciones de hacer y no hacer, así como la Acción Contraria.2 Requiere más

1. Obligación de alimentar a los animales hasta la decisión final, bajo pena de incautación inmediata de ellos.

2. Detención de la producción de sueros hasta la construcción de una instalación animal adecuada.

3. En caso de incumplimiento por parte de la entidad o la imposibilidad de llevar a cabo las determinaciones anteriores, el nombramiento inmediato de un depositario para proteger a los animales.

4. La cita, de conformidad con la ley, del Instituto Vital Brasil, ubicado en Av. Vital Brasil Filho, 64, en Niterói, RJ.

Por consiguiente,

P.D. "

EDNA CARDOZO DIAS ▌———

se prevea la sustitución de la seroterapia con quimioterapia en la cura del envenenamiento por animales venenosos.

Legalmente, estas medidas judiciales no han sido tan efectivas como lo han sido, pero desde entonces se ha iniciado un diálogo entre ecologistas y científicos, y existen numerosos foros para discutir la ética profesional y el bienestar animal.

Capítulo **6**

COMERCIO Y ANIMALES
COMERCIO INTERNACIONAL

6.1 CONVENCIÓN SOBRE EL COMERCIO INTERNACIONAL DE ESPECIES SILVESTRES EN PELIGRO DE EXTINCIÓN DE FLORA Y FAUNA (CITES)

La Convención sobre el comercio internacional de especies amenazadas de flora y fauna silvestres (CITES) establece medidas que deben observar los países importadores y exportadores. Prevé las obligaciones para las autoridades administrativas y científicas que deben manifestarse cada vez que haya una transacción comercial.

La autoridad científica siempre debe hablar para declarar si la transacción dañará o no la supervivencia de la especie en cuestión.

La autoridad administrativa del Estado exportador verificará que la exportación se haya llevado a cabo de conformidad con la legislación vigente en su país y para garantizar el estado del embalaje a fin de garantizar la seguridad y la protección del espécimen vivo.

Trade for Cites significa exportación, reexportación, importación e introducción desde el mar.

La reexportación es la exportación de cualquier espécimen previamente importado.

La introducción desde el mar es el transporte a un estado de especímenes de especies capturadas en el medio marino fuera de la jurisdicción de cualquier estado.

La convención distingue las especies de especímenes. Las especies comprenden todas las especies, subespecies o cualquier población geográficamente aislada. El sentido del espécimen es mucho más amplio, abarcando todos los animales o plantas vivos o muertos.

6.1.1 Principios fundamentales de la Convención

La Convención ha establecido tres anexos que discriminan contra los especímenes protegidos y adopta los siguientes principios fundamentales:

- El Anexo I incluye todas las especies en peligro que están o pueden verse afectadas por el comercio. El comercio de estas especies está sujeto a regulaciones estrictas, por lo que la amenaza de extinción no aumenta solo en circunstancias excepcionales si se autoriza su comercio.

- El Anexo II incluye especies que, aunque actualmente no están en peligro de extinción, corren el riesgo de llegar a tal situación si su comercio no está estrictamente controlado y su exportación no pone en peligro su supervivencia.

- El Anexo III incluye especies que los países signatarios declaran estar sujetos a regulación y que, por lo tanto, requieren la cooperación de otros países para controlar su comercio.

6.1.2 Regulación del comercio de especímenes incluidos en el Anexo I

La licencia de exportación para especímenes que figura en el Anexo I se expedirá únicamente con el asesoramiento de una autoridad científica, en la medida en que no perjudique su supervivencia.

La autoridad administrativa tiene tres temas para verificar: si el espécimen no se obtuvo en violación de la ley aplicable; si el las condiciones de transporte del animal son apropiadas para evitar riesgos para la salud y un trato cruel; y si hay una licencia de importación para el espécimen.

La importación requiere la concesión y la presentación previa de una licencia de importación y una licencia de exportación o certificado de exportación.

La licencia de importación solo se emitirá después de que se cumplan ciertos requisitos. El primer paso es obtener una opinión de una autoridad científica del estado importador que indique que la transacción no será perjudicial para la supervivencia de la especie. La autoridad científica también deberá verificar que el receptor del espécimen vivo tenga las instalaciones apropiadas para el tratamiento.

La autoridad administrativa del Estado importador debe verificar que el espécimen no se utilizará con fines comerciales.

El certificado de reexportación solo puede emitirse una vez y cumplirá con los requisitos de Cites.

La introducción desde el mar requiere un certificado emitido por una autoridad administrativa del Estado de introducción, además de los otros requisitos de la CITES.

6.1.3 Regulación del comercio de especímenes incluidos en el Anexo II

Las licencias de exportación para especímenes enumerados en el Anexo II se otorgarán solo si cumplen con los mismos requisitos establecidos en el Anexo I con respecto al asesoramiento y la diligencia científica de las autoridades administrativas. Igual, el certificado de reexportación e introducción desde el mar.

En el caso de introducción desde el mar, los certificados pueden otorgarse por períodos que no excedan de un año, para cantidades totales de especímenes que se introducirán durante dichos períodos, y con el asesoramiento previo de las autoridades científicas nacionales e internacionales.

6.1.4 Reglamento sobre el comercio de especímenes incluidos en el anexo III

Se puede otorgar una licencia de exportación solo después de que la autoridad administrativa del Estado (exportador) compruebe que el espécimen no se obtuvo en violación de la ley aplicable y que el espécimen vivo está bien condicionado.

La importación requerirá la presentación de un certificado de origen del espécimen. Si el Estado de origen lo ha incluido en el Anexo III, se debe presentar una licencia de exportación.

En el caso de reexportación, se requiere un certificado de la autoridad administrativa del Estado reexportador que acredite que el espécimen ha sido transportado o está siendo reexportado y será aceptado por el Estado importador.

6.1.5 Licencias y certificados

Las licencias y certificados llevarán el título del Convenio y el sello de identificación de la autoridad administrativa emisora. La copia contendrá la especificación de que es una copia y no se puede usar en lugar del original.

La licencia de exportación tendrá una validez de seis meses a partir de la fecha de emisión.

La licencia de exportación y el certificado de reexportación que respalda la importación serán cancelados y retenidos por la autoridad administrativa del Estado importador, así como la licencia de importación.

6.1.6 Exenciones y disposiciones comerciales.

Mientras los especímenes se encuentren en tránsito o transbordo dentro del territorio de una Parte, no se requerirán las opiniones y permisos mencionados en la Convención.

Las muestras compradas antes de Cites no están sujetas a a sus dispositivos

Los especímenes domésticos y los efectos personales no están sujetos a la Convención a menos que el propietario haya adquirido el espécimen fuera del estado de su residencia o cuando el espécimen fue retirado de la naturaleza en un estado donde se requieren licencias de exportación previas.

Los animales de cría en cautividad comercial y las muestras de plantas criadas artificialmente comercialmente deberán seguir las normas establecidas en el Anexo II, incluso cuando se incluyan en el Anexo I.

El préstamo, el intercambio no comercial y la donación entre científicos registrados en el Órgano Administrativo no necesitan el asesoramiento y las licencias proporcionadas por Cites para especímenes de herbario y otros especímenes de museo preservados, secos o incrustados y material vegetal vivo, siempre que reciban etiquetas para identificar estas características.

Se permite a los estados permitir el movimiento sin los permisos adecuados cuando los especímenes son parte de un zoológico ambulante, un circo, una colección de zoológico o un parque botánico. Con este fin, el importador tendrá que registrar todos los detalles de estos especímenes con la autoridad administrativa y asegurarse de que el embalaje y las condiciones de transporte no causen daños a la salud, lesiones y tratos crueles.

6.1.7 Obligaciones de las partes

Los países signatarios de la CITES se han comprometido a prohibir el comercio en violación de la Convención al establecer sanciones y prever la confiscación y devolución al Estado exportador de especímenes involucrados en transacciones ilegales.

Cada Estado tendrá que designar los puertos de entrada y salida en los que se presentarán las muestras de despacho, y será responsable, dentro de su territorio, del transporte seguro a ellos.

El Estado que confisca un espécimen deberá notificar al Estado exportador y devolverlo a expensas del segundo Estado.

Cada país deberá mantener un registro del comercio de los especímenes enumerados en los anexos I, II y III e informará periódicamente a la Secretaría de Cites.

Esta Secretaría está subordinada al Programa de las Naciones Unidas para el Medio Ambiente. La función de esta Secretaría es organizar conferencias entre las Partes, prestarles servicios, realizar estudios científicos y técnicos, estudiar los informes de las Partes y llamar la atención de las Partes sobre asuntos relacionados con los propósitos de la Convención. La Convención también prevé que la Secretaría publique revistas informativas sobre especímenes protegidos y haga recomendaciones a los Estados, entre otros.

6.1.8 Comercio con Estados no partes en la Convención

En el caso de que las importaciones, exportaciones y reexportaciones se realicen con Estados que no son partes en la Convención, las licencias y certificados a los que se hace referencia en ella pueden ser reemplazados por documentos comparables que cumplan sustancialmente con sus requisitos.

6.1.9 Otras disposiciones

La Conferencia de las Partes se celebrará cada dos años, convocada por la Secretaría. También habrá reuniones regulares cada dos años y reuniones extraordinarias en cualquier momento.

Siempre que una especie se vea afectada por el comercio o cuando se viole la Convención, la Secretaría lo notificará a los Estados interesados.

Cada país tiene derecho a adoptar su propia legislación más estricta con respecto al comercio, captura, posesión y transporte, incluido el poder de prohibir el comercio y la captura de especies no incluidas en los anexos de la CITES.

Obligaciones derivadas de otros tratados, convenciones o los acuerdos internacionales o regionales no se ven afectados por la CITES.

6.2 COMERCIO DE FAUNA EN LA COMUNIDAD ECONÓMICA EUROPEA

La Comunidad Económica Europea fue establecida por el Tratado de Roma el 25 de marzo de 1957. Inicialmente, reunió a los siguientes países: Bélgica, Alemania, Francia, Italia, Luxemburgo y los Países Bajos. En 1972, se unieron a Inglaterra, Irlanda y Dinamarca; en 1979, Grecia; en 1985, Portugal y España.

En su preámbulo, el Tratado de Roma establece que la CEE fue creada, entre otros propósitos, para sentar las bases de una unión cada vez más estrecha entre los pueblos de Europa; establecer una política comercial común; y para confirmar la solidaridad que conecta a Europa y los países de ultramar.

Según el Tratado, la misión de la CEE es establecer un mercado común y promover la aproximación progresiva de las políticas económicas de los Estados miembros, promoviendo el desarrollo armonioso de las actividades económicas en toda la Comunidad y relaciones más estrechas entre los Estados miembros. .

La acción de la CEE implica, entre otras acciones, el establecimiento de una política común en el campo de la agricultura y la aproximación de las leyes nacionales en la medida necesaria para el funcionamiento del mercado común.

La Convención Internacional sobre el Comercio de Especies Silvestres (CITES) ha estado en vigor en la Comunidad Económica Europea desde el 1 de enero de 1984, aprobada por el Reglamento no. 3626/82.

El comercio se caracteriza cuando la introducción en la Comunidad (incluida la introducción desde el mar), la exportación y reexportación fuera de la Comunidad, el uso, el movimiento y la eliminación dentro de la Comunidad y dentro de un Estado miembro de especímenes protegidos por el Reglamento.

El espécimen, para el reglamento, es cualquier animal o cada planta, viva o muerta, que figura en uno de los Anexos del Reglamento

(A a D), así como todo o parte del producto y sus derivados, estén o no incorporados en otros productos, cuando la presencia de tales animales y plantas pueda identificarse en un documento de respaldo, empaque o etiqueta.

Solo los productos, animales o plantas que se especifican expresamente en el Reglamento se liberan para el comercio. Cuando se trata de especímenes híbridos, se debe aplicar el estándar más estricto, es decir, se debe buscar el accesorio en el que el animal o la planta recibe la protección más estricta.

La introducción de un espécimen en la CEE está sujeta a un permiso de importación expedido por el organismo competente del Estado miembro al que está destinado.

El importador debe proporcionar prueba de que el espécimen fue comprado de conformidad con la legislación vigente en su país.

Si la especie está protegida por Cites, la autoridad competente del país exportador también debe emitir una licencia de exportación.

El certificado de la autoridad científica debe especificar que el espécimen está alojado adecuadamente para permitir un manejo y tratamiento adecuados y para prevenir enfermedades o lesiones.

Los requisitos de exportación e importación son más estrictos o menos estrictos, según el anexo en el que se enumeran.

Las exportaciones y reexportaciones también están reguladas, lo que requiere un informe científico que certifique la legalidad de la compra y garantice que el embalaje se realice de una manera que evite el riesgo de lesiones y abuso.

La reexportación es la exportación de un espécimen previamente introducido en la CEE fuera de él.

Cuando un Estado miembro rechace una solicitud o un certificado de la CEE, notificará a la Comisión competente y justificará la denegación. También notificará a todas las muestras entrantes o salientes.

La notificación del importador, su agente o su representante en el momento de la introducción en la comunidad de un espécimen incluido en los anexos C y D se realizará en un formulario prescrito por la Comisión y será vinculante.

Una autorización para exportar especímenes depende de un certificado de la autoridad científica competente que certifique que su captura o recolección no afecta negativamente a los especímenes o al territorio ocupado por ellos.

El importador también debe mostrar prueba de que los especímenes fueron adquiridos de acuerdo con las regulaciones vigentes en su propio territorio. Además, primero debe demostrar que puede garantizar buenas condiciones de transporte para no dañar o maltratar a los animales.

Un certificado de exportación solo puede emitirse con la condición de que las muestras:

El control se vuelve más estricto o menos estricto según el anexo que enumera la muestra en cuestión.

6.2.1 Especímenes nacidos y criados en cautiverio o reproducidos artificialmente

Los especímenes nacidos en cautiverio, si se enumeran en el Anexo A, siguen las reglas aplicables al Anexo B.

Las exportaciones con fines no comerciales, como donaciones e intercambios científicos a instituciones registradas en su propio órgano de gobierno, están sujetas a reglas exclusivas.

6.2.3 Circulación de especímenes vivos

Todo movimiento de especímenes vivos dentro de la Comunidad estará sujeto a la autorización del organismo competente del Estado miembro en el que se encuentra el espécimen o a la autorización de importación cuando corresponda. Esta autorización no se aplica cuando el animal debe someterse a un tratamiento veterinario urgente.

Sin perjuicio de las medidas más restrictivas que los Estados miembros puedan adoptar o mantener, las autorizaciones y certificados emitidos por las autoridades competentes de los Estados miembros serán válidos en toda la Comunidad.

Cada Estado miembro establecerá una oficina dentro de sus aduanas y designará un organismo de gestión. Por consiguiente, el organismo de gestión es una autoridad administrativa designada en un Estado miembro para asuntos relacionados con la protección de la fauna y la flora.

Cada Estado también designará una o más autoridades científicas calificadas para emitir opiniones que no pertenecerán al órgano administrativo retro.

Por lo tanto, la autoridad científica es la autoridad designada en un Estado miembro para emitir dictámenes sobre la importación, exportación, venta y movimiento de especímenes en la CEE.

Las autoridades del organismo gestor son responsables de supervisar el cumplimiento de las normas de la CEE y de notificar infracciones, confiscaciones e incautaciones graves.

En la Comisión hay un Grupo de *Aplicación del Reglamento,* compuesto por representantes de las autoridades de cada Estado miembro, que se encarga de garantizar la aplicación de las disposiciones reglamentarias. El grupo examina todas las cuestiones técnicas relacionadas con este tema y transmite las decisiones tomadas al Comité de Comercio de Flora y Fauna.

Los Estados miembros y la Comisión se comunicarán entre sí y se proporcionarán la información necesaria.

6.2.4 Las sanciones

Incumplimiento de las disposiciones del Reglamento, tergiversación, uso de autorizaciones falsas, transporte de animales en mal estado, uso de autorizaciones para fines distintos a los establecidos en cada Anexo, comercio en violación del Reglamento, transporte de especímenes sin la debida autorización y el uso de un certificado para un espécimen diferente al especificado son infracciones que deben ser sancionadas por los Estados miembros.

En la Comisión, se creó un Grupo de Examen Científico, compuesto por representantes de las autoridades científicas de cada Estado miembro y presidido por un representante de este último. Es un organo consulta para examinar todas las preguntas científicas. Las decisiones grupales se remiten a un comité.

El Comité está asistido por este Comité, compuesto por representantes de los estados miembros y presidido por un representante del comité.

El Presidente del Comité presenta a los miembros del Comité los proyectos a estudiar y las medidas a tomar. El presidente del Comité no tiene derecho de voto.

El Comité es responsable de cualquier modificación de los Anexos, siempre que Cites no sea violado.

6.2.5 La Unión Europea y los convenios firmados en el Consejo Europeo y el bienestar animal

El 28 de febrero de 1986, se firmó el Acta Única Europea, que reunió a doce países, y se unió a la Comunidad Europea con el fin de profundizar políticas comunes y construir un futuro común por ley y mercado. salvaguardar la paz y el progreso social en Europa. La Unión Europea opera en actividades económicas y comerciales.

El *Tratado de Roma* identificó a los animales como bienes o productos agrícolas. No potencia la creación de legislación de protección animal. Las directivas de protección de focas y retención de piernas aparecieron por primera vez como una excepción.

La situación mejoró en 1992, cuando se firmó el Tratado de la Unión Europea en Maastricht, que se adjuntó al *Tratado de Roma*, aunque no forma parte de él. Recomienda que las instituciones europeas tengan en cuenta el bienestar animal al redactar su legislación en las áreas de investigación, transporte, agricultura y mercados internacionales.

El *Tratado de Amsterdam,* firmado el 16 de junio de 1997, incluía un protocolo de bienestar animal para el *Tratado de Amsterdam:*

"Deseando garantizar la debida protección y respeto por el bienestar de los animales, como seres vivos sintientes,

Se acuerda que las siguientes medidas se anexarán al tratado establecido por la Comunidad Europea:

Al formular y aplicar la política agrícola, el transporte y el mercado interior de la Comunidad, los Estados miembros prestarán plena atención al bienestar de los animales, de conformidad con las leyes y normas administrativas de los Estados miembros, sus costumbres, ritos religiosos, tradiciones culturales y patrimonio regional ".

Las áreas clave afectadas por la legislación de protección de bienestar animal a nivel de la UE incluyen: transporte, sacrificio para consumo, gallinas de batería, terneros (ternera) y cerdos, experimentación con animales o vivisección.

Las políticas adoptadas por la Unión están coordinadas por el Consejo de Europa, que establece las directrices generales que deben seguir los países miembros.

El Consejo de Europa fue fundado en 1949. Se considera el baluarte de los derechos humanos en Europa. Sus objetivos principales son: trabajar por la unión de Europa; luchar por la adopción de la democracia parlamentaria y los derechos humanos; y luchar por la implementación de condiciones capaces de promover los valores humanos.

El Consejo de Europa se ha comprometido a proteger a los animales alegando que la dignidad de la humanidad no está disociada del medio ambiente y de los animales. El hombre tiene la responsabilidad moral con otras criaturas menos afortunadas, lo que debe tenerse en cuenta en los tratados.

Estas convenciones, para que surtan efecto, deben ser ratificadas. Idealmente, deberían transponerse a la legislación nacional existente para reforzar su implementación. Las obligaciones derivadas del Consejo Europeo son más morales que legales. Los reglamentos de la Unión Europea, por otro lado, crean obligaciones generales y tienen fuerza de ley ante sus miembros.

6.3 ETIQUETA ECOLÓGICA, EL SELLO VERDE, LA CEE SALE

La Comunidad Económica Europea, basada en su programa

Teniendo en cuenta la importancia de desarrollar una política de productos limpios, el esquema de etiqueta ecológica se estableció en 1992 para evaluar el impacto en el medio ambiente de un producto a lo largo de su ciclo de vida. Comenzó a funcionar en 1993, cuando se estableció el primer grupo de productos. Se propone certificar la buena calidad del diseño, la producción, la comercialización y el uso de los productos que han reducido su impacto ambiental durante sus ciclos de vida.

Mientras que Ecolabel había estado en uso durante casi 20 años, en noviembre de 2009 se llevó a cabo una actualización del Reglamento (CEE) no 880/92 mediante el Reglamento (CE) no 66/2010 para corregir sus deficiencias y ampliar el alcance del dicho estándar.

6.4 ESQUEMA DE LA JAULA DE BATERÍAS Y MERCADO DE HUEVOS, LA CEE SALE EN VANGUARDA

La avicultura intensiva es una revolución reciente. Tiene menos de 50 años y comenzó poco antes de la Segunda Guerra Mundial en los Estados Unidos, cuando los criadores se esforzaron por criar aves y producir huevos para el gobierno y el ejército. Al dar vitamina A y D a las aves, descubrieron que se podían criar grandes cantidades en grandes instalaciones. Con la adición de vitaminas, determinaron que los animales ya no necesitarían sol o ejercicio para que se desarrollen los huevos.

Con estas teorías, comenzaron a construir grandes instalaciones para la producción a gran escala. Con el descubrimiento de los antibióticos, pensaron que estas aves podrían vivir sin sucumbir a las enfermedades que una vida tan poco saludable les impuso. Por lo tanto, se agregaron dosis masivas de antibióticos diariamente a su agua y alimentos.

6.4.1 Estrés y enfermedad

Las gallinas de corral pueden vivir de 15 a 20 años, pero las que se alojan en la agricultura industrial solo viven aproximadamente un año y medio. Su habilidad producir huevos se ve disminuido por el estrés y la monotonía que provoca su confinamiento. Cuando ya no es útil conservarlos, los sacan de sus jaulas y los arrojan a la fuerza a otras cajas y los llevan en un camión para un largo y doloroso viaje a las aves de corral donde serán sacrificados. Si tienen suerte, una cuchilla especial los adormecerá antes de introducirlos en un caldero de agua hirviendo y finalmente convertirlos en alimentos procesados ??para animales y personas.

Las aves confinadas sufren la agresión de otras aves. Hay peleas entre ellos, y los menos agresivos no pueden mostrar sumisión, como lo dicta la naturaleza. Algunos viven tan asustados que ni siquiera pueden moverse para comer o beber; se encogen y mueren. Otros permanecen en continuo movimiento neurótico y en pánico. Hay jaulas en las que las aves ni siquiera pueden estirar sus alas y cabezas, sino que deben agacharse en una postura antinatural.

El pico de las aves ponedoras se corta dos veces: primero, cuando tienen una semana; más tarde en la semana 12 o 20. Para reducir el costo, el criador recomienda agrupar 15 aves por minuto. Un cortador muy caliente causa llagas en el pico, un cortador muy frío causa úlceras en la raíz del pico. Además, las lenguas cortadas o quemadas son muy comunes. Algunos criadores también se cortan los dedos de los pies para que no puedan usar sus garras.

El ambiente de las aves de corral en la agricultura industrial es una guarida de contaminación y microbios. Las aves sufren de los fuertes gases de amoníaco que emanan de las toneladas de heces que atraen a las ratas e insectos. Desarrollan problemas en sus patas y patas debido al hecho de que están parados en pisos de alambre que deforman su anatomía natural. [1]

Cómo criar pollos en el esquema de la *jaula de la batería* implica muchos malos tratos a las aves. Los pollos se mantienen en jaulas pequeñas durante más de dos años, donde no pueden mover sus alas, sin un reposapiés deformado, el estrés los hace

---

[1] DIAS, Edna Cardozo. *SOS animal.* Belo Horizonte: Liga de Prevenção da Crueldade contra o Animal, 1996, p 21/22.

atacarse mutuamente, cortarse el pico con un cuchillo caliente para evitar lesiones mutuas. Posteriormente, se aprobaron regulaciones específicas para el tema. Para frenar estos abusos, la CEE ha tomado una serie de medidas para proteger a los pollos criados para la producción de huevos. Se establecieron tamaños de puesta para jaulas de gallinas ponedoras, canal de agua potable obligatorio y contenedor de alimentos; un piso que permite que las uñas de los pies se apoyen completamente; ventilación, inspección diaria y atención veterinaria.

Cada vez más, los consumidores se niegan a comprar productos contaminantes y productos que someten a los animales a la crueldad. Esta presión de la sociedad obliga a los productores a respetar las normas ambientales, de lo contrario tendrán sus productos fuera de los mercados nacionales y extranjeros.

Los organismos regionales como la CEE, el MERCOSUR y el TLCAN establecen normas medioambientales cada vez más estrictas y prohíben gradualmente productos del mercado que degraden la naturaleza.

6.5. INDUSTRIA DE LA PIEL

Todos los animales que tienen un final terrible para la fabricación de abrigos están en la mira de la *Comisión Europea para la Protección de Focas y Otros* Animales, lo que limita su captura: los Astrakhans, por ejemplo, reciben un disparo en la cabeza cuando nacen. nacido y a la vista de la madre; por el asesinato de los coyotes, los cazadores los persiguen en jeep; los lobos reciben lluvias de balas desde el avión; los zorros son diezmados con el pretexto de la ira, etc.

Los animales nocturnos, los felinos, son atraídos hacia una trampa, gracias a un cebo, generalmente cabra. Son atrapados por un alambre de acero para que queden inmovilizados. Atrapado por el cuello muere de inmediato. Si cuelgan de una pata, sufren terriblemente hasta que llega el cazador y da un golpe mortal.

Y hay innumerables otros animales atrapados, como castores, armiños y visones.

Es por estas razones que el sello verde se ha convertido en obligatorio en todos los países que importan, exportan y venden pieles de animales.

6.6 INDUSTRIAS DE CUERO Y TRAMPAS LEG HOLD

El 4/11/1991, el Parlamento Europeo adoptó el Reglamento 3254, que prohibía el uso de la trampa de acero de dientes puntiagudos para atrapar a los animales, sujetándolos por sus patas, a partir de enero de 1995.

El Reglamento CEE 3.254 / 91 prohíbe el uso de trampas de dientes y la introducción de pieles y artículos manufacturados de animales salvajes originarios de países que usan trampas no humanitarias como método de captura.

A partir del 1 de enero de 1995, solo las pieles de animales de países que prohíben tales trampas y utilicen trampas estandarizadas reconocidas como humanitarias podrían ingresar a la CEE.

El Reglamento preveía la suspensión de la prohibición solo si los países exportadores realizaban estudios de captura humanitaria en sus territorios.

El 19 de julio de 1994, el Parlamento Europeo, mediante el Reglamento 1.771 / 94, pospuso hasta el 1 de enero de 1996 la entrada en vigor de la prohibición de la introducción de pieles y artículos manufacturados de especímenes enumerados en el Anexo II del Reglamento 3.254 / 91. .

El 10 de enero de 1997, el Reglamento CE 35/97 estableció que las pieles y los artículos manufacturados de especímenes solo podían transitar o salir de la CEE si se capturaban en un Estado miembro, se les exigía cumplir con la legislación vigente y nacían en cautiverio o de países que cumplen con las normas del Reglamento 3254/91.

El primer paso que tomaron los cazadores después de estas nuevas regulaciones fue buscar la *Organización Internacional de Normalización* (ISO) con sede en Ginebra para un nuevo modelo de trampas para sujetar las piernas con dientes de goma, que llamaron humanitarios. (ISO es una federación mundial, compuesta por organismos de normalización de varios países, a cargo del desarrollo de normas técnicas. Es una organización no gubernamental establecida en 1947).

Edna Cardozo Dias ▮——

El *Comité Técnico* 191 se formó para alcanzar un consenso sobre los estándares de *trampas humanitarias,* es decir, los estándares de trampas humanitarias.

Si se aprueban las trampas de los cazadores, la CEE revocaría la prohibición de importar pieles de animales muertos. El interés en formar un Comité para establecer trampas no crueles comenzó en la Conferencia CITES en Gambie en 1983.

La propagación mundial que las trampas que sujetan a los animales con sus patas pueden fracturar esta extremidad o sus costillas, o matarla lentamente de hambre, la gangrena y el frío han causado una reacción negativa en el mercado de pieles.

El gobierno canadiense ha comenzado a probar trampas puntiagudas sin dientes con resortes menos potentes, pero estas modificaciones no han resuelto el problema de sufrimiento del animal. Los investigadores descubrieron que un castor atrapado en una trampa sumergida luchó 18 minutos antes de ahogarse.

Para escapar del sufrimiento, un animal es capaz de morderse a sí mismo hasta el punto de romper su pata de su pata, para liberarse de sus trampas. Otro factor que justifica la prohibición de estas trampas es que no son selectivas; captura cualquier animal que lo pise. Varios animales domésticos han sido mutilados por ellos.

Según la ley de los Estados Unidos, los animales atrapados son propiedad del dueño de la trampa. Dentro de esta concepción, el que salva a un animal atrapado comete robo.

Cuando un animal atrapado ataca la trampa, en un instinto de defensa, se rompe los dientes y se rasga las encías. [2]

En la reunión de 1994, ISO se negó a ceder ante la presión de la industria de pieles y negó las trampas *humanitarias* propuestas por los cazadores. Mientras tanto, los cazadores lograron extender el plazo (enero de 1995) para la entrada en vigor de las normas del Reglamento 3.254 / 91. Desde entonces,

---

[2] CROSS, Hilary. The blacklash. *Animals International,* p. 12-13, autumn 1993. Londres. Revista publicada pela World Society for the Protection of Animals.

innumerables Se están celebrando reuniones sobre el tema, y ??el Parlamento Europeo se ha reunido varias veces para establecer nuevos acuerdos y nuevas normas.

Los principales países productores de pieles son: Rusia, Canadá y Estados Unidos.

El 26 de enero de 1998, el Parlamento Europeo aprobó el acuerdo entre la Comunidad Europea, Canadá y Rusia sobre trampas humanitarias.

En el acuerdo con Canadá, los métodos de captura humanitaria fueron conceptualizados como certificados por la autoridad competente de acuerdo con el modelo de trampa descrito en el Anexo I.

El propósito del acuerdo con Canadá era establecer modelos estandarizados de métodos de captura humanitaria; implementar el intercambio de información y la cooperación entre las partes; y facilitar el comercio entre las partes. Además de las reglas acordadas en este documento, las partes están sujetas a las reglas de la Organización Mundial del Comercio.

En el acto de importar pieles, el país podría exigir un certificado que indique si la piel es de un animal capturado por la humanidad o de una granja en el territorio del Acuerdo.

El objetivo principal de la estandarización de trampas sería garantizar el bienestar de los animales capturados.

En ese momento, el Gobierno de Canadá se comprometió a prohibir el uso de trampas para sujetar las piernas para las siguientes especies: martes americana, mustela erminea, castor canadensis, onddatra zibe tricus, martes pennanti, taxidea taxus y lutra canadensis. En octubre de 1999, se comprometió a prohibir el uso de trampas para especies: *canis latrans, felis rufus, procyon lotor, canis lupus y Lynx canadensis.*

En diciembre de 2007, una decisión del Parlamento Europeo (Reglamento 1523/2007) prohíbe la comercialización y la importación y exportación comunitaria de pieles de gatos y perros y productos que las contengan.[3]

---

[3] https://eur-lex.europa.eu/legal-content/PT/TXT/?uri=CELEX%3A32007R1523, acesso 20 de julho 2018

Aunque los abrigos de piel se están desvaneciendo, todavía hay muchas tiendas que venden el producto.

6.7 PRODUCTOS SIN CRUELDAD

Con la conciencia del consumidor sobre la crueldad animal al hacer cosméticos, la gente ha rechazado los productos probados en animales.

Los fabricantes que abandonaron las pruebas con animales comenzaron a mostrar la advertencia de productos libres de crueldad en sus productos para indicar que no habían sido probados en animales.

6.7.1 Cosméticos

Para satisfacer su narcisismo, el hombre ha infligido sufrimiento a miles de criaturas en la producción de artículos superfluos para sus placeres transitorios. Detrás de la historia de miles de productos de belleza hay sufrimiento y crueldad. Según el Fondo Estadounidense para Alternativas a la Investigación Animal con sede en Nueva York, se estima que más de un millón de animales mueren cada año en las pruebas de cosméticos y productos de belleza. Los fabricantes ocultan métodos obscenos del público.

Los principales métodos utilizados son: irritación de la piel, irritación ocular e ingestión del producto.

● Prueba de irritación de la piel o prueba de parche drapeado: informa al Fondo Americano para Alternativas a la Investigación Animal que los conejillos de indias se usan para probar lociones astringentes y para después del afeitado. El método de preparación de la piel para la prueba es muy doloroso. Primero, tu piel está afeitada. Luego se presiona una cinta en su lugar y se tira brutalmente. La operación se repite hasta que la piel se vuelve hipersensible. Luego, se aplica el irritante químico, que se cubre con vendajes y se deja durante un día o dos al examinar el estado de la piel piel (No hace falta decir que las quemaduras son el resultado frecuente). Este procedimiento fue desarrollado en los Estados Unidos por el dr. J.H. (Draize y Food & Drugs Administration), hoy rutina y conocida como prueba de parche Draize.

• Prueba de irritación ocular o *prueba de irritación* ocular: las sustancias de champú concentradas que gotean en los ojos de conejos albinos provocan inflamación, hinchazón, ceguera y destrucción en la córnea. A menudo, la sustancia se gotea durante varios días, y la lesión se evalúa por la extensión del área lesionada. Para evitar que los animales se muevan, están inmovilizados en dispositivos de retención para que su cabeza quede fuera del aparato, atrapada en un agujero y no pueda moverse. Los ojos se mantienen abiertos con un clip o cinta adhesiva. Los animales no reciben tratamiento después. Los conejos se usan porque sus ojos no se rompen y el producto no gotea.

• Ingestión forzada: la ingestión forzada es común en las pruebas de lápiz labial, polvos faciales y maquillaje. Los animales se ven obligados a ingerir grandes cantidades de material y sus órganos a menudo se queman o se rompen. El objetivo es verificar si el producto mata al 50% de los animales. La prueba se llama LD 50 (dosis letal del 50%). El animal se convulsiona y se sorprende cuando se introduce material a través de tubos en su estómago. Sufre hasta la muerte, ya que cualquier intervención perjudicaría el resultado de la prueba. Es una prueba fallida que varía de un individuo a otro.

• Ratones utilizados para pruebas antitranspirantes: la rata se coloca sobre su espalda y sus patas están envueltas en zapatos apretados, en forma de tubo, para evitar la evaporación de la descarga húmeda. El antitranspirante se coloca en un pie para compararlo con el pie que no recibió el producto.[4]

La presión fue tan popular que Inglaterra abolió las pruebas en animales para la fabricación de cosméticos y otros productos. Una ley publicada en noviembre de 1998 prohibió el uso de animales para pruebas cosméticas en Inglaterra.

---

[4]DIAS, Edna Cardozo. *SOS animal. Op. cit.*, p. 39.

En Brasil, varios estados han prohibido las pruebas en animales para cosméticos. En São Paulo y Minas Gerais, las pruebas con animales para la fabricación de cosméticos están prohibidas.

6.8 EL MERCADO DE LA CARNE EN EUROPA

Los Estados miembros del Consejo de Europa reunidos en Estrasburgo el 10 de mayo de 1979 firmaron el *Convenio europeo para la protección de los animales* destinados al sacrificio. En el orden internacional su vigencia comenzó en 1982.

La Convención recomienda que los animales sacrificados en los países signatarios no sean sometidos a sufrimiento o *estrés* durante el sacrificio o en procedimientos anteriores. Deben mantenerse en lugares donde estén protegidos del clima, ser atendidos por personas con el conocimiento adecuado, recibir agua tan pronto como lleguen al matadero y una cantidad moderada de alimentos si permanecen allí durante más de 12 horas, y ser transportados con cuidado y equipo. adecuado Los mataderos deben proporcionarles la protección necesaria, con puentes, rampas y corredores cuesta abajo construidos para evitar lesiones o lesiones. No deben estar aterrorizados o emocionados. Cuando son llevados al matadero, deben estar inmediatamente entumecidos. Sus condiciones de salud deben verificarse por la mañana y por la tarde. Deben estar entumecidos antes del sacrificio. En el caso del sacrificio de ganado según el ritual religioso judío o musulmán, se les debe dar medicamentos para prevenir el dolor, el sufrimiento, la agitación, las lesiones o las lesiones.

La Convención está abierta a la adhesión de los Estados que no son miembros del Consejo de Europa y la CEE. Dentro del territorio de la CEE, la carne de animales sacrificados fuera de los métodos establecidos en la Convención no puede comercializarse por razones humanitarias o de salud.

En Brasil, cada matadero que exporta carne a la CEE ha adoptado los modernos métodos de matanza durante muchos años.

6.8.1 Agricultura y ganadería

Los países miembros del Consejo de Europa han firmado el *Convenio europeo para la protección de los animales de granja (mantenido para fines de cría)*, en vigor con las enmiendas del Tratado de Lisboa de 2009.

Desde el Tratado de Lisboa, los animales han sido considerados por la Unión Europea como seres sensibles, y al diseñar políticas en diferentes campos como el transporte y la agricultura, es necesario tener en cuenta este nuevo estado de los animales sensibles.

La Convención se aplica a la cría intensiva y extensiva de animales para la producción de alimentos, lana, cuero o pieles, incluidos los animales genéticamente modificados.

La cría intensiva es aquella que utiliza procesos automáticos en condiciones artificiales y en espacios pequeños donde el animal no puede moverse libremente. El animal está inseminado artificialmente. Se le aplican estimulantes y hormonas. Está encadenado, encarcelado, separado de su descendencia y castrado antes de ser transportado a la muerte. Se estaban formando más y más organizaciones no gubernamentales que, al difundir panfletos y marchar por las calles, mostraban al público la cruel verdad que subyace detrás de la cría intensiva de animales.

Por otro lado, grupos de médicos se han asociado con laicos para propagar el daño de la carne de animales criados artificialmente y decir que la carne mata: causa enfermedades cardíacas y cáncer, y que demasiados lácteos causan osteoporosis.

Por esta razón, la Convención establece que los animales criados para la agricultura deben recibir alimentos, agua y cuidados, de modo que se consideren las necesidades de sus especies y su grado de evolución, adaptabilidad y domesticación. Exige que se satisfagan todas sus necesidades biológicas y etiológicas, de acuerdo con el conocimiento científico de la época.

En el aditivo de 1992 se acordó que ningún animal puede ser sometido a cría intensiva si afecta su salud o bienestar los animales sacrificados en granjas no serán sometidos a sufrimiento en el momento del sacrificio o antes.

Todas estas demandas han sido el resultado de una fuerte presión de los consumidores que se niegan a comprar productos que son perjudiciales para su salud o provienen de la crueldad.

La enfermedad de las vacas locas en Europa fue la motivación para promulgar numerosas regulaciones sobre la comercialización e importación de carne en ese continente. Esta enfermedad fue causada por la alimentación incorrecta de los animales. La cría intensiva de ganado se alimenta con raciones hechas de ovejas y cabras sacrificadas con una enfermedad (tembladera), que causa deformidades cerebrales. Las vacas y terneros, que son de naturaleza herbívora en lugar de pastar, son encarcelados en establos y alimentados con carne de animales enfermos. Según una versión exhaustivamente publicada de la prensa, así es como nació la enfermedad de las vacas locas: *encefalografía espongiforme bovina.*

6.8.2 Comercio de carne de cerdo y los métodos habitualmente adoptados para la cría intensiva en países donde no existe legislación sobre protección animal y del consumidor

Durante milenios, el hombre tuvo una estrecha asociación con los animales. Los domesticó y vivió con ellos. Esta relación humano / animal ha cambiado radicalmente en las últimas décadas con el desarrollo de la tecnología. La vida de los animales consumidores ha cambiado por completo. Ya no disfrutan del pasto y la libertad de movimiento, no pueden correr, limpiarse, sentir la tierra en sus patas, ni cuidar a sus crías. Se les niega la vida y el aire que respiran es adicto y molesto. Se mantienen en jaulas pequeñas y áridas donde se conciben artificialmente, se cultivan, no tienen dientes, se engordan y se envían a su destino: el matadero. Este sistema de confinamiento total es un campo de concentración donde es posible criar, por ejemplo, muchos cerdos en poco espacio. Todo es automático, ahorrando mano de obra, lo que permite a un hombre observar a los animales.

Para ahorrar trabajo y tiempo, las cerdas se inseminan artificialmente y se conducen a una jaula estrecha donde se sujetan con cadenas cortas y se mantienen en la oscuridad para calmarse. La comida se sirve cada dos o tres días, y se les da la mitad de su ración para aumentar sus ganancias. Después de 16 semanas, justo antes de que nazcan los cachorros, son llevados a otra jaula, donde hay más restricciones. Allí deben permanecer en una posición para que sus pezones estén expuestos a los lechones. A las tres semanas, los lechones se separan, sin dientes y se envían a otra instalación cuando se encuentran y se colocan en jaulas colectivas. Cortan sus colas, sus dientes caninos y los castran, y luego los llevan a jaulas individuales. Dos o tres semanas después del parto, la madre regresa al área de inseminación, donde recibe dosis masivas de hormonas para volver a entrar en calor.

• Estrés: los animales no se alivian del aburrimiento y la falta de movimiento. Cuando hay una pelea entre ellos, los menos agresivos no pueden escapar ni mostrar a sus agresores los signos de sumisión. Muchos tienen tanto miedo que no se atreven a moverse, otros incluso muerden las barras de hierro de las jaulas. Su carne es pálida y gelatinosa, contiene abundante agua y adrenalina, y no es probable que sangre bien después del sacrificio y se descomponga rápidamente. Las patas de los animales, confinadas a los pisos de concreto, desarrollan lesiones dolorosas, que ejercen presión sobre los músculos de las piernas, rodillas y hombros, lo que causa artritis. Además, el entorno cerrado puede ser un foco de contaminación por microorganismos. Los animales en confinamiento total tienen poca resistencia a las bacterias, lo que lleva a la administración de antibióticos en los alimentos y el agua. Para comer más, les dan arsénico y les engordan hormonas.

El cerdo no es un animal sucio y apático. En libertad, es absolutamente activo durante el día, mantiene su cama limpia y tiene un gran instinto maternal. Es inofensivo, adaptable e interesado en todo lo que lo rodea. Incluso puedes aprender tu nombre. Por lo tanto, es mucho más que la carne sea capaz de sensaciones conscientes y aspire a una vida de acuerdo con las leyes de este tipo.

6.9 COMERCIO DE CARNE EN CENTROAMÉRICA Y SUDAMÉRICA

En América Central y del Sur, la industria cárnica ha estado destruyendo las selvas tropicales. La agroindustria ha obligado a millones de aves, monos y otras especies a abandonar su hábitat con la tala de bosques. Muchas de las especies están siendo aniquiladas con la destrucción del ecosistema.

Los mataderos son grandes contaminadores de ríos y lagos, derramando desechos venenosos y restos de animales sobre ellos. La cría de ganado y otros animales requiere más tiempo, tierra, energía y agua de la necesaria para producir alimentos equivalentes en vegetales. Una dieta vegetariana pura permitiría alimentar a una población mayor que la actual. Sin embargo, con una dieta puramente carnívora sería imposible alimentar a toda la población de la tierra. En 1984, el 40% del grano del mundo se usó para alimentar animales de cultivo intensivo en países desarrollados. Si los mismos granos hubieran sido destinados al consumo humano, habrían sido suficientes para alimentar a toda la Tierra, sin olvidar que Brasil ha estado exportando grandes cantidades de grano mientras su gente se muere de hambre. La injusticia social y la destrucción del medio ambiente van de la mano.

La cría de ganado en Brasil ha sido responsable del hambre, el desempleo y la desertificación. El suelo se calcina con fuego durante la estación seca. Como el pasto no se considera un cultivo, su suelo no se fertiliza ni se mantiene. Los pastizales quemados son susceptibles a la erosión del suelo, perdiendo productividad y calidad, perjudicando la alimentación y la salud del ganado. El uso del fuego y la falta de manejo del ganado conducen al desempleo, el éxodo rural y la destrucción de los bosques, la fauna y los recursos hídricos y del suelo.

El ganado moderno confina al animal en espacios pequeños y estimula su crecimiento con dosis masivas de hormonas. Además de la crueldad a la que están sujetos los animales, este sistema contamina el producto con residuos de antibióticos y carcinógenos.

Para criar ganado sin dañar el medio ambiente, se deben usar pastos naturales como los gauchos pampas y los cerrados del Medio Oeste del país.

– Matanza clandestina y salud: la matanza clandestina se lleva a cabo en todo momento al aire libre, en cualquier lugar (pasto, corral, camino) por los propios carniceros. Para cubrir el piso, use hojas de plátano o paños. El buey lleva un hacha a la cabeza, se marea, mueve las piernas y cae. Un machete está metido en su cuello, y el magarefe salta sobre su lomo para que la sangre salga más rápido. Al costado hay un tanque, donde corren las heces, la lechada, un caldo verde de excremento. La lechada fluye bajo el buey sacrificado, y los mosquitos, que merodean por todas partes, aterrizan en los charcos de sangre. El animal es destripado y descuartizado en el piso sin ninguna higiene. Los animales enfermos son sacrificados y descuartizados, otros ya matados.

El cadáver se transporta en los propios carniceros, quedando expuesto al clima. En la matanza clandestina no hay inspección sanitaria *antimortem* del animal, ni en el transporte de la canal y en la comercialización. Tampoco se expone el examen *post mortem* de los animales, exponiendo al consumidor al riesgo de zoonosis como cisticercosis, tuberculosis, etc. Por lo tanto, el carnicero no paga ICM y el consumidor compra carne sucia y contaminada.

– Abusos en el procedimiento moderno:
- *transporte:* malas condiciones, falta de espacio; escasez de empleados competentes; falta de cooperación en la provisión de alimentos y agua; malas medidas para una descarga segura; n mercado: infección causada por el contacto con otros animales enfermos, trato brutal de los empleados; falta de agua limpia y comida adecuada; cólico por exceso de comida antes del transporte al mercado, para obtener mayor peso;
- *mataderos:* falta de espacio; falta de empleados eficientes; separación inadecuada; mala comida y agua; disturbios causados por

ruido o trato negligente; protección inadecuada contra condiciones climáticas extremas; y

• *examen anti-muerte:* inspección deficiente debido a la falta de expertos; falta de tiempo para un examen detallado.

– Métodos de matanza arcaicos y crueles:

sin sangrado: sangrado interno al retrasar el sangrado; sangrado imperfecto porque el animal estaba consciente; sitios infectados con microbios, particularmente en áreas clandestinas y de matanza de arbustos (donde los animales son sacrificados y arrojados sobre excrementos fecales y la carne está infestada de moscas);

•*abusos en los procesos de matanza:* los animales totalmente conscientes caen con cuerdas o cadenas antes de matarlos; viven animales vivos totalmente conscientes por una pierna, sangrando sin entumecimiento.

6.10 MÉTODOS DE MATANZA UTILIZADOS EN BRASIL - HISTORIA

En Brasil, se utilizaron los siguientes métodos de asesinato antes de los requisitos del MERCOSUR:

– **Gran sección de vasos sin entumecimiento:** los animales pequeños se suspenden boca abajo por una pata y se cortan los vasos del cuello o la base del corazón con el cuchillo. El animal completamente consciente está tenso por el trato brutal y el olor de la sangre de sus compañeros. Si cae en el charco de sangre, se cuelga nuevamente. Luchan con dislocaciones de la cadera, articulaciones, etc.

– **entumecimiento antes del sangrado:** en el caso de animales grandes, para la seguridad de los empleados, el mazo, un instrumento antiguo, se usa comúnmente. Debido a que el cerebro del animal es de tamaño pequeño, el golpe que exige precisión es defectuoso, golpeando el cuerno, el ojo y bozal En la práctica, se ha descubierto que un mazo necesita dar de dos a seis golpes para derribar al buey. La sopa de bulbo consiste en la sección de la médula alargada en el cuello del animal (espacio atlantoocipital) por medio de un instrumento en forma de lanza. Este método reduce la frecuencia respiratoria y dificulta el sangrado. La cruel yugulación, método israelita, es muy cruel. El buey se corta, metiendo sus dedos en sus ojos o fosas nasales para torcer su cuello. Está colgado, consciente, para sangrar. Tiene que soportar cientos de libras en el sufrimiento intenso y el dolor causado por el corte de garganta y la posición a la que está sometido, hasta que llega la muerte.

• *Consideraciones higiénicas:* para los expertos de la Organización Mundial de la Salud, el estado físico y mental del animal en el momento del sacrificio influye en la calidad de la carne. Afirman que el estrés debe abolirse en el momento de la muerte porque causa una disminución en la tasa de glucógeno muscular, que es importante en la formación de ácido láctico, que, a su vez, es necesario para obtener el pH óptimo de la carne (5,6 a 6; 2), y por lo tanto ralentizar el crecimiento de bacterias responsables de la putrefacción. La agonía prolongada acumulará toxinas, que se depositarán en el producto final, causando ciertos tipos de cáncer en el consumidor. No podemos dejar de mencionar la contaminación de la sangre y el sangrado causado por el sangrado, causado por el rechazo de los materiales y excrementos del estómago.

• *Consideraciones económicas:* el sacrificio humanitario disminuye la pérdida de productos y los accidentes laborales y acelera el ritmo de producción de los establecimientos de sacrificio. Los estudios en los Estados Unidos han encontrado que el sangrado de animales conscientes causa una pérdida económica de $ 1.50 por cabeza como resultado de condenar parte de la carne lesionada en detrimento de miles de dólares anuales. Los accidentes en el trabajo ocurren dos veces, a razón de 26.7 hombres / hora en lugar de 13.4. Con las técnicas modernas, también hay un mayor número de animales sacrificados por hora.

- *Conclusión:* los animales deben descansar, relajado y relajado no solo en el momento de la matanza, sino en las horas previas a su muerte. Deben ser manejados correctamente por personas debidamente seleccionadas y capacitadas para evitarles miedo, sufrimiento y emoción.

6.11 MERCOSUR Y ENMIENDA AL DECRETO 30.691 / 52

Debido a la adhesión al Tratado de Asunción, que creó el Mercado Común del Sur, Brasil modificó el Reglamento de Inspección Industrial de Productos Animales, aprobado por el Decreto 30.691 / 52, modificado por el Decreto 1.255 / 62 y el Decreto 2.244 / 77. , que dio al artículo 135 la siguiente redacción:

"Art. 135. La matanza de carniceros solo está permitida por métodos humanos, utilizando sensibilización previa basada en principios científicos, seguida de una hemorragia inmediata".

§ 1 Los métodos empleados para cada especie de animal de carnicero deberán ser aprobados por el organismo oficial competente, cuyas especificaciones y procedimientos se regirán por los reglamentos técnicos.

§ 2 "Se permite el sacrificio de ganado de acuerdo con los preceptos religiosos (sangrienta yugulación), siempre que estén destinados para el consumo de una comunidad religiosa que los requiera o para el comercio internacional con países que hacen este requisito".

Con estas innovaciones, todos los municipios están obligados a adoptar métodos humanitarios y modernos al organizar el suministro de alimentos de la población y la promoción de la agricultura.

En Brasil, esta modernización ocurrió primero en el estado de São Paulo y luego en el estado de Ceará. En Minas Gerais, hubo dos intentos fallidos de introducir estas medidas. Hoy, los métodos modernos son normas generales a nivel federal.

6.12 QUÉ ES LA MATANZA HUMANITARIA SEGÚN LA ORGANIZACIÓN MUNDIAL DE LA SALUD?

Es el que hace que los animales estén inconscientes, se realiza antes del sangrado y cuyo entumecimiento es instantáneo y efectivo.

Podemos dividir los métodos modernos de adormecimiento en tres tipos:

- Químico (Gas - CO^2);
- Eléctrico (descarga eléctrica); y
- Percusión mecánica.

Los métodos químicos y eléctricos son los más adecuados para animales pequeños como cerdos, ovejas, cabras y terneros.

El retraso del crecimiento por CO2, o dióxido de carbono (que es un gas incoloro, inodoro e inflamable), es un método altamente efectivo, a juzgar por los experimentos hechos por el hombre, la pérdida de conciencia es rápida y total (estudios del Prof. BHC Matheus - The Physiological Laboratory, Downing Street, Cambridge 7/1/53).

El método eléctrico predice el paso de corriente eléctrica a través del cerebro del animal.

La percusión mecánica consiste en el uso de armas especiales con un cartucho, que impulsan un émbolo central que penetra instantáneamente en el cerebro del animal. El arma siempre se coloca contra la cabeza en el punto indicado. El cerdo entra inmediatamente en coma cerebral y está listo para ser desangrado.

6.13 GRANJAS DE PIELES

En las granjas de pieles, los animales generalmente se sacrifican con electrocución o administración de veneno. Estas granjas se multiplican a medida que el público, con la etiqueta ecológica o sello verde, otorgado por *el Sistema de gestión y auditoría ecológica*, se niega a comprar *animales muertos* con trampas para sujetar las piernas, apodado el *La huella de la muerte*. En ellos los animales quedan atrapados en pequeñas jaulas, donde pasan toda su vida, hasta la muerte. Atrapado en espacios reducidos, el aburrimiento y el estrés del cautiverio nos vuelven locos. A menudo golpeaban sus cabezas desesperadamente en las pantallas, aullando y gimiendo, sin que nadie acudiera en su ayuda.

La regulación, de hecho, intenta salvar una industria que ha quedado en bancarrota por la campaña y la propaganda de los ecologistas. En todo el mundo, los especímenes más bellos de maniquíes humanos han estado completamente desnudos bajo la nieve, portando una pancarta que dice: "Es mejor estar desnudo que cubrirse con piel de animal".

La industria animal continúa vendiendo sus productos dañinos pero rentables. Afortunadamente, el público comienza a darse cuenta, lo que ha motivado la firma de acuerdos, tratados y la promulgación de leyes para regular este comercio peligroso y cruel.

Capitulo 7

ANIMALES Y MERCOSUR

7. 1 Programa de Integración y Cooperación Económica Brasil X Argentina

La globalización de la economía ha llevado a la aparición de bloques económicos y al deseo de integración de políticas en las Américas.

El primer paso hacia la formalización del MERCOSUR fue la firma del Acta de Iguazú en noviembre de 1985, dirigida a aumentar las relaciones comerciales entre Brasil y Argentina.

En 1986, se firmaron doce protocolos bilaterales como parte del PICE. Los ex presidentes José Sarney y Alfonsín firmaron en Buenos Aires el Acta de integración, que preveía la creación de un mercado común para el 1 de enero de 2000.

El proceso de integración solo evolucionó con la firma del Tratado de Buenos Aires el 25 de noviembre de 1988, que entró en vigencia el 23 de agosto de 1989.

Al año siguiente, con la firma del Acta de Buenos Aires que preveía la formación del Mercado Común para fines de 1994, los plazos previamente acordados se acortaron.

El Grupo Mercado Común se creó en ese momento para armonizar la política comercial de los dos países, transporte fiscal, monetario, industrial, agrícola, terrestre y marítimo.

Uruguay y Paraguay pronto buscaron integrarse. Hoy, este bloque subregional está compuesto por Argentina, Brasil, Paraguay y Uruguay y Venezuela. Sus países asociados son Chile, Bolivia, Perú, Colombia y Ecuador.

7.1.1 Diferencia entre zona de libre comercio y mercado común1

La zona de libre comercio es la etapa o tipo de integración en la cual, además del libre comercio entre los miembros del grupo, existe la aplicación de un Arancel Externo Común - TEC
TEC, para comerciar con terceros países.

Arancel Externo Común - TEC es un arancel común cobrado por un grupo de países socios que requieren el mismo impuesto para la entrada de bienes de terceros países.

En el Mercado Común, además de TEC y libre comercio de mercancías. Existe la libre comercialización de factores de producción (capital y trabajo).

7.2. MERCOSUR

El MERCOSUR entró en vigencia con la firma del Tratado de Asunción sobre la constitución de un mercado común entre Argentina, Brasil, Paraguay y Uruguay, el 20 de marzo de 1991. El Tratado entró en vigencia formalmente el 29 de noviembre de 1991. El texto Este tratado comprende el Preámbulo y seis capítulos, titulados Propósitos, Principios e Instrumentos, Estructura Orgánica, Término, Adhesión, Denuncia y Principios Generales.

Para adaptar la estructura institucional del MERCOSUR al cambio, el 17 de diciembre de 1994, los Estados Partes firmaron un Protocolo Adicional llamado el Otro Protocolo Negro - POP.

Este Protocolo establece la personalidad jurídica internacional del MERCOSUR (artículos 34 y 35), la obligación

---

[1] www.mercosul.gov.br, acessado em 20/07/2018

de las normas legales elaboró ??y reguló la forma de incorporación de estas normas en el sistema legal interno. El MERCOSUR es, por lo tanto, un cuerpo legal autónomo, distinto de sus países miembros.

7.2.1 Estructura POP MERCOSUR

Comisión de Comercio del MERCOSUR - CCM: es el organismo responsable de ayudar al Grupo del Mercado Común en la implementación de los instrumentos de política comercial común;

● Comisión Parlamentaria Mixta del MERCOSUR: es el órgano representativo de los Parlamentos de política comercial común;

● Foro Consultivo Económico y Social del MERCOSUR: es el órgano representativo de los sectores económico y social. Tiene función ejecutiva y lleva recomendaciones al GMC.

● Secretaría Administrativa del MERCOSUR - SAM: es el organismo de apoyo operativo responsable de proporcionar servicios a otros organismos del MERCOSUR. Tiene su sede permanente en la ciudad de Montevideo.

La estructura establecida por el POP estableció una organización intergubernamental.

Las decisiones en el MERCOSUR se toman por consenso y con la presencia de todos los Estados Partes. Las decisiones son de naturaleza obligatoria, aunque no tienen una aplicación directa, deben ser internalizadas.

La propiedad de la personalidad jurídica del MERCOSUR la ejerce el Consejo del Mercado Común (SOP, Art. 8, III).

El Grupo Mercado Común puede negociar, por delegación expresa del Consejo Mercado Común, acuerdos en nombre del MERCOSUR con terceros países, grupos de países y organismos internacionales (POP 14, VII).

7.2.2 El medio ambiente en el MERCOSUR.

En el preámbulo del Tratado de Asunción observamos que el

La expansión de los mercados a través de la integración debe observar la protección del medio ambiente:

"Considerando que la expansión de las dimensiones actuales de sus mercados nacionales a través de la integración era una condición fundamental para alterar sus procesos de desarrollo económico con justicia social;

Entender que este objetivo debe lograrse mediante la mejora más efectiva de los recursos disponibles, la preservación del medio ambiente, la mejora de las interconexiones físicas, la coordinación de las políticas macroeconómicas de los diferentes sectores de la economía basadas en los principios de gradualidad, flexibilidad y equilibrio."

El artículo 2 del Protocolo de Asunción, que agregó un acuerdo sectorial, establece que *"la preservación y mejora del medio ambiente, la investigación y el desarrollo de tecnología para productos y procesos, el aumento de la competitividad externa, así como capacitación en recursos humanos y promoción de la educación".*

Además, los cuatro países, junto con Chile, firmaron la Declaración de canela, que hace la siguiente referencia al medio ambiente:

"Las transacciones comerciales deben incluir los costos ambientales causados en las etapas de producción sin transferirlos a las generaciones futuras[2]".

Con motivo de la firma del Otro Protocolo Negro, se creó la Reunión Especializada de Medio Ambiente REMA dentro del MERCOSUR para llevar recomendaciones al Grupo del Mercado Común que, una vez aprobado, se convertirían en resoluciones.

En la tercera reunión de REMA, en Brasilia, el "Directrices

---

[2] Declaração de Canelas

básicas sobre política ambiental", un documento que, después de la aprobación del Grupo Mercado Común, se convirtió en la resolución 10/94.

El Acuerdo Marco sobre Medio Ambiente del MERCOSUR, aprobado el 22/1/2001, también destacó la importancia de los temas ambientales en su agenda, así como la necesidad de un marco legal para regular las medidas de protección y conservación del medio ambiente. Recursos naturales del MERCOSUR.

El Acuerdo Marco sobre Medio Ambiente del MERCOSUR fue firmado por las Repúblicas de Argentina, la República Federativa de Brasil, la República de Paraguay y la República Oriental del Uruguay.

Este Acuerdo destacó en su preámbulo la necesidad de cooperar para la protección del medio ambiente y el uso sostenible de los recursos naturales con miras a lograr una mejor calidad de vida y un desarrollo económico, social y ambiental sostenible.

Por otro lado, reconoció la necesidad de cooperación entre los Estados Partes para apoyar y promover la implementación de sus compromisos ambientales internacionales, de conformidad con las leyes y políticas nacionales vigentes.

7.3. Principios

Los Estados Partes, al delinear los principios de política ambiental para el MERCOSUR, reafirmaron su compromiso con los principios ya establecidos en la Declaración de Río de Janeiro de 1992 sobre Medio Ambiente y Desarrollo.[3]

• promover la protección del medio ambiente y hacer un uso más efectivo de los recursos disponibles a través de la coordinación

---

[3] Acordo Quadro sobre Meio Ambiente no MERCOSUL. 2001. http://www.ecolnews.com.br/PDF/Acordo_Quadro_sobre_Meio_Ambiente_do_Mercosul.PDF, acessado em 20/07/2018

de políticas basado en los principios de graduación, flexibilidad y equilibrio;

● Incorporación del componente ambiental en las políticas sectoriales e inclusión de consideraciones ambientales en la toma de decisiones del MERCOSUR para fortalecer la integración;

● promover el desarrollo sostenible a través del apoyo recíproco entre los sectores ambiental y económico, evitando la adopción de medidas que restrinjan o distorsionen arbitraria o injustificadamente la libre circulación de bienes y servicios dentro del MERCOSUR;

● tratamiento integral y prioritario de las causas y fuentes de los problemas ambientales;

● promover la participación efectiva de la sociedad civil en el tratamiento de los problemas ambientales; y

● fomentar la internalización de los costos ambientales mediante el uso de instrumentos de gestión económica y regulatoria.

7.3.2. Goal

El objetivo del Acuerdo es el desarrollo sostenible y la protección del medio ambiente a través de la articulación entre las dimensiones económica, social y ambiental, de manera que contribuya a una mejor calidad del medio ambiente y la vida de las poblaciones.

La cooperación de los Estados para cumplir con los tratados internacionales puede incluir la adopción de políticas comunes para la protección del medio ambiente, la conservación de los recursos naturales, la promoción del desarrollo sostenible, la presentación de comunicaciones conjuntas sobre temas de interés común y el intercambio de información. información sobre posiciones nacionales en foros ambientales internacionales.

Para seguir analizando los problemas ambientales de la subregión, con la participación de los organismos nacionales competentes y las organizaciones de la sociedad civil, los Estados Partes se han comprometido a implementar, entre otras, las siguientes acciones: [4]

● aumentar el intercambio de información sobre leyes, reglamentos, procedimientos, políticas y prácticas ambientales, así como sus aspectos sociales, culturales, económicos y de salud, en particular los que pueden afectar el comercio o las condiciones de competitividad dentro del MERCOSUR;

● alentar las políticas e instrumentos ambientales nacionales, buscando optimizar la gestión ambiental;

● buscar la armonización de las leyes ambientales, teniendo en cuenta las diferentes realidades ambientales, sociales y económicas de los países del MERCOSUR;

● Identificar fuentes de financiamiento para el desarrollo de capacidades de los Estados Parte para contribuir a la implementación de este Acuerdo;

● contribuir a la promoción de condiciones de trabajo seguras y ambientalmente sanas para, en el marco del desarrollo sostenible, mejorar la calidad de vida, el bienestar social y la creación de empleo;

● Ayudar a otros foros y organismos del MERCOSUR a considerar los aspectos ambientales pertinentes como apropiados y oportunos;

● promover la adopción de políticas, procesos de producción y servicios amigables con el medio ambiente;

● alentar la investigación científica y el desarrollo tecnológico
inmundo
n promover el uso de instrumentos económicos para apoyar la implementación de políticas para el desarrollo sostenible y la protección del medio ambiente;

● alentar la armonización de las directrices legales e

---

[4]Acordo Quadro sobre Meio Ambiente no MERCOSUL. 2001. http://www.ecolnews.com.br/PDF Acordo Quadro sobre Meio Ambiente do Mercosul.PDF, acessado em 20/07/2018

institucionales para prevenir, controlar y mitigar los impactos ambientales en los Estados Partes, con especial atención a las zonas fronterizas;

• proporcionar información oportuna sobre desastres ambientales y emergencias que puedan afectar a otros Estados Parte y, cuando sea posible, brindar apoyo técnico y operativo;

• promover la educación ambiental formal y no formal y fomentar el conocimiento, la conducta y la integración de valores orientados a las transformaciones necesarias para lograr el desarrollo sostenible dentro del MERCOSUR;

• considerar los aspectos culturales, cuando corresponda, en los procesos de toma de decisiones ambientales; y

• desarrollar acuerdos sectoriales sobre temas específicos según sea necesario para lograr el objetivo de este Acuerdo.

Para la implementación de estas acciones, se deben acordar agendas de trabajo que cubran las áreas temáticas que se desarrollarán de acuerdo con la agenda de trabajo ambiental del MERCOSUR.

7.3.3. Las áreas temáticas establecidas por el Acuerdo son5:

♦ Gestión sostenible de los recursos naturales.
• fauna y flora silvestres
• bosques
• áreas protegidas
• diversidad biológica
• bioseguridad
• recursos hídricos
• recursos pesqueros y acuícolas
• conservación del suelo

♦ Calidad de vida y planificación ambiental
• saneamiento y agua potable

---

[5]Anexo do Acordo Quadro sobre Meio Ambiente no MERCOSUL. 2001.

- residuos urbanos e industriales
- residuos peligrosos
- sustancias y productos peligrosos
- protección de la atmósfera / calidad del aire.
- planificación del uso del suelo
- transporte urbano
- fuentes de energía renovables y / o alternativas

♦ Instrumentos de política ambiental
- legislación ambiental
- instrumentos económicos
- educación ambiental, información y comunicación
- instrumentos de control ambiental
- evaluación de impacto ambiental
- contabilidad ambiental
- gestión ambiental de empresas
- tecnologías medioambientales (investigación, procesos y productos).
- sistemas de información
- emergencias ambientales
- valoración de productos y servicios ambientales

♦ Actividades productivas ambientalmente sostenibles
- ecoturismo
- agricultura sostenible
- gestión ambiental empresarial
- gestión forestal sostenible
- pesca sostenible

7.3.4. Fuentes legales

Fuentes legales del MERCOSUR bajo el Protocolo Adicional al Tratado de Asunción sobre la Estructura Institucional del MERCOSUR (17/12/1994), Protocolo de Otro Negro, son[6]:

● Tratado de Asunción, sus protocolos e instrumentos adicionales o complementarios;

●Acuerdos celebrados en virtud del Tratado de Asunción y sus protocolos;

● Las Decisiones del Consejo del Mercado Común, las Resoluciones del Grupo del Mercado Común y las Directrices de la Comisión de Comercio del MERCOSUR, adoptadas desde la entrada en vigor del Tratado de Asunción.

Si bien los Tratados de Asunción y Ouro Preto establecen una serie de instrumentos legislativos, como las Decisiones y Resoluciones, estas normas no tienen aplicabilidad inmediata en el orden nacional ni una jerarquía superior en relación con el derecho nacional.

Estas normas deben incorporarse al orden nacional, es decir, internalizarse. Las decisiones adoptadas por el Consejo entrarán en vigor solo después de su incorporación a los cuatro países miembros. Las decisiones tomadas en los tratados deben ser aprobadas por el Congreso Nacional y ratificadas por el Ejecutivo.

Desde un punto de vista legal, la legislación del MERCOSUR no es externamente coercitiva para los individuos, ni encuentra legitimidad supranacional en la Constitución brasileña. Solo es coercitivo como derecho internacional público, como una obligación asumida por la Unión.

Los actos normativos del MERCOSUR se publican en el Boletín Oficial del MERCOSUR, emitido por la Secretaría Administrativa del MERCOSUR con versiones en español y portugués.

---

[6]Protocolo de Ouro Preto. 1994. http://www.sice.oas.org/trade/mrcsrp/ourop/ourop_p.asp, acessado em 20/07/2018

7.4. La controversia y sus soluciones.

El sistema de solución de controversias del MERCOSUR se basa en el Protocolo de Brasilia de 1991 y el Anexo del Protocolo de Ouro Preto de 1994, que fue regulado por la Decisión CMC 17/98. El Tratado de Asunción contenía, en su anexo III, un sistema provisional y diplomático de solución de controversias, que se convirtió en definitivo por el Protocolo de Brasilia y el Protocolo de Ouro Preto.

Para resolver conflictos, se creó un sistema diplomático de solución de controversias. Las negociaciones se llevan a cabo en tres fases:

- Negociaciones directas entre las partes en la disputa (15 días);
- Intervención del GMC ("mercosulización" de la controversia) (30 días) y
- Tribunal arbitral ad hoc (60 a 90 días)

El procedimiento debe comenzar en la Comisión de Comercio, ser procesado por un Comité Técnico (compuesto por representantes del gobierno), regresar al MCP, ir al GMC y luego culminar en la fase de arbitraje (Capítulo IV del Protocolo de Brasilia).

Las quejas de individuos sobre medidas legales o administrativas tomadas por los Estados Parte que violen las regulaciones del MERCOSUR dependen del respaldo de la Sección Nacional.

Los árbitros se eligen de listas previamente depositadas en la Secretaría Administrativa del MERCOSUR en Montevideo.

Los laudos arbitrales, según el art. 21 del Protocolo de Brasilia, son "no apelables, vinculantes para los Estados Partes en la controversia previa notificación del mismo y tendrán res judicata al respecto".

El límite de tiempo para el cumplimiento es de 15 días a menos que el Tribunal establezca otro límite de tiempo. El laudo arbitral se aplica directamente a los Estados Partes del MERCOSUR, sin ningún otro acto interno.

La ley del MERCOSUR es, por lo tanto, intergubernamental más que supranacional.

Ni el Tratado de Asunción de 1991 ni el Protocolo Suplementario de Ouro Preto de 1994 prevén organismos supranacionales. El Protocolo de Brasilia fue ampliamente criticado por no haber creado un Tribunal del MERCOSUR. El Protocolo de Ouro Preto incluía una Comisión semijudicial, además del Grupo del Mercado Común.

Solo después de agotar las negociaciones diplomáticas, el MERCOSUR puede llamar a los tres árbitros ad hoc (Tribunal Arbitral ad hoc).

Ya hemos visto que los órganos gubernamentales que toman decisiones en el MERCOSUR son el Consejo del Mercado Común, mediante decisiones (art. 9), el Grupo del Mercado Común, mediante resoluciones (art. 15) y la Comisión de Comercio, mediante directrices o protocolos (Artículo 20). Estos organismos están compuestos por representantes de los gobiernos de los países miembros.

Los órganos de toma de decisiones políticas del MERCOSUR, responsables de la ejecución y la toma de decisiones legislativas (Consejo, Grupo y Comisión), e incluso la toma de decisiones sobre conflictos (Comisión de Grupo y Comercio), dependen de la política nacional.

Como órgano ejecutivo existe el Foro Asesor Económico-Social, la única institución que tiene un representante de la sociedad.

7.4.1 Agenda externa del MERCOSUR

La agenda externa del MERCOSUR incluye:
● negociación de acuerdos de libre comercio entre el MERCOSUR y los demás miembros de ALADI – Asociación Latinoamericana de Integración;
● Implementación del Acuerdo Marco Internacional para la Cooperación Económica y Comercial, firmado entre el MERCOSUR y la Unión Europea;
● coordinación de posiciones en el contexto de negociaciones para la formación del Área Hemisférica de Libre Comercio.

EDNA CARDOZO DIAS ⊢────

7.4.2. Conflicto entre el MERCOSUR y terceros países.

Cualquier controversia que surja entre un país del MERCOSUR y un tercer país se resolverá en la Organización Mundial del Comercio (OMC). En el caso de Chile y Bolivia, los conflictos deben resolverse bajo acuerdos de libre comercio con el MERCOSUR.

7.4.3. Organizaciones financieras

BID - El Banco Interamericano de Desarrollo, una institución financiera regional establecida en 1959 y con sede en Washington DC, tiene como objetivo contribuir al progreso económico y social de América Latina y el Caribe canalizando su propio capital, los fondos obtenidos en el mercado financiero y otros fondos bajo su administración para financiar el desarrollo en los países receptores.

El BIRF-Banco Interamericano de Reconstrucción y Desarrollo (Banco Mundial) fue creado en 1945. Su objetivo es la promoción económica y social de los países miembros a través del financiamiento de proyectos. Solo los miembros del Fondo Monetario Internacional (FMI) pueden ser parte del BIRF.

El FMI fue creado en 1945 y tiene como objetivo garantizar la estabilidad del sistema financiero internacional.

7.5. Comité de Normalización del MERCOSUR - CMN8

Es una asociación civil no gubernamental sin fines de lucro reconocida por el Common Market Group (GMC) mediante la Resolución N ° 2/92 de 11.1.1991.

Mediante el acuerdo firmado en 2000 con Common Market Group, se convirtió en el único organismo responsable de la gestión voluntaria en el MERCOSUR.

---

[7] www.mre.gov.br
[8] www.amn.org.br

La Asociación está formada por las Organizaciones Nacionales de Normalización de los países miembros: Instituto Argentino de Normalización - IRAM, Asociación Brasileña de Normas Técnicas - ABNT, Brasil, Instituto Nacional de Tecnología y Normalización - INTN de Paraguay, e Instituto Uruguayo de Normas Técnicas - UNIT.

La certificación ambiental ha sido uno de los requisitos del mercado importador. Existen tres modalidades principales de certificación: agrícola, forestal e industrial.

Debido a que las leyes de los Estados Partes están bien diferenciadas, la integración prevista en la protección del medio ambiente aún no se ha logrado.

Por otro lado, esta situación puede conducir a la avalancha masiva de empresas a países menos restrictivos en la aplicación de las normas ambientales, lo que lleva a la competencia desleal y la destrucción del medio ambiente. Esto también puede conducir a un dumping respetuoso con el medio ambiente por parte de terceros países, que es bloquear la importación de un producto cuando se establece que se está importando a precios más bajos que los cobrados en el mercado debido a medidas no ecológicas.

Los países necesitan armonizar su legislación ambiental con el paradigma más restrictivo. Y que respeten los compromisos internacionales contraídos en las diversas Naciones Unidas: Cumbres de las Naciones Unidas, motivadas por la protección del medio ambiente y el desarrollo sostenible.

Capitulo 8

EL ESTADO ECOLÓGICO

La democracia es un método de gestión, pero no es el fondo. El fondo consiste en la declaración de derechos. Cuanto más un ser humano evoluciona y aumenta su conocimiento, surgen nuevas declaraciones de derechos. La inclusion de los derechos en las constituciones de los países es uno de los mayores logros de la democracia.

La Declaración de Derechos comenzó con la *Carta Magna* en 1215, evolucionó con la *Declaración de Derechos Humanos y Ciudadanos,* promulgada por la Asamblea Francesa en 1789, y más tarde con la *Declaración Universal de Derechos Humanos,* adoptada por el Asamblea General de las Naciones Unidas, 1948, Declaración de *Estocolmo sobre el Medio Ambiente*, 1972, *Declaración de Haya* sobre la Atmósfera, 1989, *Declaración de Río*, 1992.

La declaración de derechos es un proceso continuo, y hoy la Declaración Universal de Derechos de los Animales fue proclamada en la sede de la UNESCO en 1978. La Declaración Universal de los Derechos de los Animales es una propuesta de diploma legal internacional, adoptada por activistas para la defensa de los derechos de los animales ante la UNESCO el 15 de octubre de 1978 en París. Nuestra Constitución, en su art. 225, § 1, VII, hizo de la protección de los animales un precepto constitucional.

Un estado posmoderno requiere, además del cambio político, una reforma conciential de sus ciudadanos para que una democracia participativa pueda cumplir sus objetivos sociales, apuntando no solo a las generaciones presentes y futuras.

Esta reforma de consciência es la base para una modernización del estado, no puede provenir de revoluciones engañosas e injustas, pero es urgente que tenga lugar la revolución de la libertad y justicia.

Estas transformaciones en el estado posmoderno deben abarcar el mundo de las relaciones sociales, la cultura, la política, la economía, la geopolítica, exigiendo sobre todo una transformación de valores:

– la transición de una ciencia poco ética a una ciencia éticamente responsable;

– el cambio de una tecnocracia que domina a las personas a una tecnología que sirve a la humanidad y a toda la familia planetaria;

– el cambio de una industria ambientalmente destructiva a una industria que promueve el bienestar de las personas y una vida armoniosa del ser humano con el medio ambiente.

Un estado libre necesita hombres libres, porque las leyes no pueden dominar los hechos. Pero no podemos pensar en un hombre libre fuera de su entorno. Los seres humanos, la sociedad y el estado solo pueden concebirse dentro de un sistema planetario, junto con los animales, las plantas y toda la vida que conforma la familia humana.

El hombre solo puede ser liberado como un todo junto con todos los seres.

La garantía de los derechos individuales depende del destino de todos y del entorno social y natural. La verdadera base del estado posmoderno debe reconocer al hombre como un animal bípedo intelectualizable que comparte espacio y comida con otros seres y, como tal, tiene el deber de preservarlos y protegerlos. El individualismo debe ser superado para no dañar la integridad de la creación y el planeta a favor de los intereses privados.

Desde 1972, la *Declaración de Estocolmo,* emitida por la Asamblea General de la ONU, ha alertado a la humanidad sobre los peligros del agotamiento de los recursos naturales. Solo podemos considerar un régimen que toma en cuenta los derechos de otras especies al tomar sus decisiones y redactar sus leyes, es decir, un Estado Ecológico.

El Estado moderno que privilegia el positivismo y la tecnocracia está desactualizado. Un estado posmoderno tendrá que recurrir a la heterogeneidad, la otredad, el pluralismo y la discontinuidad.

Este nuevo estado tendrá que ser el producto de las relaciones sociobiológicas y poder implementar cambios concretos en la estructura social existente para lograr un desarrollo sostenible.

El nuevo modelo de estado debe apuntar a la sostenibilidad evolutiva futura de la tierra y al cambio de paradigmas legales que presuponen la ética de la supervivencia.

Arthur J. Almeida Diniz comenta que "una de las tareas urgentes de la ley es restaurar la salud ética de la humanidad"[1] y que esta búsqueda de principios éticos no debe ser "por idealismo abstracto, sino por simple conveniencia de supervivencia no más de un pueblo pero de humanidad ".[2]" Sin un compromiso profundo y duradero con una ética planetaria, involucrando a todos los pueblos, todas las razas, todas las religiones, culturas, políticas, idiomas, civilizaciones, gobiernos, la calvicie serán nuestros esfuerzos por la viabilidad. de paz ".[3]

El concepto de desarrollo sostenible para Diniz implica una descentralización soñada; es decir, la dependencia económica debe mitigarse para que "cada miembro de lo que pueda describirse como la economía mundial pueda seguir su propio perfil, su tradición cultural, abrumando la economía a un concepto de valor". Desarrollo sostenible , porque integrado y fruto de la vocación de cada economía en lo que tiene específico, verdaderamente regional.[4] Aún según Diniz, esto requeriría la construcción de un nuevo paradigma, el de la justicia en las relaciones económicas, con consecuente eliminación del paradigma

[1] DINIZ, Arthur J. Almeida. Novos paradigmas em direito internacional público. Porto Alegre: Sérgio Antônio Fabris, 1995, p. 79.
[2] DINIZ, Arthur J. Almeida. *Op. cit.*, p. 80.
[3] DINIZ, Arthur J. Almeida. *Op. cit.*, p. 189.
[4] DINIZ, Arthur J. Almeida. *Op. cit.*, p. 164-165.

de la ganancia,[5] y un pacto mundial por una nueva humanidad que rechaza el paradigma de las diferencias[6] y construye una sociedad donde el estado tiene funciones meramente instrumentales al servicio de la persona humana.

El concepto de desarrollo sostenible propuesto por el informe *Nuestro Futuro Común*, y aceptado oficialmente por la Asamblea de las Naciones Unidas y la conferencia de Río, nació de la confluencia de las corrientes del pensamiento de desarrollo, ambientalista y humano.

El informe conceptualiza el desarrollo sostenible como la satisfacción de las necesidades del presente sin comprometer la capacidad de las generaciones futuras para satisfacer sus propias necesidades.

En Río-92, la conferencia internacional más grande de la historia (más de 100 jefes de estado o de gobierno, alrededor de 8,000 delegados, 3,000 representantes de organizaciones no gubernamentales y 9,000 reporteros), las naciones asumieron el desafío de llevar a cabo, en la práctica, la desenvolvimiento sustentable.

Por lo tanto, la concepción del desarrollo sostenible debe basarse en principios éticos sólidos, una ética de la tierra.

Hans Küng, en su libro *Proyecto de ética mundial, una moral ecuménica en vista de la supervivencia humana*, predica la responsabilidad planetaria como una forma de supervivencia. Según él, tenemos que abandonar la ética del éxito y la mentalidad como la única supervivencia de la especie y el planeta. Es decir: "¡responsabilidad de la sociedad mundial por su propio futuro! Responsabilidad con el medio ambiente, tanto hoy como en el futuro."[7] Para él, esta ética requiere responsabilidad por el medio ambiente, la persona humana debe ser más humana para construir una sociedad más humana y mantener un medio ambiente saludable. Por lo tanto,

---

[5] DINIZ, Arthur J. Almeida. *Op. cit.*, p. 163.

[6] DINIZ, Arthur J. Almeida. *Op. cit.*, p. 187.

[7] KÜNG, Hans. *Projeto de ética mundial, uma moral ecumênica em vista da sobrevivência humana*. Edições Paulinas, 1993, p.52.

EDNA CARDOZO DIAS

la ética en la posmodernidad debe tener un propósito público de primera magnitud. Küng completa su idea diciendo que no habrá orden mundial sin una ética mundial.

La *Agenda 21*, también conocida como la *Estrategia de la Cumbre de la Tierra*, es un documento sobre desarrollo sostenible. El éxito de esta estrategia depende en gran medida del papel de la Administración Pública en el control y la supervisión del uso de los recursos naturales, en la reparación de errores pasados ??y en la defensa de la ciudadanía plena. El desarrollo sostenible no ocurrirá espontáneamente; depende de la intervención del estado. El éxito de tal interferencia requiere el abandono de la ciencia poco ética, la tecnología omnipotente, la industria perjudicial para el medio ambiente y la democracia puramente formal.[8]

La agenda política mínima para la realización práctica del desarrollo sostenible debe proporcionar reformas institucionales que estén en línea con la realización de una sociedad sostenible.

La realización práctica del desarrollo sostenible dependerá de actos políticos capaces de transformar la realidad actual, deteniendo el proceso de explotación desenfrenada de los recursos naturales. El pensamiento científico y tecnológico moderno ha demostrado ser incapaz de fundamentar estándares éticos, valores universales y derechos para otras especies.

El acto político-administrativo de una sociedad sostenible dependerá de nuestra libertad (incluida la dignidad de todos los seres), pero sobre todo de nuestra responsabilidad (entendida como una expresión de nuestra solidaridad, nacida de la conciencia de nuestra unidad con todo lo que vive).

El Estado Ecológico, gestor de la diversidad biológica, deberá incorporar en sus fundamentos tres principios básicos: respeto, solidaridad y cooperación.

8.1 LOS PRINCIPIOS DEL ESTADO ECOLÓGICO

Comienza la modernización y transformación de las formas

---

[8] KÜNG, Hans, *Op. cit.*, p. 65.

políticas de la conciencia de las personas. Los principios deben estar inscritos en la conciencia humana. Voltaire, Montaigne, Rousseau y Diderot trabajaron en el mundo de las ideas abstractas, pero dieron vida al proceso revolucionario. Las ideas están inspiradas en hechos, pero hacen historia.

Víctor Hugo afirmó que "hay algo más poderoso que todos los ejércitos del mundo: una idea cuyo momento ha llegado".

Y muy peculiar fue esta declaración de Margaret Mead: "Nunca dudemos de que un pequeño grupo de ciudadanos atentos y comprometidos puede cambiar el mundo. De hecho, eso es lo único que siempre lo ha cambiado ".[9].

Los principios son reglas de observación permanentes y obligatorias para el legislador y la administración, que constituyen un elemento de validez de la actividad pública y la actividad privada.

Los principios evolucionan en paralelo con la evolución del pensamiento humano. Toda revolución comienza en el mundo de las ideas y los principios se derivan de los valores filosóficos que emanan de la comunidad en un momento dado. Sin embargo, son dinámicos y deben acompañar la evolución de la ciencia y la mejora ética de las razas.

En la época de la ley romana, los recursos de la naturaleza se consideraban *res comuni,* cosas de la comunidad, excepto el derecho sobre pequeñas porciones individuales. Todos tienen derecho a usar y abusar de los recursos naturales.

El abuso del derecho a usar los recursos naturales fue reanudado por la Revolución Francesa, basada en la ideología liberal.

Los desastres ecológicos mostraron que el marco legal adoptado hasta entonces comenzaba a mostrar signos de obsolescencia e inoperancia. Así surgió una nueva ley y principios, *los principios del derecho ambiental.*

Esta nueva rama del derecho se basa en varios principios que, sin embargo, están lejos de agotar los principios que deben adoptarse. Es por eso que, junto con los principios ya adoptados y solidificados en la Carta Constitucional y otras normas, sugerimos la adopción de

---

[9]Apud *MULLER, Robert. Op. cit., p. XV.*

EDNA CARDOZO DIAS ▐━━━

nuevos principios: *el principio de solidaridad, el principio de interdependencia y el principio del derecho de otras especies*, que deben buscarse y aplicarse desde una perspectiva internacional y mundial, para informar la protección de animales, plantas y el medio ambiente.

A medida que la calidad de vida y la protección del medio ambiente emergen a la vanguardia, las siguientes declaraciones deberían dar origen a un Estado ecológico, basado en el derecho colectivo de todas las especies y la solidaridad a escala nacional y global. .

8.2 SOLIDARIDAD COMO PRINCIPIO DE DERECHO

Las revoluciones científicas y tecnológicas por las que hemos pasado han contribuido a grandes transformaciones sociales y legales.

La protección del medio ambiente requiere una evolución conceptual del universo legal internacional. Surgen nuevos principios en nuestra Ley, como el bien común de la humanidad, el desarrollo sostenible, las responsabilidades diferenciadas, las obligaciones erga omnes y la asociación mundial equitativa.[10]

Dado que el *Club de Roma* ha declarado que depende de nosotros avanzar la idea de que la solidaridad mundial representa la ética suprema de la supervivencia, el principio de solidaridad se ha convertido en una prioridad sobre la soberanía de las naciones.

En 1990, se publicó Nuestra propia agenda, preparada por varios grupos de trabajo con representantes de todos los países latinoamericanos. Fue patrocinado por el Programa de las Naciones Unidas para el Desarrollo (PNUD) y el Banco Interamericano de Desarrollo (BID), en colaboración con el Programa de las Naciones Unidas para el Medio Ambiente (PNUMA) y la Comisión Económica para América Latina y el Caribe (CEPAL). Es un

---

[10] TRINDADE, Antônio Augusto Cançado. *Direitos humanos e meio ambiente, paralelo dos sistemas de proteção internacional.* Porto Alegre: Sérgio Fabris Editor, 1993, p. 198.

documento que buscó hacer un análisis de los problemas ambientales en América Latina y el Caribe y hacer sugerencias para el futuro. Advierte que la amplia participación de la sociedad civil es esencial para lograr el desarrollo con equidad y fortalecer el orden legal para proteger a los ciudadanos del daño ambiental. El desarrollo sostenible requiere movilización social, democracia participativa, con el objetivo de la responsabilidad conjunta del Estado y la sociedad.

Todos tenemos derecho a la solidaridad, el desarrollo, el medio ambiente sano, la paz, la educación, la información y la ciudadanía planetaria; tenemos el derecho de no matar y no ser asesinados; tenemos derecho a la no violencia. Pero no podemos olvidar los derechos de otras especies y los derechos de la Tierra, nuestro hogar planetario. La realización de estos derechos expresa el interés y el objetivo común de la humanidad.

En la reunión del *Programa de las Naciones Unidas para el Medio Ambiente,* organizado conjuntamente por el Programa de las Naciones Unidas para el Medio Ambiente (PNUMA), el Ministerio de Asuntos Exteriores y Justicia de Malta y la Universidad de Malta en diciembre de 1990 en Malta, *el interés común La preocupación común de la humanidad se ha conceptualizado como la concentración de esfuerzos en temas verdaderamente fundamentales para toda la humanidad, de acuerdo con la noción de comunalidad,* especialmente los problemas ambientales globales. Todos los países y sociedades tienen la obligación de participar en cuestiones de interés común. El interés común tiene una dimensión temporal a largo plazo y cubre a las generaciones futuras. Las razones de ordre public son anteriores a la reciprocidad. La responsabilidad de preservar el medio ambiente es preventiva y posterior al daño, y esta responsabilidad compartida entre los estados debe ser equitativa. Todos los deberes de los estados derivan de estos principios.[11]

La primera ronda de discusiones trató sobre los derechos humanos y la autodeterminación de los pueblos. Este problema, hasta entonces, se redujo al dominio de la jurisdicción interna de los estados.

---

[11]TRINDADE, Antônio Augusto Cançado. *Op. cit.,* Anexo VI, p. 276-281.

EDNA CARDOZO DIAS ▐

Este Desde el *Tratado de Barcelona* (1970), el pensamiento ha evolucionado hasta el reconocimiento de que ciertas cuestiones conciernen a todos los estados y crean obligaciones erga omnes.[12]

El concepto actual de *interés común de la humanidad* abarca cuestiones que adquieren una dimensión global y social, y debe buscar soluciones que sean verdaderamente fundamentales para toda la humanidad.

En la segunda ronda[13] se sugirió que el concepto *del bien común de la humanidad* podría acercarse a una nueva perspectiva legal. Estaba claro que todos los países deberían contribuir a la protección del medio ambiente y que debería haber una división de costos y beneficios. Esta división debe ser equitativa, lo que significa que los países deben hacer una contribución mayor o menor en proporción a su responsabilidad histórica y actual por la contaminación del aire y el nivel excesivo per cápita de emisiones de gases contaminantes. También se debe tener en cuenta las capacidades económicas y técnicas de cada país para proporcionar soluciones preventivas y correctivas. Los países no solo deben dejar de emitir gases, sino también transferir tecnologías a los países en desarrollo y asistencia financiera. Las obligaciones deben dividirse de acuerdo con la capacidad de cada país. La equidad, o *el reparto equitativo de las cargas*, aparece en respuesta al concepto de *interés común de la humanidad*.

En la tercera ronda[14] se discutió la relación entre los derechos humanos y el medio ambiente. Se concluyó que el tema de la supervivencia es un derecho humano fundamental para vivir en un ambiente limpio, saludable y saludable, y que la evolución de los derechos humanos y ambientales debe ir de la mano.

En la cuarta ronda[15], las discusiones se centraron en la *Convención del Clima* y la *Convención de Biodiversidad,* que se firmarán, como estaban, en Río / 92. Estas conclusiones de expertos

---

[12] TRINDADE, Antônio Augusto Cançado. *Op. cit.,* p. 277.
[13] TRINDADE, Antônio Augusto Cançado, *Op. cit.,* p. 279.
[14] TRINDADE, Antônio Augusto Cançado, *Op. cit.,* p. 280.
[15] TRINDADE, Antônio Augusto Cançado. *Op. cit.,* p. 281.

en la reunión de Malta se reflejaron no solo en estos convenios sino también en el la *Carta de la Tierra*, que, aunque carece de fuerza legal, encarna los principios que deben seguir las naciones al redactar sus leyes y políticas ambientales, tanto que se utilizó la expresión interés común de la humanidad (1991) en el Protocolo sobre Protección Ambiental en Tratado Antártico, que consideró el desarrollo de un régimen integral para la protección del medio ambiente antártico y los ecosistemas dependientes asociados de interés común de la humanidad en general[16].

La Convención sobre Cambio Climático y la Convención sobre Diversidad Biológica, ambas emanadas de la Conferencia de las Naciones Unidas sobre Medio Ambiente y Desarrollo (Río-92), abrazaron la expresión preocupación común de la humanidad. El preámbulo de la Convención sobre el Cambio Climático establece que el cambio climático en la Tierra es de interés común para la humanidad, y la Convención sobre la Diversidad Biológica establece que la conservación de la diversidad biológica es un interés común de la humanidad.

La responsabilidad equitativa se traduce en el cumplimiento de las obligaciones de acuerdo con las capacidades de cada país *(reparto equitativo de la carga)*. Debido a esta preocupación, el interés común de la humanidad establece responsabilidades comunes pero diferenciadas, lo que ha generado resistencia de los países desarrollados para su realización.

Debe reconocerse que una democracia participativa exige un nuevo paradigma para la socialdemocracia, de acuerdo con el descubrimiento de nuestra interdependencia, e incluyendo a todas las comunidades terrestres. En esta socialdemocracia, los sujetos de derecho deben ser no solo seres humanos, sino todos los seres que habitan el planeta y forman el mundo social humano.

El *Llamamiento de Sevilla contra la violencia*, emitido por el Encuentro internacional celebrado en la Universidad de Sevilla bajo los auspicios de la UNESCO en 1986, reconoce que

---

[16] TRINDADE, Antônio Augusto Cançado. *Op. cit.*, p. 218-219.

"Es científicamente incorrecto decir que la guerra o cualquier otra forma de violencia está genéticamente programada en la naturaleza humana. [...] Es científicamente incorrecto decir que en el curso de la evolución humana se ha llevado a cabo una selección a favor de un comportamiento más agresivo hacia otros tipos [...] La biología no condena al hombre a la guerra. [...] La humanidad puede liberarse de una visión pesimista traída por la biología y en los años venideros, hacer las transformaciones necesarias de nuestras sociedades. [...] Y que esta tarea alivia la responsabilidad colectiva ". [17]

El documento Nuestro *futuro común*, preparado por la Comisión de Desarrollo del Programa de las Naciones Unidas para el Medio Ambiente, con sede en Nairobi, aprobado por las Naciones Unidas en 1987, se lee en su *Resumen de Principios Legales,* punto 14: "Todos los Estados cooperarán de buena fe entre sí para hacer un uso optimizado de los recursos naturales a través de las fronteras y la prevención o mitigación efectiva de la interferencia ambiental transfronteriza "[18].

En la misma línea, la Declaración de Porto Novo fue firmada *por un Contrato de Solidaridad* en una reunión celebrada entre el 31 de octubre y el 3 de septiembre de 1989, entre África y Europa, organizada por la Asociación Mundial de Perspectivas Sociales en cooperación con El Consejo de Europa y la Organización de la Unidad Africana:

"Se necesita una nueva forma de ser y pensar, una nueva ética".
Esta nueva ética debe apuntar al cambio del hombre

---

[17] DESSART, Francis. *Une meme terre une meme vie.* Suiça: Atra, 1993, p. 23.
[18] COMISSÃO MUNDIAL SOBRE MEIO AMBIENTE E DESENVOLVIMENTO (PNUMA). *Nosso futuro comum.* Rio de Janeiro: Fundação Getúlio Vargas, 1991, p. 390.

Una prioridad absoluta. Creemos que la única causa que vale la pena es la del hombre. Es todo el hombre el que necesita ser salvado y desarrollado. Es un hombre integral que necesita ponerse de pie. Finalmente es tu espíritu el que necesita ser cambiado.

Esta nueva ética debe extenderse a toda la sociedad civil ".[19]

También en 1989, la *Conferencia de San José* dio un paso importante al diseñar una idea de responsabilidad universal como centro de atención planetaria. A principios de 1989, el Gobierno de Costa Rica propuso presentar un proyecto de *Declaración de Responsabilidades Humanas para la Paz y el Desarrollo a la Asamblea General de las Naciones Unidas*. Se creó un comité para preparar un texto que completaría la Declaración Universal de Derechos Humanos. Este texto afirma la responsabilidad de la generación actual de garantizar el desarrollo y la supervivencia de las generaciones futuras, de ser conscientes de un mundo, un mundo justo y pacífico, un mundo basado en la cooperación con la naturaleza. En tu articulo primero enfatiza:

"Todo lo que existe es parte de un universo interdependiente. Todos los seres dependen unos de otros para su existencia, bienestar y desarrollo ".

Y en el art. 3°: "... Toda manifestación de la vida en la tierra es única y necesaria, y por lo tanto tiene el derecho de respetar y cuidar cualquier valor aparente para los seres humanos".

"Art. 6°: La responsabilidad es un aspecto inherente de cada relación en la que el ser humano está comprometido ". [20]

Los conceptos de *equidad y responsabilidad,* junto con el concepto de democracia, nos invitan a construir un nuevo modelo de civilización con nuevos valores, como la armonía, el equilibrio y una ética de la vida cuyo énfasis es la solidaridad.

Milton Rokeack, en su libro *La naturaleza de los valores humanos,* refiriéndose a los valores políticos comenta que:

---

[19]DESSART, Francis. *Op. cit.*, p. 35-37.
[20]DESSART, Francis. *Op cit.*, p. 38-42.

EDNA CARDOZO DIAS ▐▬▬

"los valores de libertad e igualdad se dividen en varias corrientes políticas. Mientras que el comunismo valora la igualdad y desprecia la libertad, el capitalismo, por el contrario, valora la libertad pero desprecia la igualdad. El fascismo tiene un índice bajo de libertad e igualdad. El socialismo otorga gran importancia tanto a la libertad como a la igualdad "[21].

Sin embargo, lo que se necesita es, sin duda, la restauración de la unidad de la trilogía libertad-igualdad-fraternidad, una condición para la realización de una democracia. Esta trilogía fue fragmentada, y la fraternidad fue relegada a las religiones. Esta actitud ha llevado a un mundo dividido que es incapaz de lograr la justicia social. El olvido de la hermandad ha resultado en la exacerbación de la lujuria por el lucro y el poder, el egoísmo, la violencia, la desigualdad, la injusticia social, la opresión y la destrucción del planeta. La justicia debe defender la triunidad, nuestras leyes deben inspirarse en el principio de solidaridad o toda vida perecerá.

La Unesco, antes de la *Conferencia de las Naciones Unidas sobre el Medio Ambiente y el Desarrollo* (CNUMAD), obtuvo más de nueve millones de firmas a favor de proteger el planeta para hacer de la Tierra un hogar seguro y hospitalario para las generaciones presentes y futuras. Estas firmas fueron recolectadas en una campaña de defensa de la Tierra lanzada por el secretario de CNUMAD.

El *Pacto de la Tierra* es conocido como un vehículo para movilizar a la opinión pública en torno a CNUMAD y como un punto de partida para un movimiento popular para apoyar la Cumbre de la Tierra.

Tan pronto como el secretario de la UNCTAD solicitó la asistencia de la UNESCO para la campaña, Frederico Mayor, su director general, escribió a los estados miembros invitándolos a organizar seminarios y así lograr la participación popular.

El *Pacto de la Tierra* dice en sustancia:

"Consciente de que el comportamiento de los habitantes de

---

[21] *Apud* WEILL, Pierre. *A nova ética*. Rio de Janeiro: Rosa dos Tempos, 1994, p. 54.
[22] DESSART, Francis. *Op. cit.*, p. 110.

nuestro planeta en relación con la naturaleza y entre ellos es cada vez más una fuente de daño para la supervivencia y el desarrollo, me esfuerzo por contribuir con lo mejor de mis medios para hacer de la Tierra un hogar seguro y hospitalario para las generaciones presentes y futuras ". [23]

El *Pacto de la Tierra* ha sido publicitado en innumerables países por la prensa.

No puede haber desarrollo sin solidaridad, declaró Eduardo Portela,[24] portavoz de la UNESCO: "Se necesita otro desarrollo sostenible y solidario". [25]

Cuidar el *planeta Tierra* (PNUMA, UICN y WWF) reconoce:

"Si nuestro objetivo es lograr la sostenibilidad en nuestro planeta, todos los países deben formar una alianza sólida. Esta estrategia implica el respeto y la atención que nos debemos unos a otros y al Planeta Tierra ". Además, reconoce" la interdependencia de las comunidades humanas y el deber de cada uno de cuidar a sus semejantes y al medio ambiente ". Afirma "Nuestra responsabilidad por las formas de vida con las que compartimos el planeta ... que la necesidad de defender los derechos individuales es mayor que nunca. Al mismo tiempo, se necesita una acción conjunta para proteger y preservar las necesidades comunes a todos y los recursos compartidos. Las obligaciones de los individuos deben enfatizarse tanto como sus derechos. "[26]

---

[23] DESSART, Francis. *Op. cit.*, p. 110.
[24] *Apud* DESSART, Francis. *Op. cit.*, p. 111.
[25] DESSART, Francis. *Op. cit.*, p. 111.
[26] PNUMA, UICN, WWF. *Uma estratégia para o futuro da vida.* São Paulo, 1991, p. 14 e 15.

Y creó el siguiente marco para la ética mundial:

ELEMENTOS DE UNA ÉTICA MUNDIAL PARA VIDA SOSTENIBLE

"Todo ser humano es parte de la comunidad de seres vivos. Esta comunidad vincula a todas las sociedades humanas, generaciones presentes y futuras, así como a la humanidad, con el resto de la naturaleza. Abarca la diversidad cultural y natural.

Todas las personas tienen los mismos derechos fundamentales, que incluyen: el derecho a la vida, la libertad, la seguridad personal; libertad de pensamiento, conciencia y religión; cuestionamiento y libre expresión; a la libre asamblea y asociación; participación en el gobierno; a la educación; y, dentro de los límites del planeta Tierra, a los recursos necesarios para un nivel de vida decente. Ninguna comunidad o nación tiene el derecho de privar a ningún otro de sus medios de subsistencia. Cada individuo y cada sociedad deben respetar estos derechos y ser responsables de su protección.

Cada forma de vida debe ser respetada independientemente de su valor para el hombre. El desarrollo no debe amenazar la integridad de la naturaleza o la supervivencia de otras especies. Las personas deben tratar a todas las criaturas con dignidad y protegerlas de la crueldad, evitando el sufrimiento y la muerte innecesarios.

Todos deben ser responsables de su propio impacto en la naturaleza. Las personas deben conservar los procesos ecológicos y la diversidad de la naturaleza. Los recursos deben usarse solo en los niveles necesarios y eficientes, asegurando que el uso de recursos renovables sea sostenible.

Todos deben tratar de compartir los beneficios y los costos del uso de los recursos entre las comunidades y las partes interesadas, entre las regiones pobres y ricas, y entre las generaciones presentes y futuras. Cada generación debe dejar a su sustituto un mundo tan diverso y productivo. como el que heredó. El desarrollo de una sociedad o generación no debe limitar la oportunidad de otras sociedades o generaciones.

La protección de los derechos humanos y el resto de la naturaleza es una responsabilidad mundial que trasciende las fronteras culturales, ideológicas y geográficas. La responsabilidad es tanto colectiva como individual ".

Finalmente, recordamos la *Nueva Carta de la Tierra,* que comenzó en 1997 en Río + 5 cuando se formó una comisión de la *Carta de la Tierra,* con miembros de todas las religiones. Se realizó un primer texto para consulta. A principios de 1999, salió el segundo texto de referencia, que es la base predominante para la discusión.

Se ha llegado al consenso de que debe ser una declaración de principios fundamentales, un llamado a la acción, una carta de los pueblos. En el momento de su sello de la ONU en 2002, estará en constante mejora y difusión. Está coordinado en todo el mundo por un Comité Directivo de nueve miembros, con el apoyo de la Comisión de la *Carta de la Tierra,* compuesta por veinte personas de renombre mundial, como Mikhail Gorbachev, Mercedes Sosa, Maurice Strong, Amadou Toumani Toure y Kamla Chowdry, cada uno representando tu continente pero, de hecho, este documento fui escrito por personas de todo el mundo, a través de la intermediación de sus grupos representativos y a través de Internet. Dice:

> "En solidaridad con todos y con la comunidad de la vida, nosotros, los pueblos del mundo, nos comprometemos a actuar guiados por los siguientes principios interrelacionados:
> Respeta la tierra y toda la vida. Reconocer el valor intrínseco de todos los seres. Es el deber de la comunidad cuidar la vida en toda su diversidad, aceptando que la tierra es una responsabilidad que todos deben compartir (entre los principios generales).
> Tratar a todos los seres con compasión y protegerlos de la crueldad y la destrucción innecesaria (entre los principios de integridad artículo II, 7)

Crear una cultura de paz y cooperación (entre los principios de democracia y paz - IV, 16).

Un nuevo comienzo: como nunca antes en la historia, el destino común nos llama a redefinir nuestras prioridades y buscar un nuevo comienzo. [...] Tal renovación es una promesa de hacer realidad los principios de la Carta de la Tierra, que son el resultado de un diálogo mundial en busca de una base común de valores compartidos. [...] Podemos, si lo deseamos, aprovechar las posibilidades creativas entre nosotros y marcar el comienzo de una era de nueva esperanza. Que nuestro tiempo sea recordado como el despertar de una nueva reverencia para toda la vida, por un firme compromiso de restaurar la integridad ecológica de la tierra, el resurgimiento de la lucha por la justicia ["] y la alegre celebración de la vida".

De todo lo anterior, podemos deducir que el camino de la justicia social nos lleva a una ética ecológica. A través de él, expresamos el comportamiento correcto y la forma correcta para que los seres humanos se relacionen con otros seres vivos, el Planeta y sus semejantes. Es un compromiso consciente con la creación de una sociedad fundada en el respeto, la armonía y la solidaridad. Ser ético significa tener una responsabilidad ilimitada por todo lo que vive y existe.

La solidaridad es la conciencia de nuestra unidad con todos los seres y el universo. A través de él asumimos nuestra responsabilidad personal y colectiva en la corriente eterna del tiempo.

El nuevo sistema político emergente debe seguir los nuevos paradigmas de la ciencia, basados en el descubrimiento de nuestra interdependencia. El nuevo paradigma político-legal que se adoptará debe basarse en el principio de solidaridad, junto con la libertad y la interdependencia.

Los descubrimientos de nuestra interdependencia y solidaridad deben ser uno de los principios previos a la ley, uno de los fundamentos del estado.

La cuestión de la solidaridad fue abordada por Léon Duguit (1913).

Duguit defendió la idea de que las naciones estaban organizadas en el estado por la noción de solidaridad social. En Les transformations du droit public, Duguit (Colin, 1913, p. XVII) explica:

> "El pequeño grupo familiar ya no puede garantizar el cumplimiento de sus necesidades humanas, sino a través de vastos organismos, que se extienden por todo el territorio nacional y exigen la competencia de una gran cantidad de individuos, que pueden satisfacer la masa de sus necesidades elementales. .
> Con los sucesivos descubrimientos científicos y el progreso industrial, las relaciones entre los hombres se volvieron tan complejas y numerosas, la interdependencia social se hizo tan cercana que el hecho de que algunos no satisficieran sus necesidades afectó a todos los demás "[27].

De ahí la necesidad de solidaridad social.

La escuela llamada solidaridad también fue acogida por Leon Bourgeois, Gide y otros. Predica la acción del estado para difundir la noción de solidaridad, que, al dominar el universo, los reinos y las fuerzas de la naturaleza, debe llevarse al terreno social y económico, para reemplazar la competencia y la competencia en las relaciones humanas. La generación actual debe al precedente todo el bienestar que ha encontrado listo y debe pagar esta deuda a la generación futura.[28]

La calamitosa situación en la que se encuentra la humanidad, con una cuarta parte de la población sin acceso a las necesidades básicas, nos hace recordar las conclusiones finales de la *Declaración de Copenhague* de 1995, que consideró nuestro desafío de establecer un modelo de desarrollo social centrado en en las personas que nos guían, hoy y en el futuro, en la construcción de una cultura de cooperación y solidaridad para satisfacer las necesidades inmediatas de los más afectado por la desgracia humana.

---

[27] *Apud* WALIME, Marcel. *Traité élémentaire de droit administratif*. 6. ed., Paris: Recueil Sirey, p. 3.

[28] MASAGÃO, Mário. *Curso de direito administrativo*. 6. ed.. São Paulo: Revista dos Tribunais, 1997. p. 14.

EDNA CARDOZO DIAS |———

La incorporación de estos nuevos principios a nuestra ley requiere la adopción de una convención internacional que dará como resultado un marco legal integrado para la legislación y las políticas ambientales y de desarrollo actuales y futuras.

8.3 EL PRINCIPIO DE INTERRELACIÓN – LA LEY DE OTRAS ESPECIES

La tierra, los seres humanos y otras formas de vida forman una sola entidad. Todo esta entrelazado. Todo esta relacionado.

En la comprensión de Ernst Haeckel (1834-1989), la ecología es el estudio de la interrelación de todos los sistemas vivos y no vivos entre sí y con su entorno. Ningún ser vivo puede ser visto como un mero representante de este tipo. Solo se puede ver en relación con el conjunto de condiciones vitales que lo constituyen y en el equilibrio y la armonía de todos los demás representantes de las especies vivas. En este sentido, la ecología es el estudio de la civilización que hemos construido.

El descubrimiento de nuestra interrelación nos ha traído nuevos valores, que exigen nuevas normas legales, nuevos principios de derecho. Nos pide una nueva forma de relacionarnos con nosotros mismos, el medio ambiente y otros seres, un nuevo paradigma para la acción sobre la realidad circundante. Estamos entrando en una nueva era, también en el campo del derecho, que saca a la luz nuevos valores y nuevos principios de derecho, nuevas declaraciones de derechos.

James Lovelock[29] justifica su designación de la Tierra como Gaia porque se presenta como una entidad compleja que abarca la biosfera, la atmósfera, los océanos y el suelo. En su totalidad, estos elementos constituyen un sistema cibernético o de retroalimentación que busca un ambiente físico y químico óptimo para la vida en este planeta.

El ser humano y el universo son totalidades dinámicas. Todos los

---

[29]Sobre a Teoria de Gaia, formulada por James Lovelock ver seus dois livros mais conhecidos: *Gaia – um novo olhar sobre a vida na Terra* (Lisboa: Edições 70, s./ d.) e *As eras de Gaia* – a biografia de nossa Terra viva (Rio de Janeiro: Campus, 1991).

seres están interconectados y reconectados entre sí. Uno necesita que el otro exista. Todos viven en una red de relaciones, y no hay nada fuera de ella.

Si llevamos este conocimiento al campo legal, tenemos que admitir que el bien común no es solo del ser humano, sino de toda la comunidad planetaria y cósmica. El bien común particular requiere sinergia con el bien común universal. Por lo tanto, uno comienza a reconocer los derechos de otras especies y los derechos de otros seres.

DECLARACIÓN UNIVERSAL DE DERECHOS ANIMALES

La *Declaración Universal de los Derechos de los Animales* se proclamó en la sede de la UNESCO, por personalidades cientificas.

Su texto fue escrito después de varias reuniones internacionales, por personalidades científicas, legales y filosóficas, y por representantes de asociaciones de protección animal. Constituía una postura filosófica hacia el establecimiento de pautas para la relación del hombre con el animal. Esta nueva filosofía está respaldada por el conocimiento científico reciente que reconoce la unidad de toda la vida y exige una actitud igualitaria hacia la vida. Sus artículos proponen una nueva ética biológica, una nueva actitud de vida y una actitud respetuosa hacia los animales.

Es la biología la que nos muestra la unidad entre el hombre y el animal. Las mismas necesidades fundamentales se satisfacen en el hombre y en los animales, especialmente para alimentarse, reproducirse, tener un *hábitat* y ser libres. Cada necesidad fundamental corresponde a un derecho fundamental inherente al conjunto de los seres vivos. Todos los seres tienen derechos biológicos y psicológicos. El hombre debe otorgar a los animales los mismos derechos que los legítimamente conferidos. Otorgar derechos igualitarios a los animales significa que al establecer normas sobre los animales debemos tener en cuenta su naturaleza morfológica, sus instintos sociales y su sensibilidad.

El reconocimiento por parte de la ciencia de la interrelación del hombre con todo el universo y todo lo que vive dio como resultado la promulgación de la Declaración derechos de los animales el 27 de enero de 1978, que crea obligaciones para los estados signatarios, como todos los demás pactos internacionales. En tu articulo 1 ella afirma que el derecho a la vida se extiende a los animales: "Todos los animales nacen iguales ante la vida y tienen el mismo derecho a la existencia". En su último artículo, afirmé que "los derechos del animal deben ser defendidos por leyes, como la de hombres ".

El documento *Nuestro futuro común,* en su resumen de principios legales sobre responsabilidad estatal, propone:

"Los estados deben mantener los ecosistemas y los procesos ecológicos esenciales para el funcionamiento de la biosfera, preservar la diversidad biológica y cumplir con el principio de productividad óptima sostenible al utilizar ecosistemas vivos y recursos naturales".

Sin lugar a dudas, el ecocidio es una de las mayores violaciones de los derechos humanos y los derechos de otras especies, y conlleva para el Estado el deber de proteger los derechos humanos y de otras especies, así como el deber de prevenir o prevenir Daño irreparable.

Esta conducta que la *Declaración Universal de los Derechos de los Animales* propone al hombre no significa olvidar la lucha contra la miseria, el sufrimiento moral de la humanidad, la tortura, la dominación política o el racismo. Por el contrario, la protección de los animales es parte de la protección humana, tanto es así que el respeto de los hombres por los animales está vinculado al respeto de los hombres entre ellos.

Este documento es una invitación para que el hombre renuncie a su conducta actual de explotación de animales y, progresivamente, a su forma de vida y antropocentrismo, para ir en contra del biocentrismo. Por esta razón, representa una etapa importante en la historia de la evolución del hombre.

Levi Strauss, en La *mirada distante*, en el capítulo *Reflexiones sobre la libertad,* defiende la idea de que la definición del hombre como ser La moral debe ser reemplazada por la del hombre como ser vivo.

"Si el hombre comienza por tener derechos sobre el título de estar vivo, se deduce inmediatamente que esos derechos, reconocidos para la humanidad como especie, encuentran sus límites naturales en los derechos de otras especies. Los derechos de la humanidad cesan en el momento preciso en que su ejercicio pone en peligro la existencia de otra especie. El derecho a la vida y al desarrollo libre de las especies vivas todavía representadas en la Tierra puede ser el único en declarar imprescriptible, por la sencilla razón de que la desaparición de cualquier especie crea un vacío irreparable en nuestra escala en el sistema de creación ". Levi Strauss) "[30]

DECLARACIÓN UNIVERSAL DE DERECHOS ANIMALES

Proclamado en la sede de la Unesco, en sesión celebrada en Bruselas el 27 de enero de 1978.

Preámbulo: Considerando que cada animal tiene derechos; Considerando que el descubrimiento y el desprecio de estos derechos han llevado y siguen llevando al hombre a cometer crímenes contra la naturaleza y los animales; Considerando que el reconocimiento por parte de la especie humana del derecho a la existencia de otras especies animales constituye la base para la coexistencia de especies en el mundo; Considerando que los genocidios son perpetrados por el hombre y aún pueden ocurrir otros; Considerando que el respeto de los animales por el hombre está vinculado al respeto de los hombres entre ellos; Considerando que la educación debe enseñar a los niños a observar, comprender y respetar a los animales.

Artículo 1
Todos los animales nacen iguales antes de la vida y tienen el mismo derecho a la existencia.

---

[30]LÉVI-STRAUSS, Claude. O olhar distante. Edição 70: Lisboa, 1983. p. 390.

Artículo 2

a. Cada animal tiene derecho al respeto.

b. El hombre, como especie animal, no puede darse el derecho de exterminar o explotar a otros animales en violación de este derecho. Tiene el deber de poner su conciencia al servicio de otros animales.

c. Cada animal tiene derecho a la consideración, derecho de cura y protección del hombre.

Artículo 3

a. Ningún animal será sometido a maltrato y actos crueles.

b. Si la muerte de un animal es necesaria, debe ser instantánea, sin dolor ni angustia.

Artículo 4

a. Cada animal que pertenece a una especie silvestre tiene derecho a vivir en libertad en su entorno natural terrestre, aéreo y acuático y tiene derecho a reproducirse.

b. La privación de libertad, incluso con fines educativos, es contraria a este derecho.

Artículo 5

a. Cada animal que pertenece a una especie, que habitualmente vive en el entorno del hombre, tiene derecho a vivir y crecer de acuerdo con el ritmo y las condiciones de vida y libertad que son exclusivas de su especie.

b. Cualquier modificación de este ritmo y condiciones impuestas por el hombre con fines mercantiles es contraria a este derecho.

Artículo 6

a. Cada animal que el hombre elige como compañero tiene derecho a una vida de acuerdo con su longevidad natural.

b. El abandono de un animal es un acto cruel y degradante.

Artículo 7

Cada animal de trabajo tiene derecho a una limitación razonable del tiempo y la intensidad del trabajo, alimentación adecuada y descanso.

Artículo 8

a. La experimentación con animales, que implica sufrimiento físico, es incompatible con los derechos de los animales, ya sean médicos, científicos, comerciales o de otro tipo.

b. Se deben usar y desarrollar técnicas sustitutivas.

Artículo 9

Si el animal es criado como alimento, debe ser alimentado, alojado, transportado y sacrificado sin ansiedad ni dolor.

Artículo 10

No se deben usar animales para el disfrute del hombre. Las exhibiciones de animales y las exhibiciones de animales son incompatibles con la dignidad del animal.

Artículo 11

El acto que lleva a la muerte de un animal innecesario es un biocida, es decir, un crimen contra la vida.

Artículo 12

a. Cada acto que conduce a la muerte de una gran cantidad de animales salvajes es genocidio, un crimen contra la especie.

b. La aniquilación y la destrucción del medio ambiente natural conducen al genocidio.

Artículo 13

a. El animal muerto debe ser tratado con respeto.

b. Las escenas de violencia animal deben prohibirse en las películas y en la televisión, a menos que estén destinadas a mostrar un ataque contra los derechos de los animales.

Artículo 14

a. Las asociaciones de protección y salvaguardia de los animales deben estar representadas a nivel gubernamental.

b. Los derechos de los animales deben ser respetados por leyes, como los derechos humanos.

En 1989, en el bicentenario de la Declaración de Derechos Humanos, el Partido Verde alemán redactó un nuevo documento sobre protección animal y fue adoptado por varios organismos proteccionistas de todo el mundo. El segundo documento contiene principios mucho más avanzados que el primero: presenta como innovaciones la condena de la clasificación de los animales según los intereses humanos, generando diferentes categorías de derechos; recomienda que la custodia de los animales se restrinja radicalmente; condena la matanza de animales para consumo; aboga por la abolición de los experimentos con animales vivos; y predica la garantía de los derechos de los animales por las Constituciones de las Naciones. Examinemos el documento en su totalidad:

PROCLAMACIÓN DE LOS DERECHOS DE LOS ANIMALES - ABRIL DE 1989 *

Artículo 1
El principio más básico de la justicia requiere que los iguales sean tratados por igual y desiguales para ser tratados de manera desigual. Todas las criaturas vivientes deben ser tratadas por igual, con respecto a los aspectos en los que son iguales.

Artículo 2
Dado que los animales, al igual que los hombres, se esfuerzan por proteger sus vidas y las de su especie, y que muestran interés en vivir, también tienen derecho a la vida. Dicho esto, no se pueden clasificar como objetos o en movimiento, legalmente.

Artículo 3
Mientras que los animales son iguales a los hombres en su capacidad

---

* Tradução livre de Edna C. Dias — Documento distribuído, via correio, pelo Partido Verde da Alemanha.

En el sufrimiento, el dolor, el interés y la gratificación, estas habilidades deben ser respetadas.

Artículo 4
Como los animales son capaces de experimentar ansiedad y sufrimiento, no deben ser maltratados ni asustados. El derecho a la protección de los hombres es un derecho fundamental de los animales.

Artículo 5
Las diferencias entre humanos y animales con respecto a la inteligencia y la capacidad de hablar no justifican ignorar la gran similitud de sus funciones vitales básicas.

Artículo 6
Es necesario eliminar la clasificación de los animales como mascotas, caza y trabajo, de acuerdo con los intereses y preferencias humanos, generando diferentes categorías de derechos, de lo contrario, viola los principios de justicia establecidos en el Artículo II.

Artículo 7
Las especies animales evolutivas tienen derecho a existir como tales, es decir, no pueden ser exterminadas ni manipuladas genéticamente.

Artículo 8
Cada especie animal que vive en la naturaleza tiene derecho a vivir en el espacio apropiado. Los animales solo pueden ser matados en defensa propia y bajo ninguna circunstancia por deporte o explotación comercial.

Artículo 9
Los animales que viven en la naturaleza deben estar estrictamente protegidos contra la interferencia de la sociedad y la civilización humana.

Artículo 10
La custodia debe restringirse al máximo, ya que no ofrece a los animales la oportunidad de vivir en un ambiente apropiado para su especie y está vinculada a la crueldad.

Artículo 11
La producción y venta de animales y sus productos para la satisfacción (aparente) de las necesidades humanas tales como compañía, prestigio, lujuria, deben ser detenidos.

Artículo 12
Todo animal tiene derecho a actuar de acuerdo con el estándar de conducta de su especie y su propio ritmo de vida. Su medio ambiente debe adaptarse de tal manera que pueda satisfacer sus necesidades de alimentación, movimiento, motivación y vida social.

Artículo 13
Los animales no deben ser sacrificados para el consumo. Su creación, alojamiento, alimentacion y otros cuidados no deben someterlos a estrés, sufrimiento o lesiones. El transporte no debe causarles sufrimiento ni ansiedad.

Artículo 14
La experimentación animal es la expresión extrema de la violencia contra los animales y una parte de la ciencia que se basa en un modelo de violencia que viola los derechos humanos y animales.

Artículo 15
Mostrar animales con fines divertidos o pseudo instrucciónal no es compatible con la dignidad del animal como ser vivo sensible. Deberían prohibirse porque constituyen una exaltación de la violencia, la lucha entre animales o entre hombres y animales.

Artículo 16
La realización de los derechos fundamentales de los animales debe

ser considerado un objetivo nacional en las Constituciones de las Naciones. Es deber de los gobiernos promover la aplicación de estos derechos a nivel nacional e internacional.

Artículo 17

Para promover y monitorear el cumplimiento de los derechos fundamentales de los animales, se deben designar personas a quienes se les conferirán los mandatos y poderes legales pertinentes. Las autoridades de protección de animales y naturaleza deben tener poderes delegados para iniciar procedimientos legales en defensa de los animales.

Capitulo 9

CONCLUSION

9.1 BUSCANDO UN NUEVO PARADIGMA

Paradigm es un modelo, un patrón de apreciación y explicación para guiar la descripción y la comprensión de la realidad circundante. El cambio de paradigma ocurre cuando despertamos nuestra conciencia y somos capaces de reconocer las fallas y los conceptos erróneos del pensamiento actual. No es fácil convertir científicos. A menudo están enraizados en lo que está mal. La crisis planetaria ha dado lugar a un paradigma holístico, reorientado por una cosmovisión. Holos, en griego, significa "todo" y lo holístico se ocupa de unir el todo en relación con sus partes.

Hubo varios descubrimientos científicos que dieron lugar al modelo holográfico: la *teoría electrónica* de Faraday Maxwuell; *Teoría de Quanta* de Max Plank; La *teoría de la relatividad* de Albert Einstein; y el *Principio de incertidumbre* de Werner Heisenberg.

En la época de Newton, el universo se parecía a una especie de monarquía solar o estelar, donde los sistemas solar y estelar daban órdenes de repulsión y atracción, y estos obedecían a la autoridad solar, en un régimen de autoridad y obediencia. En nuestros días, Einstein vio en el universo una cosmocracia fascinante, cuyo soberano no tiene una ubicación definida, no tiene irradiación central, pero está presente y trabajando simultáneamente dentro de cada átomo.[1] El concepto de una fuerza mecánica central ha sido reemplazado por la visión de la presencia orgánica.

Fritjof Capra[2] discute el pensamiento del nuevo paradigma en la ciencia. Para Capra, el nuevo paradigma puede llamarse holístico, ecológico o sistémico. No solo ve algo como una totalidad, sino también cómo está incrustado en totalidades más grandes. Afirma que la cosmovisión que emerge hoy de la ciencia moderna es ecológica y que la percepción ecológica en su nivel más profundo es la percepción espiritual o religiosa. Y es por eso que el nuevo paradigma, dentro y fuera de la ciencia, está acompañado por un nuevo aumento en la espiritualidad centrada en la Tierra. El descubrimiento de la interdependencia global nos lleva a distinguir entre ecología profunda y ecología superficial. En la ecología superficial, los humanos se colocan por encima o fuera de la naturaleza y, por supuesto, esta perspectiva está en consonancia con el dominio de la naturaleza. Le da a la naturaleza un valor de uso. Le preocupa la defensa de la naturaleza solo para el uso y disfrute del hombre. En cuanto a los ecologistas profundos, ven a los seres humanos como una parte intrínseca de la naturaleza, como nada más que un tejido en el hilo de la vida. El nuevo paradigma reconoce ante todo que el mundo está vivo, un sistema vivo.

En el nuevo paradigma, la ciencia debe concebir la realidad como una red de relaciones. El campo de acción abarca una red de relaciones intrínsecamente dinámicas que no trata con verdades exactas.

En el nuevo paradigma, se reconoce que todos los descubrimientos son limitados y aproximados, y que la ciencia nunca puede proporcionar una comprensión completa y definitiva de la realidad.

Ha llegado el momento de volver al conjunto de las cosas y a la comunidad científica, adoptando también este nuevo paradigma para las ciencias sociales. Lo que necesitamos recuperar ahora es la ciencia de la sabiduría, como un arte de vivir y sobrevivir.

---

[1] ROHDEN, Huberto. *Sabedoria das parábolas*. 3.ed., São Paulo: Alvorada, p. 181.

[2] CAPRA, Fritjof. *Pertencendo ao universo*. São Paulo: Cultrix, 1991, p. 11.

EDNA CARDOZO DIAS ▐────

Debemos buscar la reunión de la ciencia con la sabiduría para establecer normas para una asociación de supervivencia. La esencialidad del otro y la naturaleza exige que las ciencias sociales, como las ciencias exactas, adopten un nuevo paradigma, el paradigma holístico. Este nuevo paradigma exige el desarrollo de una holoepistemología que pueda sostener la evolución creativa del conocimiento, junto con una armonía del ser.

La ciencia debe apuntar a construir un mundo más pacífico, más justo y más hospitalario, no solo para el hombre, sino para todos los que viven en él. Las universidades deben trabajar para el creciente despertar de una gran cantidad de individuos. Todo profesional debe aprender a ser un hombre integral. El hombre integral es un hombre cósmico y debe aprender a equilibrar su interior con las periferias humanas. Es cósmico porque se rige por las mismas leyes que rigen el mundo exterior. El hombre pudo sofisticar sus máquinas, pero ahora tiene que expandir su corazón, sus sentimientos, su amor y su alma a cada familia humana, cada ser, el planeta y el universo.

9.2 LA NUEVA ÉTICA

La crisis de valores deja su marca no solo en la destrucción de la naturaleza sino también en las estructuras sociales. Por lo tanto, el compromiso ético no puede separarse de la justicia. La injusticia social está vinculada a la destrucción de la naturaleza y la violencia contra los animales. La restauración de la justicia y la protección de los animales tendrán que unirse.

Los estudios demuestran que la crueldad animal es un paso inicial para un criminal potencial. La vida de los asesinos en masa y los delincuentes violentos muestra que, cuando eran niños, infligían abusos contra los animales.

Albert Desalvo, el violador de Boston, en su juventud encerraba perros y gatos en cajas de naranjas y disparaba flechas a través de los tableros.[3]

---

[3] TRENT, Neil. *Crueldade animal*. Passos iniciais de um potencial criminoso. Conferência proferida no dia 15/10/98, em São Paulo. *In*: *Anais do II Congresso Brasileiro do Bem- Estar Animal*, p. 37.

En 1973, Desalvo fue encontrado muerto en su celda, apuñalado en el corazón.

Jeffrey L. Dahmer, un asesino en serie y desviado sexual, confesó haber canibalizado a diecisiete hombres y niños. De niña empaló ranas, perros decapitados y gatos clavados en árboles en su patio trasero. En febrero de 1992 fue condenado y en 1994 asesinado por otro interno. [4]

Ted Bundy, asesino en serie y violador (1973 a 1978), fue ejecutado en 1989. Durante su infancia torturó animales y fue testigo de la brutalidad de su padre contra los animales. [5]

En 1998 hubo una matanza en Arkansas, Estados Unidos, que horrorizó al mundo. Mitchel Johnson, de 13 años, y Andrew Golden, de 11, mataron a varias personas en la Escuela Pública de Jonesboro dos días después de una violenta masacre de niños en ese estado. En una entrevista con la transmisión de televisión de CNN en canales de todo el mundo, los padres de los niños confesaron que les enseñaron a los niños a disparar temprano y los llevaron a cazar con adultos. [6]

Mientras mantengamos a los animales en jaulas, nuestras cárceles siempre están llenas; Mientras matemos animales, proliferarán los homicidios; Mientras haya matanza de animales, habrá guerras. Todo lo que le sucede a los animales le sucede a los hombres. Hay una relación en todo. El bien y el mal están en los corazones de los hombres. Es en la mente de los hombres que comienzan las guerras.

Para reconocer los derechos de los animales, el hombre necesita repensar muchas cosas, cambiar sus hábitos, cambiar su relación con el medio ambiente. Pocas personas están interesadas en hacer esto o ven razones para hacerlo. Pero los nuevos paradigmas de la física teórica nos dan razones para reevaluar la forma en que pensamos e interactuamos con todo lo que vive en el mundo.

---

[4] TRENT, Neil. *Ibidem.*
[5] TRENT, Neil. *Ibidem.*
[6] Jornal *Estado de Minas*. Belo Horizonte, 27 de março de 1998, p. 20.

9.3 EL ACERTIJO CÓSMICO

Hoy la filosofía y la ciencia ya admiten la unidad del cosmos. Y en esta unidad no hay jerarquía. Los componentes de los átomos y las partículas atómicas son patrones dinámicos que no existen como entidades aisladas sino como partes de una red inseparable de interacciones. Los físicos modernos nos muestran que toda la materia, tanto en la Tierra como en el espacio exterior, se dedica a una danza cósmica continua. Todo en el espacio está conectado a todo lo demás, y ninguna parte es fundamental. Las propiedades de cualquier parte están determinadas no por alguna ley fundamental, sino por las propiedades de todas las demás partes. El físico Heisenberg, al estudiar el mundo material, nos ha mostrado la unidad esencial de todas las cosas y eventos. El mundo está involucrado en una gran unidad; ningún elemento está aislado, ni en la actualidad ni en la historia. Los átomos y los mundos son transportados por un impulso, y el resultado es la vida.

Los físicos modernos creen que el mundo aparente es simplemente una proyección del mundo mental y que, en cierto sentido, cada objeto constituye un todo indivisible. Esto hace que la división entre mente y materia sea indefendible. George Wald, Premio Nobel de Física / 1967, cree que el universo material fue generado por una conciencia que trajo vida a sus diversas formas de conciencia.

La filosofía oriental siempre ha sostenido que el espacio y el tiempo son construcciones de la mente. El espacio y el tiempo se aplican solo a nuestra idea particularizante. Los místicos asocian las nociones de espacio y tiempo con estados particulares de conciencia.

La *teoría de la relatividad* ha encontrado que todas las medidas de espacio y tiempo son relativas y dependen del observador. Enstein dijo que el tiempo es relativo. La información presente, pasada y futura se superpone al ahora, en una curvatura espacial continua. Esto implica que un átomo, independientemente de estar en un conjunto de átomos, no es solo una parte de él, sino un microcosmos del todo y contiene todo el potencial ilimitado. al igual que el universo donde reside.

9.4 LA RED QUE TODO INCLUYE

Los físicos modernos también nos han demostrado que el movimiento y el ritmo son propiedades esenciales de la materia.

El contenido del universo es una fuerza vibratoria matemática. El sistema genético que hace a un pájaro o un niño es una fórmula matemática y química. El ritmo de nuestro corazón es un número. Así nuestros corazones laten a su propio ritmo. También el sol, en su ciclo, impulsa la energía que circula en el sistema solar. Es por eso que una parte de la ecuación no puede ser anulada sin que sus otras partes se vean afectadas. Todo el daño que el hombre hace a la naturaleza eventualmente golpeará al hombre.

Todos somos parte del universo, todos hermanos y hermanas, desde partículas elementales, picos, piedras hasta babosas, animales, humanos, estrellas y galaxias. Todas las formas de vida en la tierra están relacionadas. Tenemos química orgánica común y herencia evolutiva. Si retrocedemos en el tiempo, podríamos encontrar un antepasado común, por lo que la química del hombre se parece a la química de las plantas. Si investigamos la maquinaria molecular de la vida, veremos que somos esencialmente idénticos a los árboles. Al igual que ellos, utilizamos ácidos nucleicos como material genético, utilizamos proteínas para controlar la química celular y, lo más importante, utilizamos el mismo código para traducir la información de ácidos nucleicos en información de proteínas. Todos somos nosotros, árboles, personas, peces, gusanos y bacterias, descendientes de una sola instancia conveniente del origen de la vida hace miles de millones de años en los primeros días del planeta.

Todos venimos de la esfera original, donde estábamos todos juntos. También tenemos una estructura común con los elementos que, con excepción del hidrógeno, se produjeron en estrellas hace miles de millones de años, con el mismo código genético que todos los seres vivos: oxígeno (65%), carbono (18%), hidrógeno (10%), etc. Formamos una comunidad cósmica, con origen y destino comunes. Entonces, para estar bien con nosotros, tenemos que estar bien con todo. Tenemos que estar bien con la Tierra, nuestra madre, y todo lo que lo habita para ser bien con nuestros semejantes. Nuestro cuerpo físico es una mini naturaleza que tiene todo lo que tiene la Madre Tierra.

La vida y la muerte de las estrellas parecen imposiblemente remotas de las vidas humanas, sin embargo, estamos muy vinculados a sus vidas. Las mismas cosas de las que estábamos hechos fueron creadas hace mucho tiempo en una estrella roja gigante. La formación de la tierra puede deberse a una estrella supernova. Después de que el sol encendió su luz ultravioleta y entró en nuestra atmósfera, su calor generó rayos y estas fuentes de energía provocaron vida. La vida en la tierra proviene del calor del sol y su luz. La luz del sol, que viaja 300,000 km por segundo, nos llega en ocho minutos en forma de radiación electromagnética. Las plantas cosechan la luz solar y las convierten en energía química. Nosotros y los otros animales somos parásitos vegetales; Por lo tanto, todos estamos alimentados por energía solar. Entonces nuestros antepasados adoraron al Sol. Somos sus hijos.

Es la misma conclusión que los místicos provienen del reino interno, mientras que los físicos provienen del reino externo.

Esta nueva forma en que los físicos nos muestran que el Universo es la esencia del Tao, fundado por Lao Tzu y el Zen, que nos enseña a no aferrarnos al pensamiento de los opuestos, opuestos. El ser, en su plenitud, está unido con todo lo que vive. Esta unidad elimina todas las diferencias. La enseñanza de la unidad es la esencia del zen y el tao.

Esta es también la cosmovisión de los pre-Sócrates, quienes le dieron un alma al cosmos: logos, el principio es el alma del mundo.

La diferencia entre la cosmovisión presocrática y la de las sociedades orientales es que sacralizan la naturaleza, mientras que los griegos cuestionaron su naturaleza para descubrir su secreto.

Esta teoría renació bajo el nombre de Gaia, la tierra viva, a través del biológico inglés James Lovelock, para quien la tierra es un ser vivo, capaz de regularse a sí misma y a su propio clima.

Estamos volviendo a la visión holística del legendario griego que habitó los logos.

9.5 RECONOCIMIENTO DE DERECHOS ANIMALES

Para reconocer los derechos de los animales, tenemos que repensar muchas cosas y cambiar nuestras relaciones con el medio ambiente. Los animales son seres que, como el hombre, están profundamente absorbidos por la aventura de vivir. El que no tiene compasión por los animales no tiene derecho a hablar de tortura humana. A manos de los justos, todo lo que vive es sagrado.

El movimiento de liberación animal exigirá un mayor altruismo que cualquier otro (feminismo, racismo ...), ya que los animales no pueden exigir la liberación en sí. Como seres conscientes, tenemos el deber no solo de respetar todas las formas de vida sino de tomar medidas para evitar el sufrimiento de otros seres.

Los humanos son los únicos seres que están en condiciones de ayudar y guiar a los menos desarrollados, dando un ejemplo de cooperación y ayuda. Son los únicos seres capaces de transformarse a sí mismos y al mundo.

Un día el hombre descubrirá un poder mayor que el poder atómico: el del amor. El verdadero amor, el único capaz de transformar el mundo. En ese día el hombre se dará cuenta de que tiene un deber cósmico, y solo entonces podrá decir que es el rey de toda la creación, el hijo de Dios en la tierra.

REFERÊNCIAS BIBLIOGRÁFICAS

ALEMANHA. BGB – German Bürgerliches Gesetzbuch. 18 August 1896. [Civil Code in the version promulgated on 2 January 2002]. Disponível em: <https://www.gesetze-im-internet.de/englisch_bgb/englisch_bgb.pdf>. Acesso em: 4 abr. 2018.

ALVAREZ Fernando D. "Derecho del Mercosur y la integracional". Revista de Derecho Internacional y del Mercosur, n.° 1, fevereiro de 2003, Síntese Editora, pg.51.

ANASTASIA, Antônio Augusto. Projeto de Lei do Senado n° 351, de 2015. Acrescenta parágrafo único ao art.82, e inciso IV ao art. 83 da Lei n° 10.406, de 10 de janeiro de 2002 (Código Civil), para que determinar que os animais não serão considerados coisas. 10/06/2015a. Disponível em: <https://legis.senado.leg.br/sdleg-getter/documento?dm=581805&disposition=inline>. Acesso em: 16 maio 2018.

ANASTASIA, Antônio Augusto. **Projeto de Lei n° 351, de 2015.** Acrescenta parágrafo único ao art.82, e inciso IV ao art. 83 da Lei n° 10.406, de 10 de janeiro de 2002 (Código Civil), para que determinar que os animais não serão considerados coisas. Tramitação no Senado Federal. Disponível em: <https://www25.senado.leg.br/web/atividade/materias/-/materia/121697>. Acesso em: 16 maio 2018.

ANASTASIA, Antônio Augusto. **Projeto de Lei n° 3670, de 2015.** Altera a Lei n° 10.406, de 10 de janeiro de 2002 (Código Civil), para determinar que os animais não sejam considerados coisas, mas bens móveis para os efeitos legais, salvo o disposto em lei especial. Apresentado na Câmara dos Deputados em 18/11/2015b. Disponível em: <http://www.camara.gov.br/proposicoesWeb/fichadetramitacao?idProposicao=2055720>. Acesso em: 16 maio 2018.

ANASTASIA, Antônio Augusto. Projeto de Lei n° 3670, de 2015. **Parecer da Comissão de Constituição e Justiça e de Cidadania da Câmara dos Deputados.** Aprovado em 8 ago. 2017. Disponível em: <http://www.camara.gov.br/proposicoesWeb/prop_mostrarintegra?codteor=1519300&filename=Parecer-CMADS-20-12-2016>. Acesso em: 16 maio 2018.

ANASTASIA, Antônio Augusto. Projeto de Lei n° 3670, de 2015. **Parecer da Comissão de Meio Ambiente e Desenvolvimento Sustentável da Câmara dos Deputados.** 30 nov. 2016. Disponível em: <http://www.camara.gov.br/proposicoesWeb/prop_mostrarintegra?codteor=1519300&filename=Parecer-CMADS-20-12-2016>. Acesso em: 16 maio 2018.

ANTOINE, Suzanne. **Le droit de l'Animal.** *Paris: Legis-France, 2007.*

ANTOINE, Suzanne. **Raport sur le regime juridique de l'animal.** *Paris: Ministère de la Justice, 10 mai 2005. Disponível em: <http://www.ladocumentationfrancaise.fr/var/storage/rapports-publics/054000297.pdf>. Acesso em: 25 abr. 2018.*

ANTUNES, Paulo de Bessa. Curso de direito ambiental. *Rio de Janeiro: Renovar,1992.*

ARISTÓTELES, A política. *Marias Jullien y Araujo Maria. Madrid: Instituto de Estudos Políticos, 1951.*

ARISTÓTELES. Politique. *Paris. PRÉLOT Marcel, Presses Universitaires de France, 1950.*

ÁUSTRIA. **ABGB – Allgemeines bürgerliches Gesetzbuch.** *1. Juni 1811. Disponível em: <https://www.jusline.at/gesetz/abgb>. Acesso em: 4 abr. 2018.*

BACON, Francis. Novo organum, São Paulo: Abril Cultural, 1979 (Os Pensadores).

BARACHO JUNIOR, José Alfredo de Oliveira. Responsabilidade civil por dano ao meio ambiente. Belo Horizonte: Del Rey, 2000.

BARLOY, OJEIH-BON DE BROWER, COLEMAN, FEDI-MATHIEU, NUSSBAUMER BUCHWALD, ANDEREGG. La parole du medicins de la Limav. Suíça: ATRA, 1990.

BOBBIO, Norberto. Locke e o direito natural. Brasília: UnB, 1997.

BOCQUET, Edmond. La protection des animaux dans législations française et étrangères. Paris: L'Institut de Criminologie de l' Université de Paris, 1933.

BOFF, Leonardo e PORTO, Nelson Francisco de Assis. Homem do paraíso. Petrópolis: Vozes, 1986.

BOFF. Ecologia, grito da terra, grito dos pobres. São Paulo: Ática, 1996.

BOFF. Nova era: a civilização planetária. São Paulo: Ática, 1994.

BOHM, David. A totalidade e a ordem implicada: uma nova percepção da realidade. São Paulo: Cultrix, 1992.

BON DE BROWER, BUCH WALD-FRANKEN, COLEMAN, KRUMBIEGEL, DESSARAT, LEVIN, MECHERI, FEDI, NOTO, NUSSBAUMER, SCHALLER-TARRO, CHOUKOWSKI. Medici per labolizione della vivisezione. Suíça: ATRA, 1990.

BORNHEIM, Gerd. Os filósofos pré-socráticos. São Paulo: Cultrix, 1971.

BRANDÃO, Dênis e CREMA, Roberto. O novo paradigma holístico: ciência, filosofia, arte e mística. São Paulo: Summus, 1991.

BRASIL. Lei n. 10.519, de 17 de julho de 2002. Dispõe sobre a promoção e a fiscalização da defesa sanitária animal quando da realização de rodeio e dá outras providências. Disponível em: <http://www.planalto.gov.br/ccivil_03/Leis/2002/L10519.htm>. Acesso em: 20 dez. 2014.

BRASIL. Conselho Nacional do Meio Ambiente – CONAMA. *Resolução n. 237, de 19 de dezembro de 1997.* Disponível em: <http://www.mma.gov.br/port/conama/res/res97/res23797.html>. Acesso em: 28 jun. 2013.

BRASIL. Conselho Nacional do Meio Ambiente – CONAMA. Resolução n. 457, de 25 de junho de 2013. Dispõe sobre o depósito e a guarda provisórios de animais silvestres apreendidos ou resgatados pelos órgãos ambientais integrantes do Sistema Nacional do Meio Ambiente, como também oriundos de entrega espontânea, quando houver justificada impossibilidade das destinações previstas no § 1° do art. 25, da Lei n° 9.605, de 12 de fevereiro de 1998, e dá outras providências. Disponível em: http://www.editoramagister. com legis 24562269 RESOLUCAO N 457 DE 25 DE JUNHO DE 2013. aspx>. Acesso em: 28 jun. 2013.

BRASIL. Constituição da República Federativa do Brasil de 1988. Disponível em: <http://www.planalto.gov.br/ccivil_03/constituicao/constituicao.htm>. Acesso em: 25 maio 2013.

BRASIL. Constituição da República Federativa do Brasil de 1988. Disponível em: <https://www.planalto.gov.br/Ccivil_03/Constituicao/Constituicao.htm>. Acesso em: 10 out. 2014.

EDNA CARDOZO DIAS ▐

BRASIL. *Constituição de República Federativa do Brasil de 1988*. Disponível em: <http://www.planalto.gov.br/ccivil_03/constituicao/constituicaocompilado.htm>. Acesso em: 25 maio 2013.

BRASIL. *Decreto n. 6.514, de 22 de julho de 2008*. Dispõe sobre as infrações e sanções administrativas ao meio ambiente, estabelece o processo administrativo federal para apuração destas infrações, e dá outras providências. Disponível em: <http://www.planalto.gov.br/ccivil_03/_ato2007-2010/2008/decreto/D6514.htm>. Acesso em 28 jun. 2013.

BRASIL. *Decreto n. 76.623, de 17 de novembro de 1975*. Promulga a Convenção sobre Comércio Internacional das Espécies da Flora e Fauna Selvagens em Perigo de Extinção. Disponível em: <http://www.planalto.gov.br/ccivil_03/decreto/Antigos/D76623.htm>. Acesso em: 20 jun. 2013).

BRASIL. Instituto Brasileiro do Meio Ambiente e dos Recursos Naturais Renováveis – IBAMA. *Portaria n. 29, de 24 de março de 1994*. Disponível em: <http://licenciamento.cetesb.sp.gov.br/legislacao/federal/portarias/1994_Port_IBAMA_29.pdf>. Acesso em: 28 jun. 2013.

BRASIL. Instituto Brasileiro do Meio Ambiente e dos Recursos Naturais Renováveis – IBAMA. Portaria n. 93, de 7 de julho de 1998. Disponível em: <http://servicos.ibama.gov.br/ctf/manual/html/042200.htm>. Acesso em: 23 maio 2013.

BRASIL. Instituto Brasileiro do Meio Ambiente e dos Recursos Naturais Renováveis – IBAMA. *Portaria n. 102, de 15 de julho de 1998*. Normatiza os Criadores Comerciais de Fauna Silvestre Exótica. Disponível em: https://www.google.com.br/url?sa=t&rct=j&q=&esrc=s&source=web&cd=1&cad=rja&ved=0CC0QFjAA&url=http%3A%2F%2Fwww.ibama.gov.br%2Findex.php%3Foption%3Dcom_phocadownload%26view%3Dcategory%26download%3D5572%3A1998_portaria-102-98-Criador_Comercial_Fauna_Exotica%26id%3D77%3ALegisla%25C3%25A7%25C3%25A3o_Fauna&ei=YuDBUZzAMYvm8wSq4YHAAw&usg=AFQjCNGJOi_HVSFIoeNu2SfQBCg6wYEApA&sig2=_umW812Y6OOpoFuH55b6ww>. Acesso em: 1º junho 2013.

BRASIL. Instituto Brasileiro do Meio Ambiente e dos Recursos Naturais Renováveis – IBAMA. *Portaria n. 108, de 06 de outubro de 1994*. Disponível em: <https://www.google.com.brurl?sa=t&rct=j&q=&esrc=s&source=web&cd=1&cad=rja&ved=0CC0QFjAA&url=http%3A%2F%2Fwww.ibama.gov.br%2Findex.php%3Foption%3Dcom_phocadownload%26view%3Dcategory%26download%3D1191%3Ap-_108_94.p%26id%3D49%3A__%26Itemid%3D331&ei=HuHBUbqmG5Ti8gTN1oC4DQ&usg=AFQjCNGGVp67zRF4P4xdtQBKW4VUHffH7w&sig2=drjfH1oHEw3aQGNw1YVF_g>. Acesso em: 1º jun. 2013.

BRASIL. Instituto Brasileiro do Meio Ambiente e dos Recursos Naturais Renováveis – IBAMA. *Portaria n. 139-N, de 29 de dezembro de 1993*. Disponível em: <https://www.google.com.brurl?sa=t&rct=j&q=&esrc=s&source=web&cd=1&cad=rja&ved=0CC0QFjAA&url=http%3A%2F%2Fwww.ibama.gov.br%2Findex.php%3Foption%3Dcom_phocadownload%26view%3Dcategory%26download%3D1199%3Ap-_139_93.p%26id%3D49%3A__%26Itemid%3D331&ei=o9vBUdnJGYmI9QTVs4GwBA&usg=AFQjCNG1k7KeSUSt7sw8xJx-oHTVRv5kxQ&sig2=Ii8BpiJV7fIiFq69CuDWTQ>. Acesso em: 30 maio 2013.

BRASIL. Lei Complementar n. 140, de 8 de dezembro de 2011. Fixa normas, nos termos dos incisos III, VI e VII do caput e do parágrafo único do art. 23 da Constituição Federal, para a cooperação entre a União, os Estados, o Distrito Federal e os Municípios nas ações administrativas decorrentes do exercício da competência comum relativas à proteção das paisagens naturais notáveis, à proteção do meio ambiente, ao combate à poluição em qualquer de suas formas e à preservação das florestas, da fauna e da flora; e altera a Lei nº 6.938, de 31 de agosto de 1981. Disponível em: <http://www.planalto.gov.br/ccivil_03/leis/lcp/Lcp140.htm>. Acesso em: 30 maio 2013.

BRASIL. Lei n. 10.220, de 11 de abril de 2001. *Institui normas gerais relativas à atividade de peão de rodeio, equiparando-o a atleta profissional.* Disponível em: <http://www.planalto.gov.br/ccivil_03/Leis/LEIS_2001/L10220.htm>. Acesso em: 20 dez. 2014.

BRASIL. Lei n. 10.406, de 10 de janeiro de 2002. *Institui o Código Civil.* Disponível em: <http://www.planalto.gov.br/ccivil_03/leis/2002/L10406compilada.htm>. Acesso em: 30 maio 2013.

BRASIL. Lei n. 10.406, de 10 de janeiro de 2002. Institui o Código Civil. **Diário Oficial da União**, 11 jan. 2002. Disponível em: <http://www.planalto.gov.br/ccivil_03/leis/2002/l10406compilada.htm>. Acesso em: 4 abr. 2018.

BRASIL. *Lei n. 5.197, de 3 de janeiro de 1967.* Dispõe sobre a proteção à fauna e dá outras providências. Disponível em: <http://www.planalto.gov.br/ccivil_03/leis/l5197.htm>. Acesso em: 25 maio 2013.

BRASIL. Lei n. 6.938, de 31 de agosto de 1981. *Dispõe sobre a Política Nacional do Meio Ambiente, seus fins e mecanismos de formulação e aplicação, e dá outras providências. Disponível em: <http://www.planalto.gov.br/ccivil_03/leis/L6938compilada.htm>. Acesso em: 25 maio 2013.*

BRASIL. *Lei n. 9.605, de 12 de fevereiro de 1998.* Dispõe sobre as sanções penais e administrativas derivadas de condutas e atividades lesivas ao meio ambiente, e dá outras providências. Disponível em: <http://www.planalto.gov.br/ccivil_03/leis/l9605.htm>. Acesso em: 28 jun. 2013.

BRASIL. Lei n. 9.605, de 12 de fevereiro de 1998. *Dispõe sobre as sanções penais e administrativas derivadas de condutas e atividades lesivas ao meio ambiente, e dá outras providências. Disponível em: <http://www.planalto.gov.br/ccivil_03/leis/l9605.htm>. Acesso em: 10 dez. 2014.*

BRASIL. Lei nº 10.406, de 10 de janeiro de 2002. *Institui o Código Civil. Disponível em: <http://www.planalto.gov.br/ccivil_03/leis/2002/l10406.htm>. Acesso em: 13 set. 2014.*

BRASIL. Lei nº 5.197, de 3 de janeiro de 1967. *Dispõe sobre a proteção à fauna e dá outras providências. Disponível em: < http://www.planalto.gov.br/ccivil_03/leis/l5197.htm>. Acesso em: 13 set. 2014.*

BRASIL. Lei nº 6.938, de 31 de agosto de 1981. *Dispõe sobre a Política Nacional do Meio Ambiente, seus fins e mecanismos de formulação e aplicação, e dá outras providências. Disponível em: <http://www.planalto.gov.br/ccivil_03/leis/l6938.htm>. Acesso em: 13 set. 2014.*

BRASIL. Lei nº 9.605, de 12 de fevereiro de 1998. *Dispõe sobre as sanções penais e administrativas derivadas de condutas e atividades lesivas ao meio ambiente, e dá outras providências. Disponível em: <http://www.planalto.gov.br/ccivil_03/leis/l9605.htm>. Acesso em: 13 set. 2014.*

BRASIL. Superior Tribunal de Justiça. *Conflito de Competência 114.798/RJ.* Suste: Juízo Federal do Primeiro Juizado Especial de Nova Iguaçu - SJ/RJ. Susdo: Juízo de Direito do Primeiro Juizado Especial Criminal de Nova Iguaçu – RJ. Rel. Min. Maria Thereza de Assis Moura. J. 14.03.2001. Disponível em: <https://ww2.stj.jus.br/revistaeletronica/Abre_Documento.asp?sLink=ATC&sSeq=14442727&sReg=201002032280&sData=20110321&sTipo=91&formato=PDF>. Acesso em: 26 jun. 2013.)

BRASIL. Superior Tribunal de Justiça. *Recurso Especial n. 1.115.916-MG*. Recte: Município de Belo Horizonte. Recdo: Ministério Público do Estado de Minas Gerais. Rel. Min. Humberto Martins. 2ª Turma. J. 01.09.2009. Disponível em: <https:// w w 2 . s t j . j u s . b r / r e v i s t a e l e t r o n i c a / Abre_Documento.asp?sLink=ATC&sSeq=5764421&sReg=200900053852&sData= 20090918&sTipo=91&formato=PDF>. Acesso em: 1º jun. 2013.

BRASIL. Superior Tribunal de Justiça. *Súmula n. 91, de 21/10/1993*. Compete à Justiça Federal processar e julgar os crimes praticados contra a fauna. DJ 26.10.1993 - Cancelada em 08/11/2000. Disponível em: <http://www.dji.com.br/normas_inferiores/ regimento_interno_e_sumula_stj/stj_0091a0120.htm>. Acesso em: 28 jun. 2013.

BRASIL. Supremo Tribunal Federal. *Ação Direta de Inconstitucionalidade 1856/RJ*. Reqte: Procurador-Geral da República. Intdo: Governador do Estado do Rio de Janeiro. Intdo: Assembleia Legislativa do Estado do Rio de Janeiro. Rel. Min. Celso de Mello. Tribunal Pleno. J. 26.05.2011. Dje 14.10.2011. Disponível em: <http://www.stf.jus.br/portal/ jurisprudencia/listarJurisprudencia.asp?s1=%281856%2ENUME%2E+OU+1856%2 EACMS%2E%29&base=baseAcordaos&url=http://tinyurl.com/c7orrln >. Acesso em: 30 jun. 2013.

BRASIL. Supremo Tribunal Federal. *Recurso Extraordinário 153531/SC*. Recte: APANDE-Associação Amigos de Petrópolis Patrimônio Proteção aos Animais e Defesa da Ecologia e outros. Recdo: Estado de Santa Catarina. Rel. Min. Francisco Rezek. Rel. p/ Acórdão: Min. Marco Aurélio. Segunda Turma. J. 03.06.1997. Disponível em: <http://redir.stf.jus.br/paginadorpub/paginador.jsp?docTP=AC&docID=211500>. Acesso em: 29 maio 2013.

BRASIL. Tribunal Regional Federal da 4ª Região. Apelação Criminal 2003.04.01.030669-0/RS. *Apte: Antonio Renato Martins Costa. Apdo: Ministério Público Federal. Rel. Élcio Pinheiro de Castro. DJU 12.11.2003, p. 606. Disponível em: http://www2.trf4.jus.br/trf4_controlador.php?acao=consulta_processual_resultado_ pesquisa&txtValor=200304010306690&selOrigem=TRF&chkMostrarBaixados= &todasfases=S&selForma=NU&todaspartes=&hdnRefId=a3649b0c95657ea707fe62261 4745c1d&txtPalavraGerada=hzwd&txtChave=>. Acesso em: 26 jun. 2013.*

Brasil h t t p s : / / w w w . i n c q s . f i o c r u z . b r / index.php?option=com_content&view=article&id=1152:concea-recebe-recomendacoes-do-bracvam-para-reconhecimento-de-metodos-alternativos-ao-uso-de-animais-em-laboratorios&catid=114&Itemid=166. Acessado em 20 de julho de 2018.

CANÇADO, Trindade. Meio ambiente e desenvolvimento: *formulação, natureza jurídica e implementação do direito ao desenvolvimento como um direito humano. Fortaleza: Revista da PGE, 1992.*

CAPRA, Fritjof. O tao da Física. *São Paulo: Cultrix, 1983.*

CAPRA, Fritjof. Pertencendo ao universo. *São Paulo: Cultrix, 1991.*

CAPRA, Fritjof. Pertencendo ao universo: *explorações nas fronteiras da ciência e da espiritualidade. São Paulo: Cultrix, 1991.*

CAPRA. O ponto de mutação. *São Paulo: Cultrix, 1986.*

CAPRA. O tao da física. *São Paulo: Cultrix, 1996.*

CAPRA. Sabedoria incomum. *São Paulo: Cultrix, 1993.*

CARRERA, Francisco José. Uma visão jurídica da biodiversidade, In: 5 anos após a Eco-92, Anais do II Congresso Internacional de Direito Ambiental.

CASTRO, Rodrigo. **Parecer da Comissão de Constituição e Justiça e de Cidadania da Câmara dos Deputados.** Projeto de Lei n° 3.670, de 2015. 2017a. Disponível em: < h t t p : / / w w w . c a m a r a . g o v . b r / p r o p o s i c o e s W e b / prop_mostrarintegra;jsessionid=12518823FBDBBFDC8C292DE225321C89. proposicoesWebExterno2?codteor=1575309&filename=Parecer-CCJC-04-07-2017>. Acesso em: 6 out. 2017.

CASTRO, Rodrigo. Parecer da Comissão de Constituição e Justiça e de Cidadania da Câmara dos Deputados. Projeto de Lei n° 3.670-B, de 2015 (Do Senado Federal). **Diário da Câmara dos Deputados**, p. 260-262, 11 ago 2017b. Disponível em: <http://imagem.camara.gov.br/Imagem/d/pdf/DCD00201708110011360000.PDF#page=260>. Acesso em: 6 out. 2017.

CERCEL, Sevastian. **The juridical regime of animals according to the new romanian civil code.** Faculty of Law and Administrative Sciences, University of Craiova, Romania, 2011. Disponível em: <https://www.law.muni.cz/sborniky/dny_prava_2011/files/prispevky/03%20ZVIRE/CERCEL_SEVASTIAN_%286999%29.pdf>. Acesso em: 4 abr. 2018.

CHENIQUE, François. O Yoga espiritual de São Francisco de Assis. *São Paulo: Pensamento, 1978.*

COELHO, Luiz Fernando. Introdução histórica da filosofia do direito. *Rio de Janeiro: Forense, 1977.*

COLATTO, Valdir et al. **Recurso contra apreciação conclusiva pelas Comissões do Projeto de Lei n° 3670, de 2015**, que altera a Lei n° 10.406, de 10 de janeiro de 2002 (Código Civil), para determinar que os animais não sejam considerados coisas, mas bens móveis para os efeitos legais, salvo o disposto em lei especial. 15/08/2017. Disponível e m : < h t t p : / / w w w . c a m a r a . g o v . b r / p r o p o s i c o e s W e b p r o p _ mostrarintegra;jsessionid=12518823FBDBBFDC8C292DE225321C89. proposicoesWebExterno2?codteor=1587148&filename=Tramitacao-PL+3670/2015>. Acesso em: 8 out. 2017.

COLEMAN Vernon . Experimentation animale. *Arbedo, Suíça: Atra, 1992.*

COMISSÃO INTERMINISTERIAL PARA PREPARAÇÃO DA CONFERÊNCIA DAS NAÇÕES UNIDAS SOBRE MEIO AMBIENTE E DESENVOLVIMENTO. O desafio do desenvolvimento sustentável. *Relatório do Brasil para a Conferência das Nações Unidas sobre Meio Ambiente e Desenvolvimento. Brasília: Imprensa Nacional, 1991.*

COMMISSION DES AFFAIRES JURIDIQUES DU CONSEIL DES ETATS. **Initiative parlementaire "Les animaux dans l'ordre juridique suisse"** - Rapport de la Commission des affaires juridiques du Conseil des Etats, du 25 janvier 2002. Disponível em: <https://www.admin.ch/opc/fr/federal-gazette/2002/3885.pdf>. Acesso em: 19 maio 2018.

CONFEDERAÇÃO NACIONAL DE RODEIOS – CNAR. Histórico da Lei do Rodeio. *Revista Rodeo Country. Notícias. Disponível em: <http://www.revistarodeocountry.com.br/ MATERIA-2.asp≥. Acesso em: 8 dez. 2014a.*

CONFEDERAÇÃO NACIONAL DE RODEIOS – CNAR. Institucional – A CNAR. *Revista Rodeo Country. Notícias. Disponível em: <http://www.cnar.org.br/institucional/>. Acesso em: 13 out. 2014b.*

CONFEDERAÇÃO NACIONAL DE RODEIOS – CNAR. Selo verde – *Certificação Rodeio Legal. Disponível em: <http://www.cnar.org.br/selo_verde/>. Acesso em: 10 dez. 2014c.*

CONZENDEY, Márcio. "Incorporação das normas emanadas dos órgãos decisórios do Mercosul à ordem jurídica interna de seus mercados" *texto preparado para o seminário sobre Incorporação das Normas do Mercosul à Ordem Jurídica Interna. www.mercosul.gov.br*

COOPER, J.C. Taoísmos: *o caminho do místico. São Paulo: Martins Fontes, 1984.*

COOPER. Yin e yang: *a harmonia taoísta dos opostos. São Paulo: Martins Fontes, 1989.*

CREMA, Roberto. Introdução à visão holística – *Breve relato de viagem do velho ao novo paradigma. São Paulo: Summus Editorial, 1988.*

CREMA, Roberto. Introdução à visão holística. *São Paulo: Summus Editorial, 1988.*

CRETELLA JUNIOR, José. Comentários à Constituição brasileira de 1988. *Rio de Janeiro: Forense Universitária, 1991.*

CRETELLA JÚNIOR, José. Dos bens públicos no direito brasileiro. *São Paulo: Saraiva, 1969.*

CUSTODIO HELITA. Código de Proteção ao Meio Ambiente. São Paulo, Boletim de Direito Administrativo, *jul. 1991.*

CUSTÓDIO, Helita Barreira, Condutas lesivas à fauna silvestre. Revista de Direito Civil, Imobiliário, Agrário e Empresarial, *p. 87, ano 17, p. 87-107, abr./jun. 1993.*

D'AMBROSIO UBIRATAN, Conferência proferida no Seminário, ÉTICA ECOLÓGICA E EDUCAÇÃO PARA O ECO-DESENVOLVIMENTO, em 29 de setembro de 1998, em Belo Horizonte.

DAMIEN, Michel. L'animal, l'homme et Dieu. *Paris: Du Cerf, 1978.*

DE MALAFOSSE, Jehan. Le droit de la nature. *Paris: Montchrestien, 1973.*

DESCARTES, René. Discurso do método. *São Paulo: Abril Cultural, 1979 (Os Pensadores).*

DESSART, Francis. Une même terre, une même vie. *Arbedo, Suíça: Atra, 1993.*

DI BIASI, Francisco. O homem holístico: a unidade mente-natureza. *Petrópolis: Vozes, 1995.*

DI PIETRO, Maria Sylvia Zanella. Direito administrativo. *2. ed., São Paulo: Atlas, 1991.*

DI PIETRO, Maria Sylvia Zanella. *Direito Administrativo.* São Paulo: Atlas, 1999.

DIAS, Edna Cardozo. Animais são protegidos por lei. Jornal do Advogado, *Belo Horizonte, jan. 1993, p. 17.*

DIAS, Edna Cardozo. Chegou a hora da farra do boi. Revista Tudo, Comércio e Indústria, *Belo Horizonte, p 12, mar. 1990.*

DIAS, Edna Cardozo. A tortura não é tradição nem cultura. Meio Ambiente em Jornal. Belo Horizonte: Edirel, p 23, mar.1993.

DIAS, Edna Cardozo. Atentado à fauna é crime. Revista Tudo, Comércio e Indústria, Belo Horizonte, p. 41, fev. 1988.

DIAS, Edna Cardozo. Briga de canários. Revista Tudo, Comércio e Indústria, Belo Horizonte, n. 258, p. 15, set. 1989.

DIAS, Edna Cardozo. Briga de galo. Jornal O Povo, Fortaleza, 16 abr.1995, p. 9.

DIAS, Edna Cardozo. Centenas de bois sacrificados. Revista Tudo, Comércio e Indústria, Belo Horizonte, n. 244, p.16, abr. 1988.

DIAS, Edna Cardozo. Devolução ao habitat. Revista Tudo Comércio e Indústria, n. 261, p. 30, maio 1990.

DIAS, Edna Cardozo. Farra do boi. Jornal Folha do Taquara,: Campinas, 4 abr.1997, p. 8.

DIAS, Edna Cardozo. Nova lei de crimes ambientais. Meio Ambiente em Jornal. Belo Horizonte: Edirel, p. 14, mar. 1998.

DIAS, Edna Cardozo. O animal nas principais religiões do mundo. SOS Animal, Belo Horizonte: Liga de Prevenção da Crueldade contra o Animal, n. 39, 1991.

DIAS, Edna Cardozo. O cão de combate, e sua história. Jornal O Povo, Fortaleza, 25 abr.1999, p. 5.

DIAS, Edna Cardozo. O liberticídio dos animais. Belo Horizonte, editado pela Liga de Prevenção da Crueldade contra o Animal,: 1996.

DIAS, Edna Cardozo. O ser humano faz parte da proteção dos animais. Estado de Minas, 13 mar. 1998, Cad. Estado Ecológico, p. 7.

DIAS, Edna Cardozo. Proteção para a fauna exótica. Revista Tudo, Comércio e Indústria. Belo Horizonte: n. 246, jul.1988.

DIAS, Edna Cardozo. Rodeio é contravenção. Revista Tudo, Comércio e Indústria: Belo Horizonte, n. 224, out. 1985.

DIAS, Edna Cardozo. A defesa dos animais e as conquistas legislativas do movimento de proteção animal no Brasil. Fórum de Direito Urbano e Ambiental. – FDUA, Belo Horizonte, Fórum, n. 17, p. 1918-1926, set./out. 2004.

DIAS, Edna Cardozo. A questão da fauna na nova lei de crimes ambientais. Tribuna do Ceará, Fortaleza, 26 fev.1998.

DIAS, Edna Cardozo. A tutela jurídica dos animais. Mandamentos. Belo Horizonte, 2000
.

DIAS, Edna Cardozo. Bioética e direito dos animais. *Fórum de Direito Urbano e Ambiental – FDUA*, Belo Horizonte, Fórum, ano 8, n. 43, p. 16-21, jan./fev. 2009.

DIAS, Edna Cardozo. Bioética e direitos dos animais, **Fórum de Direito Urbano e Ambiental – FDUA**, Belo Horizonte, ano 8, n. 43, p. 16-21, jan/fev. 2009.

DIAS, Edna Cardozo. Briga de galo é sadismo, Jornal O Povo,. Ceará, 8 jan.1995, p. 23.

DIAS, Edna Cardozo. *Canários de guerra, uma luta de morte. Jornal* O Povo, *Fortaleza, 7 maio 1995, p. 2.*

DIAS, Edna Cardozo. Discurso de paraninfia, *proferido na entrega de carteira de DIAS O advogado do novo milênio.* Jornal do Conselho Federal da Ordem dos Advogados do Brasil, *Brasília, n. 61, ano IX, 1998, p. 27.*

DIAS, Edna Cardozo. *Ecologistas processados por defenderem direito à vida.* Meio Ambiente em Jornal, *Belo Horizonte: Edirel, abr. 1993, p. 15.*

DIAS, Edna Cardozo. Fundamentalidade dos direitos dos animais. *Fórum de Direito Urbano e Ambiental – FDUA*, Belo Horizonte, ano 10, n. 55, p. 41-45, jan./fev. 2011.

DIAS, Edna Cardozo. *O animal e o Código Civil brasileiro.* **Fórum de Direito Urbano e Ambiental – FDUA**, *Belo Horizonte, ano 14, n. 81, p. 9-15, maio/jun. 2015.*

DIAS, Edna Cardozo. Os animais como sujeitos de direito. *Fórum de Direito Urbano e Ambiental – FDUA*, Belo Horizonte, ano 4, n. 23, p. 2745-2746, set./out.2005.

DIAS, Edna Cardozo. *Tutela jurídica dos animais.* Belo Horizonte: Mandamentos, 2000.

DIAS, Edna Cardozo. Tutela jurídica dos animais. *Belo Horizonte: Mandamentos, 2000.*

DIAS, Edna Cardozo. Tutela jurídica dos animais. *Belo Horizonte: Mandamentos, 2000.*

DIAS, Edna Cardozo.. *Quando o cavalo é escravo.* Revista Tudo, Comércio e Indústria, *Belo Horizonte: Revista Tudo, n. 231, jul. 1986.*

DIAS, Edna Cardozo.. *Farra do Boi.* Revista Tudo, Comércio e Indústria, *Belo Horizonte, n. 237, julho/1987.*

DIAS, Edna Cardozo.. Lei de Proteção à Fauna e Crueldade contra os Animais. *Conferência proferida na Escola de Advocacia da OAB, 1997, Datil, inédito.*

DIAS, Edna Cardozo.. Manual de crimes ambientais. *Belo Horizonte: Mandamentos, 1999.*

DIAS, Edna Cardozo.. SOS animal, *Belo Horizonte: Liga de Prevenção da Crueldade contra o Animal, 1996.*

DIAS, Edna Cardozo.. *Tourada, involução humana.* Jornal O Povo, *Fortaleza, 28 abr. 1996, p. 2; e jornal Guaypacaré, Lorena-SP, 24 abr.1996, p. 5.*

DINIZ, Maria Helena. **Curso de Direito Civil Brasileiro.** 28. ed. São Paulo: Saraiva, 2011.

DMARSKI. *Devemos intervir na predação? Artigos Richard D. Ryder. Tradução Sônia T. Felipe.* Pensata Animal, *n. 20, set. 2009. Disponível em: <http:// www.pensataanimal.netindex.php?option=com_content&view=article&id=329:richard-d-ryder&catid=138 >. Acesso em: 24 set. 2014.*

DOLAN JR., Edward F. Animals rights. *New York, London, Toronto, Sydney: Franklin Walts, 1986.*

DOLAN, Edward F. Jr. *Animals rights.* New York, London, Toronto, Sydney: Franklin Warrs, 1986.

DOTTI, René A. *Ecologia (proteção penal no meio ambiente)*. In: *ENCICLOPÉDIA Saraiva de Direito, São Paulo: Saraiva, 1977, v. 29.*

ÉTICA ANIMAL. **Declaração sobre a Consciência de Cambridge.** *Disponível em: <http://www.animal-ethics.org/declaracao-consciencia-cambridge/>. Acesso em: 18 maio 2018.*

FELDMAN, Fábio. Guia da ecologia. *São Paulo: Abril Cultural, 1992.*

FIORILLO, Celso Antonio Pacheco. *Curso de Direito Ambiental.* 14. ed. São Paulo: Saraiva, 2013.

FIORILLO, *Celso Antônio Pacheco.* Direito processual ambiental brasileiro. *Belo Horizonte: Del Rey, 1996.*

FIORILLO, *Celso Antônio.* Curso de Direito Ambiental Brasileiro. *15. ed. São Paulo: Saraiva, 2014.*

FIUZA, *César.* **Direito Civil:** *Curso Completo. 10. ed., rev., atual. e ampl. Belo Horizonte: Del Rey, 2007.*

FRANÇA. **Code Civil.** *21 mars 1804. (Dernière modification: 3 janvier 2018). Disponível em: <http://www.legifrance.gouv.fr affichCode.do?cidTexte=LEGITEXT000006070721&dateTexte=20150402>. Acesso em: 4 abr. 2018.*

FRANÇA. **Code rural et de la pêche maritime.** *Selon l'ordonnance no 2010-462, du 6 mai 2010. (Dernière modification: 29 avril 2018). Disponível em: <https://www.legifrance.gouv.fr affichCode.do?cidTexte=LEGITEXT000006071367&date Texte=20150402 >. Acesso em. 4 abr. 2018.*

FRANCIONE, Gary L. Animals as persons. *New York: Columbia University Press, 2008.*

FRANCIONE, *Gary L.* Animals, property and the law. *Philadelphia: Temple University Press, 1995.*

FREITAS, *Gilberto Passos de e FREITAS Vladimir Passos de* Crimes ambientais**.** *São Paulo: Revista dos Tribunais, 1995.*

FREITAS, *Vladimir Passos de.* Direito administrativo e meio ambiente**.** *Curitiba: Juruá 1993.*

FREITAS, Vladimir Passos de; FREITAS, Gilberto Passos de. *Crimes contra a natureza*: de acordo com a Lei 9.605/98. São Paulo: Revista dos Tribunais, 2006.

GAGLIANO, *Pablo Stolze; PAMPLONA FILHO, Rodolfo. Parte Geral. In:* _____. *Novo* **Curso de Direito Civil.** *8. ed. São Paulo: Saraiva, 2007. v. 1.*

GARD, *Richard.* Budismo. *Rio de Janeiro: Zahar, 1964.*

GASPARINI, *Diógenes.* Direito administrativo**.** *São Paulo: Saraiva, 1989.*

GIRA, *Dennis.* Budismo — *História e doutrina. Rio de Janeiro: Vozes, 1992.*

GLOWKA, *Lyle et al. 1996.* Guia del Convenio sobre la Diversidade Biológica. *IUCN: Glande Cambridge, 1996.*

GORDILHO, *Heron José de Santana.* Abolicionismo animal. *Salvador: Evolução Editora, 2009.*

GORDILHO, José de Santana. *Abolicionismo animal*. Salvador: Evolução Editora, 2009.

GOSWAMI, Amit. O universo autoconsciente: *como a consciência cria o mundo material. Rio de Janeiro: Editora Rosa dos Tempos, 1992.*

GOVERNO DO BRASIL. CIMA: O desafio do desenvolvimento sustentável. *Relatório para a Conferência das Nações Unidas sobre Meio Ambiente e Desenvolvimento, Brasília: Imprensa Nacional, 1991.*

GRANZIERA, Maria Luiza Machado. *Direito Ambiental*. São Paulo: Editora Atlas, 2009.

HABERMAS, Jürgen. Consciência moral e agir comunicativo. *Rio de Janeiro: Tempo Brasileiro, 1989.*

HOBBES, Thomas. Leviatã ou matéria, forma e poder de um estado eclesiástico e civil. *Tradução de João Paulo Monteiro e Maria Beatriz Nizza da Silva, São Paulo: Abril Cultural, 1988, v. I e II (Os pensadores).*

HOBBES, Thomas. De cive. *Petrópolis: Vozes, 1993.*

HUNGRIA, Nelson. Comentários ao Código Penal. *2 ed., Rio de Janeiro: Forense, 1958.*

IBAMA. *Lei n. 5.197, de 03 de janeiro de 1967*. Dispõe sobre a proteção à fauna e dá outras providências. Disponível em: <http://www.planalto.gov.br/ccivil_03/Leis/L5197.htm>. Acesso em: 28 jun. 2013.

IBAMA. *Portaria n. 16, de 04 de março de 1994*. Disponível em: <http://www.ibama.gov.br/fauna/legislacao/port_16_94.pdf>. Acesso em: 20 jun. 2013.

INDEPENDENTES. Festa do Peão. História. *Disponível em: <http://www.independentes.com.br/festadopeao/historia>. Acesso em: 15 dez. 2014.*

IZAR, Ricardo. **Projeto de Lei n. 6.799-C, de 20 de novembro de 2013.** *Acrescenta parágrafo único ao art. 82 do Código Civil para dispor sobre a natureza jurídica dos animais domésticos e silvestres, e dá outras providências. Tramitação. Disponível em: <http://www.camara.gov.br/proposicoesWeb/fichadetramitacao?idProposicao=601739>. Acesso em: 15 maio 2018.*

JAIN, J.C. Jainismo, vida e obra de Mahavira Vardhamana. *São Paulo: Palas Athena, 1982.*

JORDY, Arnaldo. **Substitutivo ao Projeto de Lei n. 6.799-C**, *de 20 de novembro de 2013. Acrescenta parágrafo único ao art. 82 do Código Civil para dispor sobre a natureza jurídica dos animais domésticos e silvestres, e dá outras providências. 08/04/2014. Disponível em: <http://www.camara.gov.br/proposicoesWeb/prop_mostrarintegra;jsessionid =F0FA5BDA670AEFB739050B30EA9E6174.proposicoesWebExterno1?codteor= 1386381&filename=Tramitacao-PL+6799/2013>. Acesso em: 18 abr. 2018.*
JOURNAL OFFICIEL DES COMMUNAUTÉS EUROPÉENES, Législation, L 61, 40ª anné, 3 mars, 1997.

JOURNAL OFFICIEL DES COMMUNAUTÉS EUROPÉENNES, L1, 38ª année, 1ª janvier, 1995.

KALMAR Jacques M. La vivisection de l'animal au foetus humain. *Suíça, Genève: Les Bardes, 1987.*

KEOHANE, *Robert* & *HOFFMAN Stanley.* The new European Community. *Oxford, 1991.*

KUHN, *Thomas S.* A estrutura das revoluções científicas. *São Paulo: Perspectiva, 2013.*

KUPSINEL, *Roy.* Vivisection, science or sham. *USA: People for Reason in Science and Medicine, Woodland Hills: Atra, s./d.*

LANZA, Robert. Biocentrismo. *Pensar Além.* Publicado em 21 de novembro de 2009. Disponível em: <http://pensaralem.wordpress.com/2013/11/21/biocentrismo-robert-lanza-2009/>. Acesso em: 4 set. 2014.

LAURO FILHO, *Luiz. Parecer da Comissão de Meio Ambiente e Desenvolvimento Sustentável. Projeto de Lei nº 3.670-A, de 2015 (Do Senado Federal) - PLS nº 351/15 - Ofício nº 1.762/15 – SF.* **Diário da Câmara dos Deputados,** *p. 31-32., 7 fev. 2017. Disponível em:* <http://imagem.camara.gov.br/Imagem/d/pdf/ DCD00201702070000180000.PDF#page=31>. *Acesso em: 21 maio 2018.*

LEVAI, Laerte Fernando. *Direito dos animais.* 2. ed. Campos do Jordão: Editora Mantiqueira, 2004.

LEVAI, *Laerte Fernando.* Direito dos animais. *Campos do Jordão: Mantiqueira, 1996.*

Ligue Suisse contre la Vivisection. *The replacement of animals in biomedical research. Coletânea de conferências realizadas no Congresso Internacional, em Geneva, Suíça, de 19 a 20 de junho de 1981.*

LOCKE. Ensaio acerca do entendimento. *São Paulo: Nova Cultural, 1997.*

LOURENÇO, *Daniel Braga.* Direito dos animais. *Porto Alegre: Sergio Antônio Fabris, 2008.*

LOURENÇO, *Daniel Braga.* Direito dos animais: *fundamentação e novas perspectivas. Porto Alegre: Sergio Antônio Fabris, 2008.*

LOURENÇO, *Daniel Braga.* **Direito dos Animais:** *Fundamentação e novas perspectivas. Porto Alegre: Sergio Fabris Editores, 2008.*

LOVELOCK, *James* Segundo tratado sobre direito civil e outros escritos. *Tradução de Magda Lopes e Marisa Lobo Costa. Petrópolis: Vozes, 1994, (Clássicos do pensamento político).*

LOVELOCK, James. *Gaia:* um novo olhar sobre a vida na Terra. Lisboa: Edições 70, 1989.

MACHADO, *Paulo Affonso Leme* Estudos de direito ambiental. *São Paulo: Malheiros, 1994.*

MACHADO, *Paulo Affonso Leme.* Direito ambiental brasileiro. *São Paulo: Revista dos Tribunais, 1991.*

MACHADO, Paulo Affonso Leme. *Direito Ambiental brasileiro.* São Paulo: Revista dos Tribunais, 1991.

MACHADO, Paulo Affonso Leme. Legislação Florestal (Lei 12.651/2012) e Competência e Licenciamento Ambiental (Lei Complementar 140/2011). São Paulo: Malheiros, 2012.

MAGEE, *Bryan.* História da filosofia. *São Paulo: Edições Loyola, 2001.*

MANCUSO, Rodolfo de Camargo. Ação civil pública. São Paulo: Revista dos Tribunais, 1989.

MANIFESTE. Pour une evolución du régime juridique de l'animal dans le code civil – Reconnaissant sa nature d'être sensible. Disponível em: <http://www.30millionsdamis.fr/fileadmin/user_upload/actu/10-2013/Manifeste.pdf≥. Acesso em: 18 set. 2014.

MARANHÃO, José. **Texto Final do Projeto de Lei do Senado nº 351, de 2015**, na Comissão de Constituição, Justiça e Cidadania. 21 out. 2015. Disponível em: <https://legis.senado.leg.br/sdleg-getter/documento?dm=3530630&disposition=inline>. Acesso em: 21 maio 2018.

MARGUÉNAUD, Jean Pierre. **L'Animal en Droit Privé**. Limoges: Presses Universitaires, France, 1992.

MARGUÉNAUD, Jean Pierre. **La personnalité juridique des animaux**. Paris: Dalloz, 1998.

MARGUÉNAUD, Jean Pierre. La question du statut juridique de l'animal: le passage irréversible de l'étape du ridicule à l'étape de la discussion. **Revue semestrielle de droit animalier**, p. 157-179, 2/2013. Disponível em: <http://www.unilim.fr/omij/files/2014/03/RSDA-2-2013.pdf>. Acesso em: 14 maio 2018.

MARGUÉNAUD, Jean Pierre. Les animaux sont-ils encore des biens? Prendre au sérieux la sage réponse du droit Suisse. In: DUBOS, Olivier; MARGUENAUD, Jean Pierre. **Les Animaux et les droits européens** – au-delà de la distinction entre les hommes et les choses. Paris: Editions A. Pedone, 2009. p. 49-56.

MARQUES Cláudia Lima. "O direito do Mercosul: direito oriundo do mercosul, entre direito internacional clássico e novos caminhos de integração". Pg. 61

MARTINS, Renata de Freitas. Parecer. Utilização de animais em rodeios. Revista Brasileira de Direito Animal, Instituto de Abolicionismo Animal, ano 4, n. 5, p. 367-394, jan./dez. 2009.

MEIRELLES, Hely Lopes. Direito administrativo brasileiro. São Paulo: Revista dos Tribunais, 1991.

MILARÉ, Édis. A ação civil pública e a tutela jurisdicional dos interesses difusos. São Paulo: Saraiva, 1984.

MILARÉ, Édis. Direito do ambiente. São Paulo: Revista dos Tribunais, 2011.

MILARÉ, Édis. Direito do ambiente: A gestão ambiental em foco. São Paulo: Revista dos Tribunais, 2011.

MOGINIER, David. L'animal ne sera jamais une personne. Mais il pourrait ne plus être une chose. **Le Temps, Societé**, 21 Sept. 2000. Disponível em: <https://www.letemps.ch/societe/lanimal-ne-sera-jamais-une-personne-pourrait-ne-plus-une-chose>. Acesso em: 18 maio 2018.

MONTAIGNE Michel Eyquem de, Ensaios. Tradução de Sérgio Miliet. São Paulo: Abril Cultural, 1980, p. 198 a 279 (Os Pensadores).

MONTEIRO, Washington de Barros. Direito das coisas. In: _____. **Curso de direito civil**. 42. ed. São Paulo: Saraiva, 2009. v. 3.

MUKAI, Toshio. Direito ambiental sistematizado. *São Paulo: Forense Universitária, 1992.*

MULLER, Robert. O nascimento de uma civilização global. *São Paulo: Aqüariana, 1993.*

NACONECY, Carlos Michelon. Ética & animais: *um guia de argumentação filosófica.* Porto Alegre: EDIPUCRS, 2006.

NATURA 2000. *Lettre D'Information Nature Comission Europeenne.* Le point sur gérer les sites Natura 2000, qu'est-ce que ça signifie? *Bruxelles, DG XI, n. 3, Avril, 1997.*

NOGUEIRA, Vânia Márcia Damasceno. Direitos fundamentais dos animais. *Belo Horizonte: Arraes, 2012.*

NOSSA Própria Agenda. *(1990).* Relatório da Comissão de Desenvolvimento e Meio Ambiente da América Latina e do Caribe.

O ALCORÃO. Tradução de Mansour Challita. Rio de Janeiro: Associação Cultural Internacional Gibran, s./d.

OBERST, Anaiva. Direito Animal. *Rio de Janeiro: Lumen Juris, 2012.*

OBERST, Anaiva. *Direito Animal.* Rio de Janeiro: Lumen Juris. 2012.

OS UPANISHADES. *São Paulo: Pensamento, 1987.*

PAIVA, Marcelo Whately. O pensamento vivo de São Francisco de Assis. *São Paulo: Martin Claret, 1985.*

PASTERNACK, Denise. Supprimons la vivissection, voici pourquoi et comment. *Geneve Ligue Suisse contre la Vivisection, s./d.*

PEREIRA, Caio Mário da Silva. Introdução ao Direito Civil. Teoria geral de Direito Civil. In: ____. **Instituições de direito civil.** 23. ed., de acordo com o Código civil de 2002. Rio de Janeiro: Forense, 2009. v. 1.

PESSANHA, José Américo Motta. Os pré-socráticos — Vida e obra. São Paulo: Abril Cultural, 1978.

PLANCK, Max. Scientific autobiography and other papers. Trad. Frank Gaynor. Nova York: Philosophical Library, 1949.

PLATÃO. O banquete. Tradução e notas de José de Cavalcante de Souza, São Paulo: Abril, 1979 (Os pensadores).

PORTAL DO ASTRÔNOMO. A revolução heliocêntrica. Disponível em: <http:// www.portaldoastronomo.org/tema_pag.php?id=38&pag=4>. Acesso em: 3 set. 2014.

PORTUGAL. Lei n. 8/2017, de 3 de março. Estabelece um estatuto jurídico dos animais, alterando o Código Civil, aprovado pelo Decreto-Lei n.º 47 344, de 25 de novembro de 1966, o Código de Processo Civil, aprovado pela Lei n.º 41/2013, de 26 de junho, e o Código Penal, aprovado pelo Decreto-Lei n.º 400/82, de 23 de setembro. **Diário da República**, n.º 45/2017, Série 1 de 2017-03-03. Disponível em: <https://dre.pt/home/-/ dre/106549655/details/maximized>. Acesso em: 15 maio 2018.

PRABHUPADA Karma, a justiça infalível. São Paulo: The Bhaktivedanta Book Trust, 1997.

PRABHUPADA, C. Bhaktivedanta. Bhagavad-Gitã, como ele é. *São Paulo: The Bhaktivedanta Book Trust, 1995.*

PRABHUPADA. Retornando. *São Paulo: The Bhaktivedanta Book Trust, 1997.*

PRADO, Luiz Regis. Crimes contra o ambiente. *São Paulo: Revista dos Tribunais, 1998.*

PRADO, Luiz Régis. *Direito Penal do ambiente.* São Paulo: Revista dos Tribunais, 2005.

PRIEUR, M. Droit de l'environnement. *2. ed., Paris: Précis Daloz, 1991.*

PRIMATT, Humphrey. A Dissertation on the Duty of Mercy and Sin of Cruelty to Brute Animals. *London, 1776.* Animal Rights History. *Disponível em: <http:// www.animalrightshistory.org/animal-rights-c1660-1785/enlightenment-p/pri-humphrey-primatt/1776-mercy-cruelty.htm>. Acesso em: 16 set. 2014.*

REALE, Giovanni, ANTISERI Dario, História da filosofia — *Antigüidade e Idade Média. São Paulo: Editora Paulus, 1990, v. I.*

Referências

REGAN, Tom. Jaulas Vazias. *Porto Alegre: Lugano, 2006.*

REGAN, Tom. The case for animal rights. *Berkeley and Los Angeles: University of California Press, 2004.*

REIS, Sérgio Nogueira. Uma visão holística do direito. *Belo Horizonte: Nova Alvorada, 1997.*

RIBEIRO, Sérgio Nogueira. Crimes passionais. *Rio de Janeiro: Itambé S.A., 1975.*

RIO GRANDE DO SUL. Tribunal Regional Federal da 4ª Região. *Apelação Criminal 200471010027670/RS.* Apte: Ministério Público Federal. Apdo: Marco Antonio Fagundes de Araújo. Rel. Luiz Fernando Wowk Penteado. 8ª Turma. DJU 29.06.2005, p. 831. Disponível em: <http://www2.trf4.gov.br/trf4_processosvisualizar_documento_gedpro.php?local=trf4&documento=669020&hash=bc58f927ec5eda7cd8bfee16c209836d>. Acesso em: 25 maio 2013.

RIZZARDO, Arnaldo. **Parte Geral do Código Civil:** *lei n. 10.406 de 10.01.2002. 6. ed., rev. e atual. Rio de Janeiro: Forense, 2008.*

RODEIO ESPORTE ESPETACULAR. Madrinheira ou madrinhador. *Publicado em 18 de setembro de 2007. Disponível em: <>. Acesso em: 15 dez. 2014.*

RODIS-LEWIS, Geneviève. Descartes e o racionalismo. *Porto: Ré,1979.*

RODRIGUES Horácio Wanderley. " As insuficiências existentes e suas possíveis soluções". *Fonte: www.plannerbrasil.com.br/mercosul, em 3/4/04.*

RODRIGUES, Danielle Tetu. *O Direito & animais:* uma abordagem ética, filosófica e normativa. Curitiba: Juruá, 2003.

ROHDEN, Huberto. A sabedoria das parábolas. *3. ed., São Paulo: Alvorada.*

ROUSSEAU, Jean-Jacques Les rêveries du promeneur solitaire. *Paris: Éditions Garnier Frères.*

ROUSSEAU, Jean-Jacques, Do contrato social, e discurso sobre política. *Tradução Márcio Pugliesi e Norberto de Paula Lima. São Paulo: Hemus, 1981, p. 11.*

ROUSSEAU, Jean-Jacques. Discurso sobre a origem e os fundamentos da desigualdade entre os homens. *São Paulo: Nova Cultural, 1997, v. II (Os Pensadores).*

ROUSSEAU, Jean-Jacques. Os devaneios de um viajante solitário. *3. ed., Brasília: Editora da UnB.*

ROYAL SOCIETY FOR THE PREVENCTION OF CRUELTY TO ANIMALS. Inglaterra Revista *Today.* Summer 83.

RUECH, Hans. Les bêtes qu'on torture inutilement. *Suíça: Éditions Pierre Marcel — FAVRE, 1980.*

RUECH, Hans. Vivisection is scientific fraud. *Suíça: Civis, 1985.*

RUECH, Hans. Les faussaires de la science. *Suíça: Civis, 1979.*

SALT, Henry. Animals' rights considered in relation to social progress. *Pennsylvania: Society for Animals Rights, 1980.*

SANTA CATARINA. Justiça Federal do Estado de Santa Catarina. Vara Ambiental Federal de Florianópolis. *Ação Civil Pública 5009684-86.2013.404.7200/SC.* Autor: Instituto Abolicionista Animal. Réu: Universidade Federal de Santa Catarina – UFSC. Juiz Federal Marcelo Krás Borges. D. 27.05.2013. Disponível em: <https://eproc.jfsc.jus.br/eprocV2/controlador.php?acao=acessar_documento_publico&doc=7213696894709231602400000000001&evento=7 2136968947092316024000000000001&key=899e7e741429d9ff52b7f88c924b3e14a18d81 bfe188f049444072e609432656>. Acesso em: 26 jun. 2013.

SANTA CATARINA. Tribunal Regional Federal da 4ª Região. *Agravo de Instrumento 5012997-24.2013.404.0000.* Agte: Universidade Federal do Rio Grande do Sul (UFRS). Agdo: Instituto Abolicionista Animal. Rel. Des. Fed. Vivian Josete Pantaleão Caminha. D. 21.06.2013. Disponível em: <https://eproc.trf4.jus.br/eproc2trf4/controlador.php?acao=acessar_documento_publico&doc=4137226348885994111000000000358&evento=4 1372263488859941110000000202&key=4f6f36050b30621160e45d0f5d151e7c3985b1f500d949 43dee02c0c81fc742a >. Acesso em: 27 jun. 2013.

SANTA CATARINA. Tribunal Regional Federal da 4ª Região. *Apelação/Reexame necessário n. 2007.71.00.019882-0.* Apte: Universidade Federal do Rio Grande do Sul (UFRS). Apdo: Róber Freitas Bachinski. Rel. Des. Federal Jorge Antonio Maurique. 4ª Turma. DE. 08.11.2010. Disponível em: <http://www2.trf4.gov.br/trf4/processos/visualizar_documento_gedpro.php?local=trf4&documento=3787484&hash=5a4c520b588edee 3326da5a69b57478f>. Acesso em: 24 maio 2013.

SANTANA, Luciano Rocha; OLIVEIRA, Thiago Pires. Guarda responsável e dignidade dos animais. *Revista Brasileira de Direito Animal, Salvador, Instituto de Abolicionismo Animal v. 1, n. 1, p. 67-104, jun./dez. 2006. Disponível em: <https://www.animallaw.info/sites/default/files/Brazilvol1.pdf>. Acesso em: 20 set. 2014.*

SANTOS, Soraya. **Subemendas 01 e 02 ao Substitutivo ao Projeto de Lei n. 6.799-C**, de 20 de novembro de 2013. 11/10/2016. *Disponível em: <http://www.camara.gov.br/proposicoesWeb/prop_mostrarintegra?codteor=1618236&filename=Tramitacao-PL+6799/2013>. Acesso em: 17 abr. 2018.*

SCHURÉ, Edouard. Os grandes iniciados. *São Paulo: Martin Claret, 1986*

SERRES, Michel. O contrato natural. *Tradução de Beatriz Sidoux. Rio de Janeiro: Nova Fronteira, 1991.*

SHAR MANZOLI Apocalypse ebola. *Suíça: Atra, 1995.*

SHAR MANZOLI Guida ai farmaci e vaccini. *Suíça: Grupo Editoriale Muzzio, 1989.*

SHAR MANZOLI Holocausto. *Traduzido para o português por Maria Stella Scaff Glycerio, da Associação Brasileira de Tecnologia Alternativa na Promoção da Saúde — TAPS. Suíça: ATRA, 1995.*

SHAR MANZOLI Manuale di defesa immunologica. *Suíça: Grupo Editoriale Muzzio.*

SHAR MANZOLI, Milly. Le tabou des vaccinations. *Arbedo, Suíça: Atra, 1994.*

SILVA, José Afonso da. Direito ambiental constitucional . *São Paulo: Malheiros, 1994.*

SILVA, José Afonso da. *Direito Ambiental Constitucional.* São Paulo: Malheiros, 1994.

SILVA, José Afonso da. Direito urbanístico brasileiro. *2. ed., São Paulo: Malheiros, 1995.*

SILVA, Luciana Caetano da. *Fauna terrestre no Direito Penal Brasileiro.* Belo Horizonte: Mandamentos, 2001.

SILVA, Tagore Trajano de Almeida. *Animais em juízo.* Salvador: Editora Evolução, 2012.

SILVA, Tagore Trajano de Almeida. Animais em juízo. *Salvador: Evolução Editora, 2013.*

SILVA, Tagore Trajano de Almeida. Direito animal & ensino jurídico. *Salvador: Evolução Editora, 2014.*

SINGER, Peter. Animal liberation. *Edição revisada, New York: Avon Books, 1990.*

SINGER, Peter. Ética prática. *3. ed. São Paulo: Martins Fontes, 2002.*

SINGER, Peter. Liberación animal. *México: Cuzamil S., 1985.*

SINGER, Peter. Libertação animal. *Porto Alegre: Lugano, 2004.*

SINGER, Peter. **Libertação animal.** *Porto Alegre: Lugano, 2004.*

SIRVINSKA, Luis Paulo. *Manual de Direito Ambiental.* São Paulo: Editora Saraiva, 2003.

SKELY, Edmond Bordezux. O evangelho essênio da paz. *São Paulo: Pensamento, 1981.*

SOCIETÉ PROTECTRICE DES ANIMAUX. Paris. Revista *Animaux Magazine*, n. 119, mar/abr.

SOFFIATI, Aristides Arthur. A natureza no pensamento liberal clássico. *Campos dos Goitacases, 1992. Datil, inédito.*

STILLER, Herbert e STILLER, Margot. Vivisection et vivisecteurs. *Suíça, Arbedo: 1986.*

STONE, Christopher D. Should trees have standing? Toward legal rights for natural objects. *California Law Review, n. 45, p. 450-481, 1972.*

*SUÍÇA. **Code Civil Suisse**, du 10 décembre 1907 (Etat le 1er janvier 2018). Disponível em: <http://www.admin.ch/ch/f/rs/c210.html>. Acesso em: 4 abr. 2018.*

SUZUKI, D. T. Introdução ao Zen-budismo. *Rio de Janeiro: Civilização Brasileira, 1971.*

TELLES JÚNIOR, Godofredo. O direito quântico. *São Paulo: Max Limonad, 1985.*

THE ANIMAL WELFARE INSTITUTE . Beyond the laboratory door. *USA, 1985.*

THE CAMBRIDGE DECLARATION ON CONSCIOUSNESS. University of Cambridge, Cambridge, United Kingdom, July 7, 2012. Disponível em: <http://fcmconference.org/img/CambridgeDeclarationOnConsciousness.pdf>. Acesso em: 19 maio 2018.

THOMAS, Keith, O homem o mundo natural. *São Paulo: Companhia das Letras, 1988*

TOMAS DE AQUINO (Santo), Tratado de justiça. *Tradução de Fernando Couto. Portugal: Rés (Texto constante da Summa Theologica).*

TRINDADE, Antônio Augusto Cançado. Direitos humanos e meio ambiente. *Porto Alegre: Sérgio Antônio Fabris, 1993.*

*TRIPOLI, Ricardo. **Parecer da Comissão de Meio Ambiente e Desenvolvimento Sustentável**. Projeto de Lei nº 3.670, de 2015. 30 nov. 2016. Disponível em: <http:// w w w . c a m a r a . g o v . b r / p r o p o s i c o e s W e b / prop_mostrarintegra;jsessionid=12518823FBDBBFDC8C292DE225321C89.proposicoes WebExterno2?codteor=1519300&filename=Parecer-CMADS-20-12-2016>. Acesso em: 6 out. 2016.*

TUGLIO, Vânia, Espetáculos públicos e exibição de animais. Revista Brasileira de Direito animal, *Instituto de Abolicionismo Animal, ano 1, n. 1, p. 231-247, jan./dez. 2006.*

UICN, PNUMA, WWF/ FAO, OMM, IRM. Cuidando do planeta Terra — *Uma estratégia para o futuro da vida. São Paulo, 1991.*

*VENOSA, Silvio de Salvo. Parte Geral. In: ____. **Direito Civil**. 13. ed. São Paulo: Atlas, 2013. v. 1.*

*VILLELA, João Baptista. Bichos: uma outra revolução é possível? **Revista Del Rey Jurídica**, Belo Horizonte, ano 8, v. 16, p. 12-13, 2006.*

VILLEY, Michel, Philosofie du droit. *Paris: Dalloz, 1986.*

VOLTAIRE Dicionário filosófico. *Tradução de Marilena de Souza Chauí, São Paulo: Abril Cultural, 1978 (Os Pensadores).*

VOLTAIRE, François Marie Arouet de. O filósofo ignorante. *São Paulo: Abril Cultural, 1978.*

WEIL, Pierre. Holística: uma nova visão e abordagem do real. São Paulo: Palas Athenas, 1990.

WEIL, Pierre. A nova ética. *Rio de Janeiro: Rosa dos Tempos, 1994.*

WEIL, Pierre.. Organizações e tecnologias para o terceiro milênio: *a nova cultura organizacional holística. Rio de Janeiro: Rosa dos Tempos, 1993.*

WEIL, Zoe, Animals in society . *Jenkintown: Animalearn, 1991.*

WIKIPÉDIA. *CITES* - Convenção sobre o Comércio Internacional das Espécies da Fauna e da Flora Selvagens Ameaçadas de Extinção, Disponível em: <http://pt.wikipedia.org/wiki/Cites>. Acesso em: 30 maio 2013.

WISE, Steven M. Animal thing to animal person – Thoughts on time, place, and theories. Animal Law, *v. 5. p. 61-68, 1999.*

WISE, Steven M. Palestra proferida no I CONGRESSO MUNDIAL DE BIOÉTICA E DIREITO ANIMAL. Salvador: Universidade Federal da Bahia (UFBA), 8 de outubro de 2008.

WISE, Steven M. Rattling the cage*: toward rights for animals. Cambridge, Massachusetts: Perseus Books, 2000.*

WOELMANN, Sérgio, O conceito de liberdade no Leviatã de Hobbes. *2. ed., Porto Alegre: Coleção Filosofia, 1994.*

Edna Cardozo Dias es una abogada brasileña con especialización en Derecho Público, Ambiental y Animal.

Bachillerato en Derecho por la PUC – Facultad Minera de Derecho – Belo Horizonte.

Doctora en Derecho por la Facultad de Derecho de la Universidad Federal de Minas Gerais.

Especializada en Criminologia por la Academia de Policía Civil de Minas Gerais – Belo Horizonte.

Postgrado en Derecho Público por la Fundación Educacional Monsenhor Messias, Facultad de Derecho en Sete Lagoas – MG.

Es autora de la primera tesis de doctorado sobre los derechos de los animales en Brasil, defendida junto a la Facultad de Derecho de la UFMG, intitulada **"La tutela legal de los animales"** (1a ed. 2000; 2a ed. 2018, actualizada), llevando al mundo académico brasileño la primera semilla para la formación de una teoria de los derechos de los animales.

También fue la primera jurista en Brasil a enseñar la disciplina de Derecho de los Animales, junto a la PUC/MG, en 2001.

Fue la primera coordenadora de Defensa de los Animales, en la municipalidad de Belo Horizonte, en 2016.

Autora de los libros "SOS Animal" (1983 – Agotado); "O Liberticídio dos Animais" (El Liberticídio de los Animales) (1997); "Crímenes Ambientales" (1998 – Agotado); "La tutela legal de los animales" (1a ed. 2000; 2a ed. 2018); "Manual de Derecho Ambiental" (2003 – Agotado); y "Derecho Ambiental en el Estado Democratico de Derecho (2013).

Fue consejera seccional de la OAB/MG (2013-2015 y 2016-2018).

Presidente fundadora de la Comisión de los Derechos de los Animales de la OAB/MG – (2013/2018) y de la Comisión de Derecho Urbanistico de la OAB/MG – (2006/2013). Miembro alternativo del Consejo Nacional del Medio Ambiente – CONAMA, representando las ONGs de la región sudeste por un mandato. Miembro de la Comisión de Medio Ambiente de la Orden de Abogados de Brasil (OAB), sección de Minas Gerais (1993-1994 y 2001-2003). Miembro del Consejo Deliberativo de la Asociación Brasileña de Mujeres en Carreras Legales en 2001. Miembro de la Comisión Extraordinaria de Defensa y Derecho de los Animales del Consejo Federal de la OAB (2015, y mandato 2019-2021). Presidente del Instituto Abolicionista Animal – IAA (2016-2018).

Empezó la campaña que resultó en la criminalización de los malos tratos a los animales en 1984, culminado en el Art. 32 de la Ley 9.605/1998. Actuó en la aprobación del capitulo sobre medio ambiente de la Constitución Federal de 1988 y fue la representante de las ONGs de protección de los animales en la audiencia pública realizada en 05/06/1988 en la Cámara de Deputados, en el que fue entregado el capitulo sobre medio ambiente al ponente Senador. Desde entonces viene trabajando para alterar el Código Civil brasileño para cambiar el status jurídico de los animales, para que dejen de ser "cosas".

www.ingramcontent.com/pod-product-compliance
Lightning Source LLC
Chambersburg PA
CBHW030607220526
45463CB00004B/1199